中国科技之魂

中宣部主题出版重点出版物

江河筑梦 潘家铮

中国编辑学会◎组编

鲁顺民◎著

中国电力出版社

北京

图书在版编目（CIP）数据

江河筑梦 ： 潘家铮 / 中国编辑学会组编 ； 鲁顺民著. -- 北京 ： 中国电力出版社, 2024. 12. --（中国科技之魂）. -- ISBN 978-7-5198-9563-1

Ⅰ. K825.16

中国国家版本馆 CIP 数据核字第 2024ET0857 号

内容提要

潘家铮是我国著名水工结构和水电建设专家，中国水利水电科学技术发展的重要奠基人之一。他长期致力于中国水电站建设和水利枢纽建设的研究与实践，尤其为三峡工程倾注了大量心血，也因此被人们尊称为“三峡之子”。

本书以大量的文献、手稿、图片、视频和作者的走访、调研为基础，运用传记文学的写作方法，生动展示潘家铮“江河筑梦”的历程，诠释潘家铮与江河对话的一生。潘家铮自幼矢志报国，在逆境中不忘初心；青年时期与新中国一起成长，成为中国水电工程技术的开拓者和引领者；毕生主持设计、论证、审定、决策了几十座大中型水电站，带领中国水电走向世界之巅。本书将他一生对科学技术的求索与贡献全面地呈现出来，旨在弘扬科学家精神，点亮思想，启迪智慧，激发创新，提高全民族的科学素养。

“中国科技之魂”丛书 ZHONGGUO KEJI ZHI HUN CONGSHU
江河筑梦：潘家铮 JIANGHE ZHUMENG PAN JIAZHENG

◆ 组　　编 中国编辑学会
著　　　 鲁顺民
责任编辑 谭学奇 安小丹 孙建英 畅 舒 刘汝青 赵鸣志

◆ 中国电力出版社出版发行 北京市东城区北京站西街 19 号
邮编 100005 电子邮件 ydcmjt-tsyx@sgcc.com.cn
网址 http://www.cepp.sgcc.com.cn
北京盛通印刷股份有限公司

◆ 开本：720×960 1/16
印张：21.5 2024 年 12 月第 1 版
字数：291 千字 2024 年 12 月北京第 1 次印刷

定价：99.00 元

“中国科技之魂”丛书编委会

“中国科技之魂”丛书出版工作委员会

丛书序言一

弘扬科技之魂　共筑强国之梦

站在新的历史起点，回望过去，在中国共产党的坚强领导下，一代代科技工作者以国家民族的前途命运为己任，投身科学救国、科研报国、科教兴国、科技强国的伟大事业。他们为国家富强前赴后继、接续奋斗，取得了无数举世瞩目的成就，实现了中国科技实力一次次的历史性跨越。这一过程中，孕育形成了内涵丰富、历久弥新的科学家精神，成为中国共产党人精神谱系的重要组成部分，长久涵养后人。

习近平总书记指出："科学成就离不开精神支撑。科学家精神是科技工作者在长期科学实践中积累的宝贵精神财富。"科学家的观点和思考可能只适用于某个特定的时期，但他们所代表的科学家精神却能超越个体的差异、超越时间的限制，成为一种普遍的文化遗产和精神财富，不断被传承和发扬。近代以来，那些我们所怀念的来自不同领域的伟大的中国科学家，都在自己所处的那个年代提出和倡导过某个促进科技进步、社会发展的思想、理念、观点，虽内容各异，但核心理念一脉相承——实现民族复兴的坚定信念，正如历史的洪流，滚滚向前。

当前，世界之变、时代之变、历史之变正加速演进，全球科技创新进入前所未有的活跃期。面对新一轮科技革命和产业变革，我们比以往任何时刻都更深切地感受到"科技兴则民族兴，科技强则国家强"的要义，实现中华民族伟大复兴之大局呼唤科学家精神，应对世界百年未有之大变局需要科学家精神。

在深入学习党的二十大报告提出的“培育创新文化，弘扬科学家精神，涵养优良学风，营造创新氛围”的号召后，中国编辑学会深感弘扬新时代科学家精神的责任重大、使命光荣。2023 年 1 月，中国编辑学会组织人民邮电出版社、人民卫生出版社、科学出版社等多家科技出版强社，共同策划了一套以中国科学家精神为主题的理想信念科普读物及精品传记力作——“中国科技之魂”丛书，旨在与当前中国科技发展的现状和挑战相结合，更好地反映科学家的精神信仰和社会价值，尤其突出科学家在时代洪流中的具体实践，形成当前新时代背景下可传承、发扬、鼓舞人心的精神力量。

“中国科技之魂”丛书共 19 分册，以习近平新时代中国特色社会主义思想和党的二十大精神为指导，以对“中国科学家精神”“中国共产党人精神谱系”等“新时代、新精神、新思想”的“新解读”为定位，选取 19 位政治立场正确、党和人民高度认可、在各自领域做出杰出贡献的泰斗级中国科学家，描绘他们热爱党和人民、热爱科技事业、热爱生活的鲜活形象，详述他们可贵的精神品质、突出的科技贡献、创新的思维方式、丰富的生平故事、独特的人格魅力，大力弘扬以“爱国、创新、求实、奉献、协同、育人”为内涵的中国科学家精神，展现以伟大建党精神为源头的中国共产党人精神谱系，尤其突出新时代新思想背景下，传承中国科技之魂对赓续创新奋斗的精神血脉、凝聚民族复兴的磅礴力量的战略意义，启迪中国科技工作者自觉践行、大力弘扬精神之魂，投身科技创新，建设科技强国，让大众深刻理解科学家精神的时代价值和历史意义，激发全社会的科学兴趣和创新热情。

中国编辑学会高度重视“中国科技之魂”丛书的出版工作，集多家科技出版强社的合力精心打造，成立了审读顾问委员会，对丛书架构、目录、样章等多次进行详细指导、审校；成立了编委会，统筹安排出版工作，把握整体进度；成立了出版工作委员会，开展丛书出版过程中的组织与协调工作；

充分调动了相关部委和单位的力量，组织了强大的写作团队，各分册均由科学家、科学史资深研究者、党史党建专家、宣传思想工作专家等组成写作班子；力推融合出版，融文、图、音频、视频、动画等于一体，最大限度地提升读者的阅读体验，确保“中国科技之魂”丛书在内容上权威、专业、生动，在形式上创新、多元、互动。

“中国科技之魂”丛书是对中国科学家精神的汇聚，向世界展示了中国科学家的卓越智慧与崇高追求，如繁星璀璨，照亮人类文明的灿烂星河，指引后人不断奋进。出版“中国科技之魂”丛书是对时代的献礼，对历史的致敬，更是对未来的期许，让科学家精神在新时代绽放出新的光芒，这是科技出版人对时代、对历史、对未来的深切责任与庄严承诺。我们坚信，“中国科技之魂”丛书将成为传承科学家精神、弘扬科学文化、激发创新活力的重要载体。让我们携手前行，为实现中华民族伟大复兴的中国梦贡献科技出版人的智慧和力量，在新时代的征程上，共同书写中国科技事业的辉煌篇章，铸就人类文明的新辉煌！

中国编辑学会会长

“中国科技之魂”丛书编委会主任

2024 年 12 月

丛书序言二

传科技之魂　燃复兴之光

科技兴则民族兴，科技强则国家强。党的十八大以来，以习近平同志为核心的党中央深入推动实施创新驱动发展战略和人才强国战略，提出加快建设创新型国家的战略任务，确立2035年建成科技强国的奋斗目标。党的二十届三中全会提出，教育、科技、人才是中国式现代化的基础性、战略性支撑。要优化重大科技创新组织机制，加强国家战略科技力量建设，统筹强化关键核心技术攻关。在中国共产党的正确领导下，一代代科技工作者以国家民族的前途命运为己任，投身科学救国、科研报国、科教兴国、科技强国的伟大事业。他们宛如璀璨星辰，照亮了强国建设和中华民族伟大复兴之路。习近平总书记号召我们要传承老一辈科学家以身许国、心系人民的光荣传统，把论文写在祖国的大地上。

正是在这种背景下，中国编辑学会组织多家出版单位编写了“中国科技之魂”丛书，精心选取19位在工业、农业、卫生、国防、基础学科等领域做出杰出贡献的泰斗级科学家。这些科学家政治立场坚定，深受党和人民敬重，在各自领域的贡献卓著。丛书描绘了他们热爱党和人民、热爱科技事业、热爱生活的鲜活形象，详述了他们丰富的生平故事、可贵的精神品质、独特的人格魅力、创新的思维方式、突出的科技贡献。他们的一生，是对科学真理不懈追求的一生，是对国家和人民无限忠诚的一生；他们的事迹，不仅是个人的荣耀，更是时代的缩影。他们的精神启迪着广大科技工作者自觉践行和大力弘扬求疑问真、严谨求实的科学家之魂，展示了中国特色社会主义道路的科技自信和文化自信，体现了“科技为民”的初心和使命，同时也让大众深刻理解科学家精神的历史意义和时代价值。他们不仅激励着我们这一代科技工作者，更影响着未来无数的科研人员，以实现为党和国家“立心”，为科技强国“立力”，为民族复兴“立基”，为人民健康“立命”，为青少年“立志”。

科技是人类进步的阶梯，是打开未来大门的钥匙。在当前这个科技迅猛发展的时代，我们比以往任何时候都更加需要科学家精神的指引。一代人有一代人的奋斗，一个时代有一个时代的担当。“中国科技之魂”丛书的出版是对历史的致敬，对时代的献礼，更是对未来的期许，让科学家精神在新时代绽放出新的光芒。它提醒我们，无论科技如何进步，科学家的责任感和使命感永远不能减退。我们坚信，“中国科技之魂”丛书将成为传承科学家精神、弘扬科学文化、激发创新活力的重要载体，为实现中华民族伟大复兴的中国梦贡献智慧和力量。

希望广大读者能从这套丛书中感受到科学家们的伟大精神，汲取奋进力量，积极投身科技创新与民族复兴的伟大事业。今有感书将付梓，谨呈敬意，是为序。

中国工程院院士、国医大师

中国中医科学院名誉院长

天津中医药大学名誉校长

“中国科技之魂”丛书编委会主任

2024 年冬于天津静海团泊湖畔

前　言

潘家铮是中国科学院院士、中国工程院院士，是一位有着巨大成就和杰出贡献的科学家、工程师，他一生的科学技术生涯，贯穿了中国水电事业从开始到高潮的全过程。本书将他一生对科学技术的求索与贡献全面呈现出来，让更多的读者，尤其是青少年读者，了解一位科学家、工程师的成长历程，进而了解科学、热爱科学、献身科学，传递科学的声音，提高民族的科学素养；传承科学家的精神，让更多的人去探索、研究科学技术，支撑科技强国建设，无疑是这部传记的主要任务。

潘家铮院士的人生阅历丰富，他的一生浓缩了一代科学家的成长过程。他经历过日寇铁蹄下的艰难求学，少年时期即外出谋生做小学教员，再以初二学历考取浙江大学；刚入大学，即遭家庭变故，十九岁便担起了家庭重担；晚年因三峡工程屡屡被人误解和曲解。他是一位科学家、工程师，还是儿子、丈夫和父亲，有着世俗的烦恼与幸福，体会过世间的人情冷暖。不论是逆境还是顺境，他都没有放弃对科学的追求和对技术的钻研，致力于民族工业发展与科技自立自强，体现出中国知识分子高贵的科学精神和责任担当。

潘家铮院士不仅是一位杰出的科学家与工程师，还是一位才华横溢的诗人和多产的科幻作家。他出身于浙江绍兴一个书香浓厚的平民之家，少年时期即受过非常严格的家学训练，有着深厚的传统文化功底，诗歌创作一生不辍，留下 800 余首诗词作品，还有 13 万字的《积木山房诗话》，其中不乏优美隽永的精品力作。

除此之外，潘家铮院士还出版、发表有 80 万字的科幻小说，在青少年中广有影响。在整理、研读这些作品的过程中，作者得到科幻作品研究专家吴岩教授的点拨，也得到过科幻作家刘慈欣先生的帮助，这些作品让我们领略到潘家铮另一方面的风采。

作者受中国电力出版社委托，曾经承担《潘家铮全集》第十七卷《序跋·书信》和第十八卷《积木山房丛稿》的编辑整理工作。此次接受《中国科技之魂　江河筑梦：潘家铮》创作任务，因文科出身的固有的知识学养所限，面对如此艰巨的任务，无疑是盲人摸象。好在在采访和写作过程中，得到许许多多朋友的热情帮助与鼓励。有了他们提供的大量有启示性的线索和典型的工程案例，得以按图索骥、深入腠理。朱伯芳院士从大坝技术理论与中国大坝科技发展的角度，谈老朋友潘家铮的杰出贡献；陈祖煜院士仔细讲解研究"潘家铮极大极小原理"数理思路的经历；陈厚群院士温厚地谈起他与潘家铮的技术交流；曹征齐先生不厌其烦地为我介绍小浪底水利枢纽的施工过程；与郦凤山先生两度促膝长谈，历数潘家铮的工程传奇；张博庭先生谈笑风生地说到三峡工程的争论；沈凤生、陈进、王仁坤先生则在百忙中接受采访，历述恩师的科学思想与科学家的胸怀，提供了大量可供参考的资料；陈东平先生则列举了许多生动的事例来说明潘家铮作为一个中国知识分子的家国情怀与科学人格；还有李菊根先生为采访和搜集资料提供了许多指导、帮助和支持，等等。这里我向他们表示深深感谢。

举凡有巨大而持久影响的科学家，其科学成就和成果都是由许许多多生动的细节构成的，潘家铮也一样。在梳理潘家铮院士人生经历和科学技术活动的过程中，潘家铮的长女潘敏女士、妹妹潘家英女士和外甥女程力真功不可没，尤其是潘敏大姐在关键时刻的鼓励与支持，使写作数度绝处逢生。

我想说的是，众人提供的帮助，展现了潘家铮院士的人格魅力和他在行业内外的影响力，更重要的是如果没有众多人士的参与，这部传记的科学氛围将无法营造，所起的作用将大打折扣。从这个意义上讲，这部传记绝不是一个人写就的作品，而是众多人士共同参与、共同努力的成果。在整理资料的过程中，不止一次出现过这样的幻象：当我从一堆资料里抬起头，恍然感觉潘家铮就笑眯眯地坐在写字台的另一端，捧一本书，不时看我抄抄写写。

传记写作对任何一位作者而言，都是一项具有挑战性的工程。要求作者对传主的生平有足够多的了解，要求作者与传主形成神交互动的关系、对传主的人生观和科学观有充分的理解，对作者的史学、文学素养有极为苛刻的要求，一切都要靠材料与事实说话，不能有虚构与所谓的“合理想象”。在写作过程中，作者产生过很多次的怀疑，甚至有放弃的念头。在这中间与老同事、老朋友、著名纪实文学和报告文学作家赵瑜先生多次交流，得到他的极大鼓励与指导，使得作品整体的叙述质量更接近一部标准的文学作品。

一切都交给读者评判，希望读者喜欢并得到一些启示。

鲁顺民

2024 年 12 月

“三峡之子”潘家铮
1927—2012

如果三峡工程需要有人献身，我将毫不犹豫地率先报名，我愿意将自己的身躯永远铸在大坝之中，让我的灵魂在晨曦暮霭之中，听那水轮发电机的歌唱，迎接那万吨船队的来往，直到千秋万载。

——《春梦秋云录——浮生散记》

目 录

第一篇

新中国第一代水坝工程师

新安江水电站的建设，确实是新中国水电开发史上的一个里程碑。它的规模不仅大大超过我国自己以往已建、在建的水电站，也超过了苏联建国后的水电里程碑第聂伯水电站。通过新安江水电站的建设，中国人民将掌握百米以上的高坝、百亿立方米以上的大库、66万千瓦量级的水电站、7万千瓦量级的水轮发电机组和相应电气设备，以及220千伏高压输电线路的建设经验，还要进行20万人口的大迁移，按当时水平，一步就跻身于国际水电建设之林。

——潘家铮《春梦秋云录·新安江上竹枝歌》

第一章 家国磨难

绍兴台门里的平民人家

1927 年 10 月 19 日，也即农历丁卯年九月廿四，日后著名的中国水电工程师、两院院士潘家铮，出生在绍兴老城一座叫作“平家台门”的宅院里。

台门，乃富有绍兴江南特色的民居宅院，那些有条件聚族而居的大户人家才有资格和实力建造台门。台门建筑与街衢垂直纵向展开，由若干院落组合而成，一般由天井、堂屋、侧厢、座楼、园地等构成，乌瓦粉墙，石阶石门，颇富节奏感和韵律感。

在潘家铮的记忆里，他们家居住的平家台门，位于绍兴三财殿保佑桥一带，老祖母和他们一家住在一起。

潘家铮的小名叫作阿新。阿新有一个哥哥，长他两岁，唤作阿田。

其时，父亲潘之赓远在杭州的浙江省教育厅做事，家里只有祖母、母亲和两个年幼的孩子，平家台门里的日子平静而美好。

祖母不识字，偏满肚子歌谣、诗词和谜语。祖母常常将潘家铮抱在怀里，摇晃着孙儿，或讲故事，或吟唱歌谣。到他懂事，可做应门小童，吟唱歌谣之外，又加上了猜谜语。

对于潘家铮，那段岁月澄明而清澈。

离乱求学记

台门里的生活，除了在祖母怀里听到的那些童谣、山歌、谜语，留在潘家铮记忆里的印象并不多，到他能够清晰地认识眼前这个世界的时候，父亲已经开始筹划将全家搬到杭州去。

1932 年，潘家铮一家人来到杭州，先是暂住在平海路一处平房之内，不久，再租长生路怀德里 7 号新宅，一住就是五年。这期间，潘家再添两个男丁。三弟在他们家迁往杭州当年出生，名家铭；四弟则在两年之后的 1934 年出生，名家镛。

1932 年 8 月，5 岁的潘家铮被父亲送往天长小学就读，开始了学生生涯。

转眼间到了 1937 年。这一年，潘家铮满 10 岁，小学读到高小年级。

1937 年，八一三事变，日军大举进犯上海，淞沪会战开始。8 月 15 日，潘之赓在仓促之际将一家老小送回老家绍兴，只身留在杭州。

潘家铮一家从杭州逃归故里，正在读书的潘家铮突然失学了，从此开始了颠沛流离的求学生活，八年之后的 1945 年，潘家铮才得以勉强读到初二肄业。如果没有日本侵华战争全面爆发，他完成这样程度的学业，只需要三年时间。

八年完成三年的学业，殊为不易，潘家铮总是在隆隆炮声与片刻宁静中寻找读书的空隙。

从 1937 年底到 1942 年 5 月，不到四年半的时间，潘家铮五次失学。第五次失学之后，求学之梦就彻底破灭了。

初中一年级在绍兴的教会中学断断续续读了五个月，初二年级在嵊县廿八都也是读了五个月，初中两个学年的学业浓缩为一个学年，也就是说，战乱与流亡中，潘家铮用两个学期的时间完成了两年的学业。零乱而残缺不全的求学历程填充着潘家铮整个少年时光。

1946年潘家铮考上浙江大学之前，最高文凭也就是初二肄业。潘家铮每每说起自己少年时代的求学经历，莫不满含酸辛泪。年轻学子动荡不安的流亡、求学、失学历程，是深处灾难中的国家风景之一，也是一代人成长的背景。个人史、家族史从来都是国家史的一部分。

从另一个角度来看，流亡求学的经历，对少年潘家铮的成长和性情养成有非常大的影响。

流亡中辗转求学，其知识构成当然也不能和按部就班、循序渐进的课堂安排相比，但是潘家铮在残缺不全的求学过程中表现出超常的学习能力，或者说在某种程度上，颠沛流离的求学经历锤炼，无疑激发着他的求知欲望。

有两件事情值得一说。

1941年11月，潘家铮流亡嵊县廿八都浙江临时中学一部[1]，学期过去大半，功课自然落下不少。初一年级满打满算也就读了五个月，现在又赶在学期过半，要赶上落下的功课殊非易事。然而，潘家铮不仅很快赶了上来，而且不久就考为全班第一，这让老师们颇感惊奇。一向严肃且对子女期望甚高的父亲也宽慰不少——这个“呆虫”还是有两下子的。

进入“初二下”年级，潘家铮嫌上课进度太慢，又惋惜不断逃难白白浪费掉的两年时间，约了几个同学决定学期终了之后，直接跳班投考高中。于是每夜熄灯之后，他们偷偷集中在教室角落里自修初三课程。为此买了一捆蜡烛，还偷出一大瓶煤油，真正是点灯熬油，他们一直要自修到夜里一两点钟才回去休息。这样坚持了好长时间，居然收获不小，初三的三角函数、物

1　潘家铮《春梦秋云录——浮生散记》（第二版）记嵊县廿八都为临时中学三部，有误。根据沈金相、陶永铭等人回忆：宁波、绍兴失陷后，浙江省教育厅鉴于从战区退出的学生越来越多，决定在浙东开设三所临时中学——临时一部、二部、三部，收容从上海及宁波、绍兴等地退出的战区学生。

理还是有所长进的。不幸，他们的秘密自修被老师查获，每一个人被记了一小过，跳班升学的计划就此告吹。父亲知道这件事，很不客气地给他写了一个字条，措辞甚为严厉。潘家铮记得后面有几句话是这样说的：“读书宜循序以进，大忌躐等，尔辈所为，殊属非是。”

从廿八都回到沦陷区绍兴，潘家铮不愿意上日伪政府办的中学校，失学在家。偷偷与人开旧书店，从旧书里找到一本高中解析几何学，让潘家铮非常着迷，读得津津有味，很快就读进去了。

自修完成这门功课之后，又反复琢磨练习，潘家铮突发奇想：一点在平面上的位置可以用两个坐标来确定，可不可以增加一个坐标来确定这个点在空间里的位置？这个想法让潘家铮第一次体会到创造性的智力快感，兴致勃勃地用铁丝扎制了一个立体模型加以推演，而且推导出一大套公式定理。

潘家铮不知道，自修的那门课程，叫作“平面解析几何”，而自己突发奇想推导公式定理的，叫作“立体解析几何”。他还以为自己开辟了一个全新的数学领域，甚是兴奋和得意，很长时间陶醉于成为一门新兴学科“开山鼻祖”的成就感中。直到数年之后到杭州备战高考，他在书店买到一本立体解析几何的书，方知这门自以为是的“新兴学科”，早被一位名叫笛卡尔的哲学家创立，经过几代数学家不断推演，比他的思考完备得多。遂嗒然若丧，“鼻祖”也没得做了。[1]

举这些例子，并不能构成潘家铮日后成为一名杰出水电工程师和坝工专家的理由，但不难看出他在很早的时候就显示出不一般的数理天分。当然更重要的，还是对读书求学的渴望。

动力何在？

在《春梦秋云录·颠沛流离读中学》中，潘家铮这样描述自己流亡求学

1　参见潘家铮撰《无限辛酸话科研》，收入《春梦秋云录——浮生散记》（第二版），潘家铮著，中国水利水电出版社，2000.12，第 322-323 页。

的心情。

我到廿八都时，学期已过去大半，拖下的功课够多了，这一点我却不在意。饱尝失学和当亡国奴的痛苦的我，能够生活在清新的空气中、坐在课堂里聆听自己的老师们的讲课，乃是一种无比的幸福，我感到无限的甜蜜。我这时才较深地理解都德的名著《最后一课》中那位法国小学生的心情了。[1]

失学在家，或者乡间避难，父亲对他们兄弟的学业未曾有须臾放松。既然不能到学堂去正常上学，父亲就在家里亲自督责他们的课业。父亲是一位教师，按照学校应该的课程安排他们的课业，数学、英语之外还额外安排了四书五经、古文经典、唐诗宋词，甚至尺牍公文写作课程。父亲受过祖父的家学严格训练，旧学底子了得，所选课文也当是经典篇什。

只是当年潘家铮一听到“四书五经”“子曰诗云”就苦不堪言。真正体会到父亲当年家学教育的一番苦心，还要待若干年后潘家铮能够毫不费力握管成章，进而著述等身之后。

浙江大学的录取通知书

1945 年新学期，潘家铮赴汤浦镇中心小学做教员。“家有三斗粮，不做孩子王”。在乡下，小学教员生活清贫，不被人看得起。日子清苦而漫长，

1 参见潘家铮撰《颠沛流离读中学》，收入《春梦秋云录——浮生散记》（第二版），潘家铮著，中国水利水电出版社，2000.12，第 31 页。

而前途又像大雾弥漫的山间小道一样，不辨头尾。潘家铮经常为灰色而黯淡的前途怅然长叹。

1945 年寒假，潘家铮作了人生中一次重要的决定：参加甄别考试，获得高中毕业资格。但他只有初中的底子，怎么甄别为高中水平？说起来，令人唏嘘。

潘家铮，是哥哥阿田的名字。哥哥虽然有高中学历，但颠沛流离之中，精神受到刺激。潘家铮本来叫潘家铨，为参加甄别考试，父亲作主，兄弟俩调换了一下名字，潘家铨变成潘家铮。叫了一辈子潘家铮，其实那是哥哥的名字！

潘家铮回到绍兴，一头扎下去开始自修温习初高中数学、物理和化学课程，用了整整半年时间，把这些课程都过了一遍。他后来感慨地说："这真是一场难以想象的拼搏。"认真梳理研究也好，死背硬记也好，从初三到高三，四年数理化的课程要全部过一遍，"难以想象的拼搏"当然需要非凡的毅力，而将各个知识点抽简、整理、归纳，需要的就不仅仅是毅力了，还需要调动他超常的学习能力。

1946 年的潘家铮经过半年夜以继日的补习自修，本来个子小，人又瘦，到 6 月参加甄别考试的时候，体重整整掉了 10 斤，最终成功获得一个高中毕业资格。

潘家铮还没有来得及为取得高中毕业资格有太多的感慨，父亲已经给他买好了国立浙江大学招生简章从杭州寄回来。他简直大喜过望，取得高中毕业资格，怎么说也是喜事一桩，面对招生简章，简直是上天的额外眷顾，真是绝处逢生。人生前景仿佛被这一纸招生简章倏地点亮。

这时，父亲身在杭州，就职于国立杭州师范学校，而国立浙江大学正在从遥远的贵州遵义，还有地处浙江龙泉的分校陆续复员回杭州，待到 9 月才可以全部回迁。回迁还在进行，1946 级招生工作已经开始。

应考一点也不比此前参加甄别考试来得更轻松。潘家铮 1937 年离开杭州的时候，刚满10岁，9年之后归来，已经是19岁的大小伙子。然而大考在即，他哪里有工夫去寻踪怀旧？于是再一次紧张地复习起来，到上考场的那一天，又不知道掉了几斤肉。

甄别考试已经是侥幸，这一次考试毕竟是大学招考，潘家铮心里还真是没有底。他听说，报考浙江大学的考生有3000多人，而1946级复员后第一年招生只招三四百名，录取率仅十分之一。

潘家铮还是上了考场。当年考试的情形，他在《春梦秋云录》里有生动而详细的描述，不仅有戏剧性，而且有趣，读来惊心动魄。当然，这也是潘家铮事后的回忆。

……入学考试除考“英、国、算”三大科外，还要考物理、化学、历史、地理。对于国文和史地，我自忖有些把握，只恨不考格律诗难展奇才罢了，对于数学就难说了。虽然我在九莲寺中已自修到微积分，但考试中不考它，也不容许用微积分解题，而我对代数、几何、三角的基础锻炼非常的差。至于对英语和物理、化学就更少准备了。所以，当时的情况也是“无可奈何、姑妄考之”而已。

那第一场数学考试就把我考得晕头转向。我清楚记得，试卷上五道大题。开宗明义第一题，是在“复数平面上解一个不等式”，完全超出我准备的范围。我一时阵脚大乱，苦苦从脑海深处追索这“复数”和“不等式”间有什么关系。偷看左邻右舍，似乎都在奋笔疾书，更使我紧张万分。其实，这试卷总的难度并不高，其余四道题都在我的能解范围之内。估计命题的教授也是在和考生打心理战，先给你闷头一棍，看你是否能挺住，稳定阵脚。有经验的学生大都先搁下此题不管，动手解答下面的题目。我因失学离群已久，孤陋寡闻，中了奸计，上了圈套，最后醒悟过来，匆忙答完全卷时，试场上已没有几个人了。考完回来，愈想愈懊恼和后悔，在父亲面前一味怪试题太难……

数学考垮了要不要再考下去呢？当时我想起别人讲过的一个故事。有一次，交通大学招生时的数学试题特别难，有位考生自估只能得20分。他泄了气，也放弃了其他科目的考试。但后来听到学校招生处的人讲，今年的数学考题太难，不少人交了白卷，最好的考生也只有20分，可惜这个人没有考完全程，也落了榜。那学生听到后“一恸几绝”。这个故事深铭于心。因此，我还是考完了所有科目。我还想，反正已缴了报名费，来杭州见见场面、长长见识也是好的……[1]

暑期大考结束，潘家铮回到绍兴，他实际上已经做好了落榜的准备。证据是回到绍兴之后，很快重操旧业，托人找了一个小学教职，夹起包袱到乡下教书去了。那所学校位于绍兴城西，距城十里之遥，名叫双山村。

1946年的秋天来了。秋天的天空里出现了从北方南归的雁阵。潘家铮一直待在学校等待考试的结果，苦苦等了三个月。正待他已经完全不抱希望快要绝望之际，三弟家铭从城里转来一封信，正是国立浙江大学的录取通知！潘家铮被录取在航空工程系！他的成绩并不像自己想象的那样坏，还被录为公费生！人生将另翻一页了。

父亲得知潘家铮被浙江大学录取，当然欢喜，来函催他速到学校注册。潘家铮遵父命于1946年11月14日到达杭州。

梁柱摧折

潘家铮兴高采烈到达杭州，父亲却病了。

1　参见《春梦秋云录——浮生散记》（第二版），潘家铮著，中国水利水电出版社，2000.12，第76–77页。

潘家铮年少，还不知壮年人突然病倒的深浅，以为不过是急症来袭，静卧将养一段时间会慢慢好起来，第二天还是赶去浙江大学报到注册。从浙江大学回来，才发现父亲的病突然加重，时昏时醒。潘家铮毫无护理病人的经验，顿时慌了手脚。一向健朗的父亲怎么会突然成了这样子？

人地两生，19 岁的潘家铮不知道该怎么办好。情急之中找来杭州师范学校的校医，校医诊问一番，也说不清所以然。这样，父子俩在一起挨过一个漫漫长夜，第二天求学校派人，将父亲送到就近的一家广济医院。

1946 年 11 月 18 日夜，父亲溘然撒手，与世长辞。

潘家铮从绍兴赶往杭州，到父亲去世，仅仅 4 天时间。父亲突然暴病身亡，对一个刚刚 19 岁的孩子来说，简直就是一座大山在眼前瞬间崩塌，更何况这一切都要他一个人面对。

仅仅 4 天时间，人生的大喜大悲劈头盖脸而来，由极度喜悦到极度悲伤，面对如此巨大的落差，潘家铮的精神几近崩溃。三个月等待大考消息几至绝望，突然之间喜从天降；本来想考上了大学对半世奔波的父亲多少是一份安慰，谁想眼睁睁看着父亲的生命之火一点一点熄灭。19 岁的潘家铮突然之间被推到生活舞台的聚光灯下。

浙江大学开学在即，安顿好父亲的后事，绍兴家里又乱成一锅粥。

父亲去世，对潘家铮的打击太大！除了顿失父爱，还从父亲那里接下一个支离破败的家——身患重病的母亲，精神失常的兄长与姨母，还有正在上学的三弟，1942 年出生的小妹妹潘家英刚刚 6 虚岁，正读小学。老的老，小的小，病的病，弱的弱。不要说是一个还没有足够生存经验的 19 岁的年轻人，就是一个壮年人，挑起这副重担需要怎样的毅力？

19 岁的潘家铮必须把这个家撑起来，没有人能替代他。

潘家铮突然觉得，他长大了。

一个人的大学

父亲去世，潘家铮揩干眼泪进入大学。

进入大学之后，潘家铮为自己制订了一个长期的学习计划。因为他清楚地知道，自己这一个仅有初二肄业水平的学生进入大学，有太多的知识欠缺，不发奋努力不可能顺利完成大学学业。过去还有父亲关心他，爱护他，处处为他着想，现在一切都得靠他一个人面对了。

潘家铮很快便惊愕地发现，他要面对的还不仅仅是完全陌生的知识世界，还有完全陌生的环境。来自校园之外的冲击，一点也不比父亲去世给他的打击更小。

潘家铮入学的1946年12月，内战已经全面爆发，抗战之后的国民党政府开始失去民心。较之喧闹而躁动的校园，过去清苦的小学校简直就是世外桃源。置身于大学校园中，他才发现自己的那份长期的学习计划十分幼稚，环境不允许他平静地埋头读书。他在《春梦秋云录》中谈到当时的心情：

走出乡村进入大学后，我才惊恐地发现自己的祖国竟然处在我难以想象的悲惨境地。号称世界五强之一的中国，在国际地位上竟如此低下。抗战胜利被称为惨胜，而且继之而来的是全面内战。我心目中的正统政府竟和“昭和世界”一样黑暗与腐败，社会是如此的混乱、不公和贫困。这漫漫长夜何时才旦啊！我的一切美丽幻想像肥皂泡似的破灭了。我从失望到绝望，再也无法安心啃书本了。[1]

1 参见《春梦秋云录——浮生散记》（第二版），潘家铮著，中国水利水电出版社，2000.12，第86页。

1946 年 12 月刚入学，潘家铮就赶上一场声势浩大的学潮，紧接着是全国性的“反内战、反饥饿”运动。

暴力和血腥就在身边，潘家铮本来想一心按照他的“长远学习计划”潜心学习，此刻如何能置身事外？不独潘家铮，就是平素从来不过问政治的教授也坐不住了，全体教授罢教，全体讲师、助教罢教，这在浙江大学的历史上是从来没有过的。

在接二连三的学生运动风潮中，潘家铮投身其中，并且赢得了一个“中正诗人”的名头。潘家铮平时好舞文弄墨，笔头闲不下来，他参与学生运动的方式当然也就是写东西。好在浙江大学有一个很好的传统，那就是壁报。

潘家铮就是在这个壁报上面写了好多讽刺诗。他的这些讽刺诗大都借用民间茶肆小调的风格加以发挥，幽默诙谐，活泼生动，又十分辛辣。

其中有一首姑且称之《中正调》，在同学中影响甚巨。其小序云：

诸公爱唱茶馆小调，有为匪张目之嫌，常蹈法网，危险滋甚。本诗人悲天悯人，欲普济众生，是以冥思苦索，得出良计，特将调中犯忌字样，一律以中正二字易之。如是，又不致伤在地之仁而得中和之气，国泰民安，岂不懿欤！

该小调剑走偏锋，读来令人喷饭，而所讽喻的对象却是一目了然的。

潘家铮在回忆到 1947 年起源于浙江大学的学潮时说，在学校罢课的时间比上课的时间还长，的确如此。浙江大学复员杭州，校长竺可桢尚在美国访问。1947 年 5 月 25 日，竺可桢得知浙江大学还在罢课中，用“真使人焦急”五字来记述心情，后来他对 1947 年 4 月到 1948 年 4 月一年间的罢课做过一个统计，“共罢课五十五天，其中例假一天，星期日六天”。一年中罢课的时间竟达到 8 个星期之多，占到学期课时数的四分之一。

其时，潘家铮在参加学生自治会组织的示威、抗议、罢课行动之外，还积极参加学生社团活动。

据数学家谷超豪等人回忆，1948 年下半年，留校担任助教的谷超豪、李文铸创建了一个“求是科学社”，潘家铮即参与其中。这是一个由浙江大学年轻教师与学生共同参加的课余学术社团，刚成立的时候有五六十人，后来发展到 100 多人。[1]

学社持续时间并不长，到解放军进入杭州之后，同学们纷纷参加工作而停止活动，但已团结了不少志趣相投又有科学热情的同学。这些同学中，包括潘家铮在内，有 6 位日后成为中国科学院学部委员。

大学时代的潘家铮

恩师钱令希及其他

像潘家铮这样一个聪明而好学的学生，任何一个老师遇到他不喜欢都不可能。

入学不久，潘家铮由航空工程系转入土木系，成为钱令希教授的得意门生。

罢课归罢课，授课归授课。从集会回到课堂，教授们复又恢复严谨的教风与学风，一副处变不乱的从容镇定，这就是大学。

钱令希，被誉为中国结构力学的奠基人和开拓者，在专业上颇多建树，

1　参见《黎明前的求是儿女——解放战争时期浙江大学的学生运动和进步社团》，《黎明前的求是儿女》编辑组编，中国青年出版社，2008.8，第 221 页。

为一代大家，但他更是一位卓有成就的教育家。从浙江大学到大连工学院，从普通教授到大学校长，钱令希一生中培养出6位院士，潘家铮是其中之一。

1946年，钱令希的重要学术著作《余能原理》已经完成初稿，这是一部力学研究扛鼎之作。在力学领域，德国学者恩赛于1889年提出“余能原理”，很长时间没人能够证明。钱令希从中发现了奥秘，证明了余能的变分不仅可以表达结构的变形协调，并且不受胡克定律的限制。

潘家铮同班同学胡海昌得到钱令希的悉心指导，开始钻研结构力学和弹性力学。特别是胡海昌提前看到《余能原理》初稿，大受启发，不久钱令希将其刻印成册，馈赠给学生。胡海昌与潘家铮同于1980年被遴选为中国科学院学部委员。

潘家铮与胡海昌两位得意门生，是钱令希在浙江大学除了写出《余能原理》初稿之外的另外两个重要收获。

2004年8月，潘家铮（右）拜访恩师钱令希

当年，钱令希开设了一门选修课——高等结构力学，听课的学生就两个人——胡海昌和潘家铮，可这并不影响他的教学热情。遇到学生提出有意义的新见解，钱令希或是把它吸收到教材中，或是鼓励他们把见解写出来

发表。与“壁报”一样，钱令希的教学法也有浙江大学源远流长的“民主”光辉。潘家铮数次著文怀念钱先生当年的恩泽，总是谈到钱先生独树一帜的教学方法。

钱令希的高等结构力学课，修满之后计 4 学分。浙江大学档案馆资料显示，潘家铮修满这门课得了 90 分。

1950 年，潘家铮参加工作，那时候钱令希从浙江大学调往大连工学院[1]，遇到重大技术难题，曾不止一次不远千里赶到大连，让老师帮助解决，利用大连工学院的实验室做模拟试验。

1949 年 5 月，刚结束大三学业的潘家铮就离开校园，与众多同学一起，参加“支前”。他先是参加修复宁波至穿山的公路，后再修复宁波至奉化的康岭大桥，后又参加嘉兴军用机场修复，任测量组组长。修复工作甚是出色，解放军甚至让潘家铮从此留下来，但他谢绝了。一年之后返回校园，已经是 1950 年的 8 月，潘家铮正式毕业了。

康岭大桥建于 1934 年，横跨剡溪，北通宁波，南达金华，为浙东重要津梁。1941 年，日军占领奉化，在桥头两侧修筑碉堡。1949 年，国民党军队南撤，将该桥炸毁。康岭大桥为钢铁桁架桥，下有两座桥墩。修复过程中，潘家铮总结研发出一套桁架变位的快速数解法，并写出平生第一篇学术论文《桁架变位的几何解法》，发表于 1951 年《工程建设》第 14 期。

修复之后的康岭大桥，一直在剡溪上挺立了整整 60 年。2009 年 8 月 9 日，台风“莫拉克”在福建霞浦登陆后袭击浙东地区，这座年久失修的桁架桥被洪水冲毁。两座桥墩被洪水冲走之后，甩到岸边的钢铁桁架依然完整。

大学毕业，经钱令希教授推荐，潘家铮到位于杭州的钱塘江水电勘测处参加工作。

1　现为大连理工大学。1949 年 4 月建校，时为大连大学工学院；1950 年 7 月，独立为大连工学院；1960 年 10 月，被确定为教育部直属全国重点大学；1988 年 3 月，更名为大连理工大学。

离校那一天，天空下着蒙蒙细雨，潘家铮一手抱着小行李卷，一手提着破书箱，坐着三轮车离开宿舍。穿过校园，出得校门，他不由回头一望，无限留恋，眼泪流了下来。在车子上，吟诗一首：

弹指韶华急急流，四年幻梦记从头。
棋翻楚汉沧桑变，潮卷钱塘海月秋。
武岭烟云已缥缈，南湖风雨更清幽。
而从只悔读书少，欲去彷徨不可留。[1]

1 参见《我的大学时代——献给一亿大中学生》，徐中玉等著，福建教育出版社，2010.7，第 71 页。

第二章 崭露头角

钱塘江水电勘测处

1950 年 8 月，潘家铮来到钱塘江水电勘测处报到。这位中国杰出的水电工程师和坝工专家将迈出他事业的第一步，同时也是坚实的第一步。

钱塘江水电勘测处，这个小小的单位恰恰是 1949 年之前中国水电建设倒叙的一个最佳切入点。

钱塘江水电勘测处，还是国民政府资源委员会时期留下来的名称。1945 年，国民政府资源委员会成立全国水力发电工程总处（简称水电总处）。

解放大军南渡，水电总处在南京设留守处，水电总处主任黄育贤则调任燃料工业部水力发电工程局局长。国民政府时期留下来的水电勘测、设计、规划各机构还保存了一段时间。

潘家铮工作之后发现，钱塘江水电勘测处这个默默无闻的单位，竟然是旧中国非常庞大水电开发计划的一个茁壮枝杈。当年水电总处模仿美国 TVA[1] 的模式，拟有一个 CVA 计划[2]。1947 年，水电总处提议水电工程宜以开发中型水电站为主，于是国民政府资源委员会批准水电总处在全国成立包括岷江、黄河上游、资水、瀚江、钱塘江等共八个水电勘测处（队）。钱塘

1 TVA，是美国田纳西河流域管理局的缩写。在经济大萧条期间，美国建立田纳西河流域管理局，代表政府进行河流管理和开发。在美国，除 TVA 之外，负责开发水电的机构尚有美国垦务局、美国陆军工程兵团。

2 CVA 计划，指钱塘江开发计划。

江水电勘测处为其中之一，负责钱塘江流域的水电工程规划、勘测、设计与开发。

旧中国的水电虽非乏善可陈，然“起步晚，相对弱”却是事实。

1912 年 5 月 28 日，中国大陆第一座水电站，位于昆明滇池出口螳螂川的石龙坝水电站才正式建成发电。后几经扩建，到 1944 年，石龙坝水电站的装机容量达到 2920 千瓦，这在当时的技术与装备情况下，已经算是规模比较大的电站了。

1935 年，国民政府资源委员会成立，随后组建水力勘测队，在浙江南部飞云江以及四川岷江、青衣江、大渡河、马边河、龙溪河等地勘查水力资源，编制开发计划。1937 年 7 月，国民政府资源委员会成立四川龙溪河水力发电厂筹备处，随后在四川长寿县龙溪河上建立下硐水电站，自行设计建造一套 800 千瓦容量的水电机组。由政府组织的水电开发在这时才拉开序幕。

抗战军兴，西南成为大后方，为解决后方用电之需，国民政府资源委员会先后建成一些水力发电厂（站），均为小型水电站，规模最大的昆明发电厂也不过 6000 千瓦，这些水电站分布在四川、陕西、甘肃、青海、广西等后方根据地。

到 1949 年，加上日军侵华时修建的东北水丰、丰满和海南的东方等水电站，全国水电总装机容量也不过 16.3 万千瓦，水电约占全国总发电量的 1%。

16.3 万千瓦是一个什么规模呢？不小，但绝对不大。多少年后，三峡水电机组的单机容量就达 70 万千瓦，其后的白鹤滩等大型水电站单机容量更是达到惊人的 100 万千瓦。

不可否认，抗战时期国民政府资源委员会主导中国水电建设，培养和造就了一批水电专业技术专家和施工运行人员。再加上三峡工程计划中止，大部分工程技术人员从美国归来，他们构成了日后新中国水电建设的技术班底。

到 1949 年之时，美国和欧洲许多国家已经建造了百万千瓦级、200 米量级高坝的水电站，建坝技术日臻完善，水电新技术不断涌现。而中国水电还基本是一片空白的现实并没有得到改变，中国的水电工程师徒怀一腔抱负，无论实践还是实绩，和发达国家的差距何止万里！

潘家铮身处钱塘江水电勘测处，其意义就绝不只是一个养家糊口的地方了。人生第一个上级徐洽时是老派工程技术知识分子，对潘家铮很是不错。有钱令希的推荐，再加上干起活来那股认真劲头，这个绍兴小个子很快博得徐洽时的欣赏。

潘家铮实际接触的第一个水电工程，其实也是钱塘江水电勘测处在1949年之后做的第一个工程，名叫湖海塘水电站。

这个水电站不说在今天，就是在当时的中国，装机规模也很难拿得出手。电站仅安装一台机组，装机容量只有200千瓦。不过这一工程虽然小，却在当时引起了不小的轰动。

徐洽时是国民政府资源委员会老资格的水电专家，1936年赴美国康奈尔大学深造，主攻水利水电，学成归国就职于国民政府资源委员会龙溪河水电工程处，抗战胜利后，随国民政府资源委员会回迁南京，后主持钱塘江水电勘测处。至少对于浙江省的水电开发而言，徐洽时确有筚路蓝缕之功。

1949年10月，钱塘江水电勘测处被新政权接管，徐洽时便受邀参加华东军政委员会工业部召开的华东地区工业会议。他在会上听说，国民政府资源委员会曾从美国进口若干套200千瓦水轮发电机组设备，此刻就静静地躺在华东军政委员会工业部接管的仓库内，当即向当时主政华东军政委员会工业部的领导要求调拨一套给浙江，用于金华湖海塘灌溉渠道上发电之用。经过审查，机组设备获批调拨。

利用金华湖海塘灌溉渠道发电，还不在那个CVA计划里，只是“顺手牵羊”的一个项目。徐洽时这一建议，很快得到金华当地党委和政府的支持，进展得甚是顺利。1949年底定下来，1950年3月就开了工。这对于处里喝过洋墨水、见识过美国胡佛大坝的专家而言，简直就是一个小得不能再小的小工程而已。

湖海塘水电站虽小，却五脏俱全。坝高只有 3 米，一丈高低，老百姓一眼就能测出。坝前厂房必不可少，输水管路因为承压不高，全由木制。大家使出浑身解数精心设计，潘家铮也敲敲边鼓能描几张图。工程 3 月开工，9 月就发电，200 千瓦机组一开，整个金华都惊呆了。因为此前，供给金华县城的电力只有一座 500 千瓦的柴油发电机组。这座湖海塘水电站不到半年时间建成，运行起来不喝油、不吃煤，金华平白无故多出 200 千瓦的发电能力。水还能发电？水居然能发电！[1]

在中国人的观念里，水火不能相容，是两种势不两立的物质，现在浪急涛涌，瞬即电光石火，的确神奇。水电完全出乎人们的想象，于是金华轰动，浙江轰动。

湖海塘水电站装机容量小，宣传效果远大于其实际功用。第一个小水电站如同一个画在画上的孩童，从图纸里跑出来，蹦蹦跳跳落到地面上，竟然引起如此巨大的震动，怕是早已超出徐洽时的预期。

所以，刚刚参加工作的潘家铮，看到的是永远在忙碌奔波的徐洽时：他夹一个很大的皮包，皮包里装着各个水电站的规划意见书，匆匆往来于钱塘江水电勘测处与浙江省工业厅之间，兜售他关于钱塘江流域水力发电开发的各种计划。潘家铮曾帮忙誊写过各种计划书，有《龙游灵山港水力发电计划书》《衢县黄坛口水力发电计划书》等，不一而足。

徐洽时争取浙江省里立项，至少再能干一个装机容量 600 千瓦的灵山港水电站，然而，不说政府主管部门，就是连他们自己也信心不足。

徐洽时的到处游说暂时还没有结果，钱塘江水电勘测处只能帮助治淮

1　参见杨源时撰《解放初期金华统战工作一些情况》，收入《金华文史资料》，中国人民政治协商会议浙江省金华市委员会文史资料工作委员会编，浙江人民出版社，1990.9，第 24—26 页。

委员会描些图纸，好歹大家手里有活。但也不能说没有结果，结果是在一段时间之内，大家开玩笑称钱塘江水电勘测处应改名作“钱塘江水电宣传处”。

潘家铮倒不清闲，徐洽时像一位尽职的老师对待学生那样训练他，让他从水工建筑的基础做起，描图制图、水文内外业、测量内外业，直到计划书拟写、晒图和传达。这个流程其实是一个水电技术人员必须做的基本功课。徐洽时对这位部下十分耐心且要求严谨，连描图纸的裁剪布局、线条的粗细虚实都一一指导。

潘家铮一生写过上千万文字，每一篇文章，哪怕是一个会议的讲话稿，都是一笔一画、一丝不苟，而且是标准的仿宋体。这种字体是手工描图时代的标准要求，坝工界将这种字体又称为“老技术员体”，看着就让人赏心悦目，这个本事他一辈子都没有丢，也可见年轻时下的功夫之深。

后来潘家铮担任水利电力部水利水电规划设计院（简称水电规划院）[1]总工程师，审定勘测单位送来的蓝图，大家都非常紧张。图纸上任何一点纰漏或者错讹，潘家铮一眼就能看出来，只要他一过眼，任何毛病或者纰漏，就像一个被惊醒的孩子哇哇大哭一样，想看不见都没办法。

钱塘江水电勘测处这个名称存在的时间并不长，1951 年，燃料工业部将之改组为浙江水力发电工程处，受燃料工业部和浙江省双重领导。

1　水利水电规划设计总院，其最早的历史可追溯到 1950 年成立的燃料工业部水力发电工程局，1953 年更名为燃料工业部水力发电建设总局；1955 年改为电力工业部水力发电建设总局；1958 年改为水利电力部水利水电建设总局，1969 年撤销；1975 年再次以水利电力部规划设计院名称成立，1979 年又改为电力工业部水力发电建设总局；1982 年改为水利电力部水利水电规划设计院（1987 年增挂“水利电力部规划设计管理局”的牌子）；1989 年改为能源部、水利部水利水电规划设计总院；1995 年分为电力工业部水电水利规划设计总院（电力工业部水电水利规划设计管理局）和水利部水利水电规划设计总院。1998 年电力工业部水电水利规划设计总院改为国家电力公司水电水利规划设计总院；2003 年改为水电水利规划设计总院，为中国水电工程顾问集团公司所属事业单位，2011 年改为中国电力建设集团有限公司直属单位。

旧水电的章节翻篇了，掀动这一页翻过去的许多人中，有年轻的潘家铮。

打响“新中国水电第一枪”

当潘家铮乐此不疲地在水力发电技术和数据的世界里畅游的时候，新中国筹划建设的第一座中型水电站——黄坛口水电站由浙江省工业厅批准，决定正式开工建设，日后被潘家铮称为打响“新中国水电第一枪”。

黄坛口水电站是新中国自主设计建造的第一座中型水电站，其出人意料上马，完全是徐洽时“游说”之功。装机容量仅 200 千瓦的湖海塘水电站，确实也起到了应有的示范作用，直接促成了黄坛口水电站这样一个中型水电站的上马。

湖海塘水电站于 1950 年 9 月发电，黄坛口水电站建设工程计划于 1951 年 5 月在浙江省工业会议上通过，湖海塘水电站起的示范作用不言而喻。徐洽时和钱塘江水电勘测处的其他专家喜不自胜，大家都是胸怀水电大梦的人啊！黄坛口水电站这样的工程，不独是浙江省最大的水电站，而且是新中国成立之后建设的第一座中型水电站。

“新中国水电第一枪”，名副其实。

20 世纪 50 年代初，退到台湾的国民党军队经常派飞机骚扰轰炸沿海地区，浙江省工业集中，国防要求不得不放在首位。浙江省财委和工业厅决定，在远离杭州、宁波、温州等沿海城市的衢县建设新的工业基地，位于浙西南衢县 15.6 千米处的黄坛口水电站建设进入了主政者的视野，黄坛口水电站工程推进的节奏显得非常之快。

1951 年 10 月 1 日，黄坛口水电站工程正式开工。

潘家铮和钱塘江水电勘测处的工程师们获悉黄坛口水电站工程即将上马的消息是在 1951 年的 5 月，中共中央华东局地方工业会议开会在即。得到这振奋人心的消息的当天晚上，徐洽时请全处的人吃了一顿饭。

这时，黄坛口水电站工程已经是箭在弦上，由潘家铮誊写的那份早已拟好的《衢县黄坛口水力发电计划书》被翻出来，还要经过大幅度的修改与润饰，以呈送会议讨论。计划书是1949年之前就做好的，许多数据都要进行修改。

在浙江水力发电工程处时期的潘家铮

潘家铮在钱塘江水电勘测处待了也快一年了，因为要上黄坛口水电站工程，钱塘江水电勘测处这个名字也完成了它的历史使命，重组为浙江水力发电工程处。实习生潘家铮也被升格为设计员，有幸参与了新中国第一座中型水电站的设计工作。那个时候怕是谁都没有注意到，这个戴深度近视镜的小个子设计员，对水电工程技术熟悉到什么程度。

不过，这只是个时间问题。

如同黄坛口水电站出乎所有人预料获准修建一样，工程建设的初期进展也同样异常顺利。设计员潘家铮频繁往来于杭州和黄坛口工地，在工地驻扎的时间要比在杭州本部的时间长得多。不过那个时候，还轮不到他唱主角。整个工程的技术负责人当然是徐洽时，负责设计的则是设计经验非常丰富的马君寿。

黄坛口水电站工程紧锣密鼓地开工，不到两个月时间，右岸大坝完成基础浇筑，左岸大坝地基准备开挖。开挖未久，意想不到的问题出现了。所有工程技术人员还没有从右岸大坝“浮出水面”的欢欣鼓舞里醒过来，左岸大坝坝肩山体出现的意外情况，很快就搞得他们焦头烂额。

左岸刚刚开挖，他们发现左岸西山坝头山体岩石破碎零乱，而且乱石之间还有架空的孔隙。这就意味着大坝一个“膀子”扛在烂石之上，一有闪失，大坝就会倾倒。很显然这是一个仍在滑动的滑坡区。出现这个情况，大家才意识到施工之前的勘探没有到位。开工之前，浙江省工业厅曾委托浙江省地质调查所和浙江大学地质系进行钻探，但只在河床上钻了 7 个孔，没有进行左岸坝肩地质情况的探测。

仅凭几个钻孔，很难有完整的地质资料，左岸坝肩的地质资料就根本没有。原来设计的开挖线，就是一个假定线，若放在如今的大坝施工建设，绝对不可想象。尽管如此，大家还是不甘心，继续往里挖掘，希望能够找到新鲜完整的岩面。但是往里挖了十多米，岩面仍然是一团糟。徐洽时意识到问题的严重性，派年轻的潘家铮带建设工人到里面再挖洞勘查，进洞挖了很深也没有好转的迹象。

事情于是就闹大了，惊动了中共中央华东局，进而惊动了燃料工业部。燃料工业部责成回撤的专家复莅黄坛口水电站工地，苏联专家也前来帮助解决问题。但是，问题还是没有得到解决。

1953 年 3 月，燃料工业部组织由水力发电建设总局（简称水电总局）副局长张铁铮带工作组和苏联专家亲临工地，讨论一番之后，认为左岸西山坝头地质情况复杂，应暂停施工，补做地质勘探工作。这时，江西上犹江水电站正计划开工，大部分施工队伍被调往上犹江水电站，一部分留下来做地质补充勘探工作。

勘探的结果实在令人沮丧，最后总算是查明了老滑坡区的边界，在预先假定线挖进 70 米的时候，才看到滑坡区的后缘。这就等于重力坝的一侧“膀子”根本就没有靠的地方。

左岸西山坝头问题还未解决，原来预计的水文资料也出了问题。汛期将至，大家才发现，原来依据多年水文观测得出的校核洪水流量，远远低于实际洪水流量。

左岸西山坝头滑坡体稳定计算还是交给了潘家铮。地质情况已经探明，水文资料经过复核得以确定，原来的设计方案需要再行修改。潘家铮在《春梦秋云录——浮生散记》中记述了他们修改方案时的忙碌情景：

……根据专家的建议，对西山坝头进行削坡和筑土堤护脚，改善稳定性，将混凝土与护坡相接，取消坝后厂房，另建引水系统和电厂，大坝堰顶降低以宣泄大洪水。这样我们又忙于设计土坡接头，核算滑坡稳定，设计进水口、隧洞以及调压井。设计任务大大增加，少数几位专家再也包办不了，我们六个技术员成为承担设计的主力之一。[1]

关于处理黄坛口西山坝头滑坡体问题，在 20 世纪 50 年代与潘家铮曾是同事、后来担任福建省工程咨询公司总经理的陈国海有一个回忆。他在 1954 年读大三，到黄坛口水电站实习，工地的施工单位给实习生们介绍西山坝头滑坡处理，曾经邀请不少专家研究，都感到难度很大，最后解决问题用的是“潘家铮方案”。

后来与潘家铮共事多年的工地技术负责人马君寿也有一个回忆，谈到西山坝头滑坡体问题解决的过程，与潘家铮的记录相吻合，只是更细致一些。

新中国水电的“第一枪”给打哑了。

地方急于求成，技术力量准备不足，前期勘测不到位，原因种种，使工程陷入困境。本来，从上到下大家对水电工程还没有多少认识，黄坛口水电站工程一时间恶名远扬，被戏称为“荒唐口”工程，连《人民日报》都刊发文章加以批评，甚至已经牵连到中国水电发展大局。

1953 年 7 月，中央对黄坛口水电站工程作出批示，对燃料工业部水电总局和中共中央华东局工业部因黄坛口水电站工程的失误提出严厉批评。浙江

1　参见《春梦秋云录——浮生散记》（第二版），潘家铮著，中国水利水电出版社，2000.12，第 108-109 页。

省财委党组和工业厅分党组都因此作了深刻的检讨。徐洽时将责任全部承担下来。但浙江省财委和工业厅一致要求，因为缺乏基本建设的经验，不对经办人员做处理，并建议工程不要半途而废。

老一辈水电工程专家勇于承担责任并承认失误，让潘家铮非常钦佩，多年之后谈起来都非常感慨。

中央同意了浙江省“黄坛口水电站工程不要半途而废”的建议，同时决定将浙江水力发电工程处的设计干部全部集中到北京的燃料工业部水电总局，重做黄坛口的全部技术设计。

黄坛口水电站真是一波三折。1953 年 7 月决定停工，1955 年才又复工，但是因为没有明确的用电单位，刚刚复工旋又停了下来。到 1956 年 3 月，因为要兴建新安江水电站，而且有一大批工矿企业上马，浙江省面临着严重的电力短缺，黄坛口水电站工程再度复工，直到 1958 年才正式建成发电。不过那时候，方案几经修改，装机容量由原来的 6000 千瓦，到最后建成的时候达到 3 万千瓦，是一座名副其实的中型水电站了。

“醒过来”的中国水电

1954 年 1 月，潘家铮和其他设计人员奉命前往北京集中办公，修改黄坛口水电站设计。

1952 年 12 月，因左岸西山坝头滑坡体问题，黄坛口水电站工程陷入困境，李锐亲往黄坛口工地查看情况。

潘家铮奉调北京，当时的燃料工业部水力发电工程局已经扩大成为水电总局，与燃料工业部石油、煤炭、电力三个总局并列。1954 年，中国的水电事业，就像一个沉睡在江河多年的壮汉被推醒过来。放眼望去，江河虽是涛声依旧，岸畔已然绿柳吐翠，正是舒展拳脚的好时候。

水电总局由原来燃料工业部的部内局扩展为一个部外局的过程，说起来令人五味杂陈。

1952 年 11 月 1 日，李锐刚刚担任燃料工业部水力发电工程局局长，已经感到从国家计委到燃料工业部领导对水电并不重视，燃料工业部有煤炭、电力、石油三个独立总局，而水力发电工程局是部内局，说是承担全国水电规划与建设任务，其实是一个非常边缘的机构。

即便是这样一个机构，也是在 1950 年 8 月第一次全国水力发电工作会议之后，才由原来的水电工程处，升格为一个部内局。局长黄育贤，副局长张铁铮，下设规划、设计、机电、营造、秘书处 5 个处，全局工程技术人员仅有 33 名，基本上还是国民政府资源委员会水电总处的老底子，尽管由处变局，却没有垂直管理的下属机构，工作实际上很难开展。

水力发电工程局还说不上门庭冷落，也不是没有事做。只是，水电被视为火电的补充，甚至水电就是火电后面括号里一个“填空”角色。20 世纪 50 年代初拟定的第一个五年计划，相当多的水电项目不是从电力系统的发展出发加以确定，而是实在没有煤炭资源，才不得不用水电补空。如赣南钨矿要用电，原打算安排火电，就是因为找不到煤，才不得不临时抓水电；云南东川、个旧都是因急于用电，火电解决不了，才再考虑上水电；那座中国大陆第一座水电站——云南石龙坝水电站扩建工程，甫一提出即被否掉，年中用电量陡增，方又回到计划书里，仓促复工；狮子滩水电站 1954 年列入计划之后，又几乎被砍掉，后来重庆用电负荷上升，马上又要求提前一年于 1956 年发电；官厅水电站的情形也类似，开工的时候就没有布置水电，北京用电量一增，就觉得水电站有上的必要了。

诸般如此。

中国的水电建设格局和水力发电工程局是此种情形，李锐自然忧心如焚，他深感水电上层领导机构明显与国家经济形势发展和水电建设要求不相符合，更与世界第一的水电资源大国的地位不相称。

李锐感慨道："中国传统根深蒂固的单纯防治洪水的治河观念，缺乏对河流综合利用的开发思想，反映在开国之初几年的水利工作中。淮河佛子岭和梅山两水库的发电工程，都是事后做的补救，不合理之处甚多。辽河的大伙房水库也有类似情况。这几个工程都是'水库'和'发电'先后施工，给水电施工带来很多困难和损失。"[1]

还是李锐出马，1953 年直接写信给上级汇报水电情况，同时提及水电机构问题，力陈利害，得到了上级的认同和支持。1953 年 4 月，经中央财经委员会正式批准，水力发电工程局易名为水力发电建设总局，仍属燃料工业部，但与其他部外局并行。

水电总局下设计划、勘测、设计、人事、教育、行政、秘书处 7 个处，并有研究室分管日常工作。另组建起东北、西北、华东水电工程局，中南勘测处及华北、西北水电工程筹备处等。

尽管水力发电工程局扩展为水电总局，但是人们对水电的认识仍然一时难以扭转。1954 年，燃料工业部分来 240 多名学地质的大学生，结果到部里分配时，只给了当时亟需地质勘探人才的水电总局 10 多个名额。

黄坛口水电站工程陷入困境，大家对水电仍是不大放心。当年燃料工业部给国务院起草报告，李锐据理力争，好不容易才加进去不到 1000 字的水电内容。恰恰这时燃料工业部的苏联专家也是一片好意，忧心忡忡地向部领导提出警告：鉴于苏联的经验，中国不要搞大水电站。

其时，中国与苏联正处于"蜜月期"，尤其工程技术上的事情，苏联专家一言九鼎，在工程技术上说话算数，那基本上就是"圣旨"。

李锐毕竟是一位有过长期行政工作经验的老革命，急迫归急迫，忧心归忧心，做工作还是有相当魄力。上任一年多，他对发展中国水电建设还是有相当的自信。

苏联专家的建议在苏联国内未必没有道理，因为当时苏联上的两座大型

1　参见《李锐往事杂忆》，李锐著，江苏人民出版社，1995.2，第 301 页。

水电站——斯大林格勒水电站和古比雪夫水电站皆因投入大、周期长而难以为继，水电在苏联的名声并不太好。李锐决定让事实来说话。1954 年底，在李锐的建议之下，中国组织电力代表团赴苏联考察。

代表团在苏联考察了 4 个月，苏联水电的发展现状总算是弄了个一清二楚，那就是苏联的水电基础和中国完全不同。如伏尔加河是平原河流，全长 3692 千米，总落差 200 多米，还不如中国黄河中游 100 千米河段的落差大，跟长江流域的河川就更不能比了。所以苏联建水电站，投资特别大，工期特别长，每年要占去全国一半以上电力投入。

代表团回来之后，李锐在部里作了一个报告，同时洋洋洒洒写了 5 万字的长文，叫作《苏联水力发电建设的基本情况和主要经验教训》。

长话短说。

代表团出访之前，水电总局就开始厉兵秣马，筹建全国后来的八大主力水电勘测设计院，分别是武汉水电勘测设计院（简称武汉设计院，后称中南设计院）、北京水电勘测设计院（简称北京设计院）、上海水电勘测设计院（简称上海设计院，后称华东设计院、上海设计院）、成都水电勘测设计院（简称成都设计院）、长春水电勘测设计院（简称长春设计院，后称东北设计院）、广州水电勘测设计院（简称广州设计院）、昆明水电勘测设计院（简称昆明设计院）和兰州水电勘测设计院（简称兰州设计院，后称西北设计院）。全国又以各水电工程局为单位，设立了 11 个工程局（处），1 个水电工程公司。

其时，水利部门的黄河规划已经结束，水利部门逐渐接受了河流工程应当综合利用的理念，水利和水电不再是皮骨分离，防洪与发电不再势同水火。1953 年到 1957 年第一个五年计划，中国的水电建设迎来 1949 年之后第一个建设高潮。在这五年之中，中国的水电装机容量由 1949 年的 16 万千瓦，增加到 1957 年的 102 万千瓦，水电总装机容量占全国电力总装机容量的比例由 9% 增加到 22%，发电量比重达到 25%。

1955 年，对于中国水电而言，是一个迟到了的春天，但是尽管来得迟，仍然百花繁茂，春意盎然。

潘家铮就是在这样的背景下南归，到上海设计院任职。

潘家铮“自修大学”

1955 年和以后数年中，中国的水电建设算是度过一段红红火火、激动人心的日子。

上海水电勘测设计局（后改为上海设计院）其实就是华东水电工程局的班底，只不过办公的地点由杭州迁到上海，徐洽时、马君寿、潘圭绥等老一辈水电工程专家都过来了。王醒任党委书记兼局长，徐洽时任总工程师。潘家铮由杭州而北京，由北京而上海，其实还是回了家。所以，潘家铮在谈到从北京调到上海设计院这段经历时，总用一个字：回，回到上海。

1955 年，潘家铮 28 岁，正是好年纪，健朗，向上，富有朝气，青春勃发。这一年，上海设计院接收了一批 1951 年全国大专院校院系调整之后的水电专业大学生。有一帮年轻人，显得非常有活力。刚出校门的大学生，还没有实践经验，而水电总局下达到上海设计院的任务又特别重。除了黄坛口水电站工程之外，还有上犹江、古田溪、新安江等大中型电站的勘测和设计任务，正是用人之际。他们必须尽快地成熟起来，否则将无法应付日益繁重的勘测设计工作。

从北京调到上海，潘家铮仍然担任着黄坛口水电站工程大厂房组的组长。新成立的上海设计院，倒跟当初他刚刚参加工作时的钱塘江水电勘测处的情形差不多，20 多个人在一个大房子里办公，白天非常忙碌。

20 世纪 50 年代初，中国的水电技术完全依靠苏联的规范，只需要照搬过来就是。潘家铮不迷信，每一个细节他都要仔细研究，直到搞清楚那些公式定理的来龙去脉。

潘家铮刚到钱塘江水电勘测处，已经从老一辈留美归来的工程师那里读到过美国垦务局编写的所谓TM，即美国大坝水电站的技术备忘录，有600多份。潘家铮利用业余时间，根据当年做的笔记，结合设计的需要，在这600多份备忘录中抽简、总结水电站坝工技术，从坝工、隧洞、调压井，再到坝型、混凝土温控等水电坝工关键技术，写成讲稿，并油印成册分发给大家，每周二、周五两个晚上的时间讲给大家听，地点是在过去聚兴诚银行的地下室，那里是单位的食堂。

要知道，美国垦务局的TM仅仅是一个个的工程案例，而水利坝工枢组是一个涉及地质、结构、材料、施工等众多学科的复杂系统。如何探究清楚这一复杂系统的每一个细部，又能运用到具体坝工设计中去，将复杂问题简单化，将抽象问题具体化，显然是需要下一番功夫的。

讲座几乎就是一种自发行为，也是大家的一致要求，更是因为潘家铮能讲得深入浅出，实用而解决问题。潘家铮从1955年开始在上海设计院办的水工结构的系列讲座，成为该院一道持久的风景。老银行地下室每周两晚的灯火，和南京路、外滩的繁华相比显得黯淡了许多，气氛却热烈、饱满，浑然不觉地下室外面的寒来暑往，有着时代赋予的精神张力。

受益者就不计其数了。

姚慰城，曾经担任上海市水利工程设计研究院院长，1955年毕业于上海交通大学，毕业之后分配至上海设计院，在那里待了15年。年轻的潘家铮讲课时的风采他记得清清楚楚。

……那时我虽然没有在他直接领导下的工程设计组工作过，但是直接接受过他的课堂教育，踏上工作岗位不久就逢潘家铮开讲水工结构系列讲座。他结合当时工作所用的苏联规范，讲解水工结构的众多问题，深入浅出地传授他钻研业务工作的心得。那时潘家铮工作经历不过五六年，而他讲课的内容和表达技巧，真乃不是教授的教授，听课能自感得益匪浅，真正领悟到大学基础理论课的重要，必须复习巩固学校所学的知识，更需要补充学校未获的知识，才能胜任设计工作。[1]

姚慰城说，听潘家铮的讲座，不仅使他厘清了水工设计的许多概念，同时唤起了他对工作的巨大热情与动力。

上海那座老银行地下室的讲座，实际就是一所水电自修大学，每周两个夜晚出入于地下室“自修大学”的新大学生，很多在不久后成为中国水电建设的技术骨干。

年轻的潘家铮和比他更年轻的同事相处甚是融洽，那真是一段愉快而充实的时光。

教学相长。潘家铮在整理编写讲义的同时，在 1955 年连续发表了 10 篇水工结构计算论文。加上 1954 年在北京发表的 4 篇水工结构计算的论文，1957 年，这 14 篇论文结集为《水工结构计算》，于次年出版。

《水工结构计算》是潘家铮出版的第一部水工结构计算专著。他在这部书的序言中分别记录这批论文的诞生过程：

这些文章是在 1954 年到 1955 年间结合实际工作陆续写成的。例如《土坝心墙》《拦污结构》和《拱式进口段》3 篇文章是为了计算 402 工程的西导墙心墙、堤坝进水口和隧洞进水口而写的，《圆拱应力资料》是在 502 工程拱坝初步设计中制成的，《大孔口重力坝的计算》是应 403 工程同志们的要求写的，《厂房排架计算中杆件宽度影响》一文是为 508 工程写的，《地下水工结构的计算》也是为了应付 402 和 502 工程某些地下结构计算而写成。有一部分材料是作者在上海设计院水工结构学习班上准备的讲稿……最后 3

1 参见《永远的潘家铮》，中国水力发电工程学会、中国水利水电出版社编，中国水利水电出版社，2013.6，第 54 页、第 57 页、第 75 页。

篇则是对各类水工结构地震应力计算的初步研究。

所谓402、502、403……工程，是当时出于保密之需，为每一个工程组设的编号。潘家铮负责的是502工程组。

所有的文章，都是在解决设计中具体的结构问题。说得通俗一些，那就是实用。

1955年，潘家铮把所有的研究都放在解决设计的具体问题上面，这一时期的讲课稿，于1958年以《水工结构应力分析丛书》的形式正式出版，前前后后凡10册。这套丛书在业界的反响是超乎寻常的，好像一条浩莽不见涯涘的大河上，陡然出现一道津梁通衢，让许多人喜出望外。

这套丛书成为20世纪五六十年代水工设计的"本本"和"秘笈"，而大专院校师生更是将其作为重要的参考书。水电工程的基本概念、设计原理、计算分析方法、构造原则，第一次在中国水电工程界完整、系统而清晰地呈现出来，尤其是丰富的工程实例与参考数据，对提高刚刚进入水电建设高潮的中国水电设计水平具有重大意义。

中国工程院院士朱伯芳是潘家铮的挚友，两个人保持了几十年的友谊。朱伯芳对潘家铮的这套丛书有一个评价，这个评价恰如其分。

他的著作的最大特点就是"实用"，讨论的问题都是水工结构设计、施工中经常出现的实际问题，在总结国内外科技成果和他本人研究成果的基础上，系统地阐述了相关问题的计算和解决方法，多年来深受水利水电工程技术人员的欢迎，在实际工程中得到广泛应用，他的这一套著作可以说是我国水利水电工程技术的宝库。[1]

1　参见《永远的潘家铮》，中国水力发电工程学会、中国水利水电出版社编，中国水利水电出版社，2013.6。

在这个时候，潘家铮才真正进入了一个水电工程师的角色。每天的梦里，都有滔滔江河流过。每一个梦里，一座座大坝翩然浮现。

椰风海韵下岭南

1955 年，潘家铮的心情想不好都不行。

任务很快就来了。有了关于水电工程设计数年间的研究储备，他终于可以直接和奔腾的江河对话了。

上海设计院原来负责浙江、福建两省的水电开发任务，可是该院接到的第一项工程任务却来自广东。

进入 1955 年，中国水电建设发展之快，让人目不暇接。江西上犹江水电站、福建古田溪水电梯级开发全面落地实施，浙江的黄坛口水电站工程经过两年多补充勘测设计，也复工在即。这时候，广东方面向水电总局求援，要上马流溪河水电站工程。

水电总局将任务下达到上海设计院，这样就有了潘家铮的第一次岭南之行。上海设计院十分重视这次任务，组织一支实力颇强的设计队伍，党委书记兼院长王醒亲自带队，富有设计经验的老专家马君寿担纲技术负责人。后来成立流溪河水电工程处，马君寿任总工程师，潘家铮任工程大组组长。

上海设计院如此隆重地对待远在广东的流溪河水电工程，显然是正确的。就在他们即将赴流溪河实地勘查的时候，李锐也来到上海，随全体勘测设计人员前往。

广东和江浙同属南方，潘家铮仍然能感到与江浙一带迥乎不同的岭南风情。当年，从上海到广州要坐两天两夜的火车。从 1955 年到 1957 年，他频繁往来于穗沪之间，舟车劳顿，语言不通，但处处都是新奇、陌生、鲜活，甚至所到之处哪怕一个小村落的地名也是别致而诱人的。此行的心情如同南国的天空一样，湛蓝，澄澈。

我不知道怎么形容这原始的流溪风光才好，只能说我们进入了一个绿荫世界，让人俗虑全消。当然，在春末夏初季节，江南也是一片绿意，但这里的绿，是天公用最浓的颜色涂出的深绿、浓绿，是由一望无际的荔枝丛堆出来的，它们像一朵朵绿云围绕着你，真令人神迷心醉。[1]

潘家铮在一行工程师中间是一个年轻人，而且跟大家相处融洽，甚是相得。如此心情，只能说明他那个时候信心满满，轻松而悠然，面对诸多的工程技术问题已经应付裕如了。

他们在流溪河上考察完毕，凭着直觉，还不待进入实际论证，一座薄拱坝的构思已经在脑子里慢慢形成了。

回到上海，他们即开始筹备流溪河工程的勘测设计工作，代号为 502 工程，设计组为 502 工程组，由潘家铮任组长。班底一水儿的年轻人，成员有龚光丽、陈顺天、刘世康、陈国海、任文杰、金彬彦、马昌仁等 20 多人，着实是一个充满活力的团队，有潘家铮的带领和影响，大家团结、友爱，技术上互相切磋，生活中相互关心，荣辱与共。这种由事业协作而形成的友谊将保持一生。他们日后或留上海，或奔赴更广阔的天地，都成为了中国水利、水电建设的骨干技术力量。

流溪河工程的设计工作甚是紧张，这中间上海设计院又接到修复海南东方水电站的任务。任务直接派到潘家铮主持的 502 工程组。流溪河水电站正紧张设计，新接了这一个任务，潘家铮带着组里几位成员于 1956 年初再度南下，直奔海南，考察这座当年由日本侵略者修建的已废弃的水电站。

1 参见《春梦秋云录——浮生散记》（第二版），潘家铮著，中国水利水电出版社，2000.12，第 111 页。

修复这座已经废弃的东方水电站，对于上海设计院的技术力量而言并不是件大事。但是这座水电站对孤悬南海的海南岛而言，其意义却非同小可。因为，它是海南岛开发历史上第一座水电站，而且它的修建与废弃，见证着一段让人难以释怀的家国屈辱。

1939 年，日本侵略军的铁蹄已经踏上海南岛。随日军登岛的，还有一家日本专门进行水电开发的公司，叫作“日室会社”。为了掠夺海南石碌地区的铁矿资源运回日本，这家公司制订出周密的掠夺开发规划，包括石碌采矿工程、石碌至八所滩铁路工程、八所滩筑港工程和东方水电站工程四大掠夺性工程。

潘家铮到达东方水电站之后，曾在水电站工棚里面发现不少“绝命书”，都是当年劳工在生不如死境遇下的控诉。

为了此四大掠夺性工程建设，侵略军强征、哄骗至工地的劳工，加上上千名英国、印度、加拿大战俘，最高峰时期达到 2 万多人。这些劳工来自沦陷区各地，来源驳杂，还有许多青年学生，以香港为多，其次是广州，再次是上海，还有不少来自台湾地区。到八所滩港和东方水电站建成之日，2 万多人只剩下 2000 多人，而东方水电站征调的 3000 余劳工中，只有约 200 人活了下来。[1]

潘家铮是有过亡国奴经历的人，他对眼前这座废弃的水电站所蕴含的国耻体味当更加深刻。

东方水电站运行 1 年零 10 个月，日本投降。1946 年 2 月，国民政府资源委员会派水电专家吴震寰南下接收该水电站，将之置于国民政府资源委员会水电总处管辖之下。但是内战已起，国民政府资源委员会根本无力经营远在海南孤岛上的这个烂摊子，经营管理极度混乱。

就在接收的第二年，东方水电站输送电力的 66 千伏高压线路连续被盗，

1　参见《走进感恩福地：东方市文物概述》，郝思德、郑瑶新著，暨南大学出版社，2012.8，第 102 页。

致使海南岛仅有的80千米输电线路全部瘫痪。1948年下半年，东方水电站遭受了台风和特大洪水的袭击，拦河坝和引水渠道部分损坏。洪水比原设计最高尾水位70米还高出9米，强台风裹挟大洪水劈头盖脸而来，从主厂房屋顶灌入厂房，发电设备全部被淹，主厂房外面的升压变电设备也被洪水冲毁，原来就半死不活的水电站从此陷入死寂，陷入淤泥和砂砾中的发电机组被疯长的藤蔓死死缠住。

潘家铮一行此番南行，事先已做好修复方案。恢复电站容易，此时国内已经有相当成熟的机电技术，但难在如何抵御海南地区突如其来的大洪水。

东方水电站修复工程虽然不大，但技术问题特别复杂，潘家铮和大家颇费了一番脑筋，最后提出三个解决方案。他最得意的是在电站的尾水渠外修一个拱坝，彻底将洪水与电站厂房分开，以绝后患。这时候他们正在为流溪河水电站做坝型优化选择，与水电总局的苏联专家顶着牛。这个机会正好研究用特殊函数对薄拱坝进行实战演练。组里的年轻人跃跃欲试，潘家铮也说服了设计院的领导，可是水电总局的苏联专家却不同意，选择了他们最不情愿的第二方案——加固厂房，把厂房做成不透水结构。[1]

苏联专家金口玉言，潘家铮无可奈何。1956年初，也即农历的腊月，潘家铮带着组里骨干前往广坝村做设计。两天两夜到广州，再由广州下三埠，改乘汽车经阳江、电白抵湛江，由雷州半岛换乘轮渡越琼州海峡，到达海南秀英码头，到广坝村还得走上整整一天工夫。由上海到达目的地，已经13天过去了。

当时的东方县，还是一个不足6000人口的黎族自治县，县城所在不过是聚集着几百户人家的小镇子，广坝村的黎族同胞生活生产方式都相对落后。当地地方病流行，卫生条件极差。

---

1 参见《春梦秋云录——浮生散记》（第二版），潘家铮著，中国水利水电出版社，2000.12，第116–117页。

但这并不影响潘家铮的好奇和愉快轻松的心情，星期天到村子里给同事们买椰子，或者一个人跑到大瀑布下，睡在一块大石头上，任凭太阳透过浓密的树叶将光斑在脸上晃来晃去，一枕黄粱，做古高士状，于瀑下听泉。

只是，潘家铮在那里并不敢像半年前在广州那样放得开，尤其吃饭、饮水都需要小心翼翼，不仅是不习惯当地的饮食，更不放心的是当地的医疗条件。

大家在那里过了一个春节。春节一过，潘家铮还是染上疟疾。疟疾来得非常凶险，浑身滚烫，他感到血管里奔涌的血都像沸腾了一样。大家七手八脚将他抬上一辆牛车，送到铁厂的医院才慢慢好起来。不过，潘家铮很快接到上海设计院的通知，要他火速回沪，流溪河水电站工程开工在即，大坝的设计还待他主持。潘家铮拖着虚弱的病体回到上海。

潘家铮从海南回来，流溪河水电站的设计头绪纷繁，他就无法分身了。上海设计院再从 502 工程组派出一支更加年轻的设计队伍前往东方水电站工地，由与潘家铮密切合作的张发华带领，在半年时间之内，将旧机器从淤泥和砂砾中吊出来，厂房加固，安装上国产的 5000 千瓦发电机，正式发电后修复工作结束。

潘家铮知道同志们在那里很艰苦，利用流溪河水电站修建的间隙，两度赴海南慰问。这些年轻的工程师不负众望，不过也付出了辛劳，许多同志身染疟疾，还有一位炊事员因为救治不及时，在送往矿山医院的椰林小道上去世了。

战乱后的中国，满目疮痍，百废待兴。尤其是中国的水电事业，这时候才仅仅是迈开头一步。

31 年之后，潘家铮作为水利电力部总工程师再赴海南广坝村，审核已经立项的大广坝水电站工程，其装机容量 24 万千瓦，是 31 年前东方水电站装机容量的整整 48 倍。

年近花甲的潘家铮不禁感慨万端，今夕何夕！

流溪河上神来笔

潘家铮从海南一回来，他领导下的 502 工程组就没有闲暇了。

1957 年之后，502 工程组另外还有一项任务，被指派为成立不久的广州设计院培养设计力量，潘家铮和刘世康、周鹤年、马昌仁等有设计经验的工程师被借到该院，为该院培养技术骨干开办讲习班。

1955 年 5 月到 6 月，潘家铮随李锐、王醒、马君寿赴流溪河实地勘测以收集资料，那个时候坝址还没有选定，流溪河独特的建坝优势很让潘家铮兴奋，脑子里开始展开一座薄拱坝的构思。其时，潘家铮对试载法计算特别着迷，他多么想有一个机会运用这种算法来设计一座拱坝！一赴广东，二赴海南，来来回回，拱坝方案一直在他脑子里萦回，简直就是一个梦想。多年之后，他将这一段难忘的经历写成文章，就叫作《流溪河之梦》。

刚开始的预选方案共五种坝型，潘家铮日思夜想的拱坝方案也在其列。其他四种是混凝土重力坝、混凝土大体积肋墩坝、堆石坝和土坝。这五种方案呈送水电总局审核，经水电总局反复比较，觉得拱坝方案最优。

潘家铮显然也不是一时兴起、心血来潮、标新立异。流溪河小车村段的地形与地质条件是建造拱坝的理想坝址，502 工程组提供的方案是有说服力的。

但是，水电总局对潘家铮的这个拱坝方案并不放心。这又是为什么？

流溪河水电站的建设不独对广东经济发展有其意义，而且对中国水电再起步具有不可估量的示范作用与说服力。包括李锐在内，水电总局的领导和苏联专家、工程师们都明白这一点。经历过黄坛口水电站工程急于求成而失利的中国水电，是再也输不起了。

这无疑是增强水电说服力的一次机遇。1955 年 11 月，水电总局《流溪河规划初步报告》审查会议上，李锐有一番讲话。他说，流溪河工程愈快动手愈好，1956 年古田水电站的技术力量有空，而 1958 年、1959 年将有很多大工程要开工，用两年完成流溪河水电站可起到宣传推动作用。[1]

话说得再直白不过了。此项工程的重要性不言而喻。

拱坝方案被选中，潘家铮和 502 工程组的 20 多位年轻人都非常兴奋。潘家铮开始将心中构思的薄拱坝落在图纸上，用他自己的话说，是要“创造个一流水平，来个一鸣惊人”。其时，包括潘家铮在内，莫说设计，就是见都没有见过一座真实的拱坝。已经被任命为坝工组副组长的陈顺天，也是刚刚由实习员转为技术员，走出校门甚至还没有画过一张图纸。潘家铮倒不急不躁，遇到什么问题就学习什么问题，解决什么问题。他听说水电总局有一位刚从美国回来的工程师，叫作李功授，带回了一批美国的坝工资料，可能有拱坝方面的内容，立即派陈顺天前往北京借阅。

李功授后来长期工作在大西北，为开发西北地区的水利水电贡献了一辈子。李功授刚从国外回来，报国心切，对上海来求援的同志倾力相助。李功授交给陈顺天的是美国原版《坝论》第二册《拱坝》。潘家铮同时还派刘世康到外地工地向有留美背景的工程师赵某虚心请教。资料带回来之后，潘家铮如获至宝，昼夜研习。这都是英文原版资料，而且所有的数据都是英制单位，需要换算为国际标准单位。尽管如此，在潘家铮的统筹之下，大家还是从试载法计算、热传导原理开始，一点一点掌握了拱坝结构计算方法，而且针对流溪河具体的枢纽布置，找到许多新的、更简捷的推演计算方法。[2]

1　参见余文照撰《流溪河水电站建设对广东水利事业发展的作用》，收入《广东水史志资料》，1987 年第 2 期。

2　参见《中国大坝技术发展水平与工程实例》，《中国大坝技术发展水平与工程实例》编委会编，中国水利水电出版社，2007.12，第 477–479 页。

如今，用计算机CAD技术进行工程设计的人不可想象，在过去没有计算机的手工时代，单凭计算尺、手摇计算机和函数表开展设计工作，计算量之大，计算难度之高，完成每一个细节的应力计算，需要数字、公式来回变换，每一组数据都像一组活物，密密麻麻而又有秩序地不断涌现，它们仿佛有自己的走姿、形态、表情、劳作方式甚至喜怒哀乐，设计人员需要小心翼翼寻找它们行进与劳作的规律，然后将之放置在自己应该在的位置上，这些都将构成整个大坝系统之所以是那个样子的直接依据。

斗智斗勇，挑战冒险，如履薄冰。

最后，流溪河工程枢纽布置在密集的数据计算中逐渐将自己的模样呈现出来了。拦河主坝为坝顶溢流双曲拱坝，最大坝高78米，最大坝底宽22米，坝顶总弧长122米；出于国防考虑，设置地下厂房。同时，坝顶设公路桥，连通广州到韶关的公路主干线。

中国第一座双曲薄拱坝的细节一一呈现在图纸上面。

流溪河工程的独特性还不只体现在中国第一的薄拱坝，还有坝顶溢流。潘家铮在分析流溪河水文资料的时候就发现，流溪河本身是一条小河。岭南地区的雨季，豪雨骤降骤退，洪水暴涨暴跌，千年校核洪水不过1735立方米每秒。这个流量较之长江、珠江这样的大江大河，简直就是它们洪峰通过时随手弹出的一串水珠。因此，在设计中，潘家铮决心让洪水直接从坝顶通过，也就是所谓的“坝顶溢流方案”。

方案一提出来，连502工程组的成员都自己把自己吓了一跳，继而雀跃，像小孩子玩一次冒险游戏一样刺激。

这样，除了拱坝本身的复杂结构应力计算之外，又需增加坝顶溢流消能设施。最后，拱坝背水面上出现7个差动式挑流坎，上3下4，错落排开，就像坝体伸出7只小翅膀，洪水溢过，通过上下挑流坎的洪水水舌相互撞击，将洪水下泄时的能量散失，起到消能作用，是谓“挑流消能”方案。[1]

说起来轻巧无比，这又是一套相当复杂的水力学与结构力学计算。

1954 年 4 月，苏联专家到上海设计院指导工作，这一“挑流消能”方案，苏联专家很是欣赏，也很肯定。尽管如此，水电总局也好，上海设计院也好，对这一整套独特的薄拱坝方案还是有疑虑。为了增加说服力，潘家铮派陈顺天带着“挑流消能”方案到北京委托中国水利水电科学研究院做水工水力学模型试验，同时委托清华大学陈兴华先生做拱坝结构弹性模型试验，自己亲自到大连工学院求助恩师钱令希先生做拱坝的抗震模型试验。

对大坝进行震动试验研究，在中国坝工史上也是首例。

试验的结果证明，坝顶“挑流消能”双曲拱坝方案是可行的、经济的、安全的。

他们去中国水利水电科学研究院做模型试验的时候，负责实验场地的郭工程师见潘家铮带着一帮年轻学生模样的人进来，十分惊奇，问潘家铮：“设计拱坝的就是这些学生哥？”

“正是！”潘家铮用绍兴官话回答。

郭工程师说：“这么些人能设计拱坝？看来你们是要创造一个奇迹了！”

确实是一个奇迹，502 工程组的每位年轻技术员都被潘家铮委以重任，独当一面。刘世康、陈顺天、任文杰、谭文奎，还有后来从海南东方水电站修复工地回到上海的金彬彦、陈国海等，他们是一帮二十三四岁的年轻人。

但是潘家铮花的心血更多。1956 年 12 月，陈顺天和陈国海两个人冒着寒气推开潘家铮办公室的门，看见潘家铮伏在办公桌上睡着了，手下压的正是流溪河设计手稿。两个人怕潘家铮受寒感冒，就上去推醒他。潘家铮

1　参见《中国大坝技术发展水平与工程实例》，《中国大坝技术发展水平与工程实例》编委会编，中国水利水电出版社，2007.12；另见《春梦秋云录——浮生散记》（第二版），潘家铮著，中国水利水电出版社，2000.12，第 121 页。

醒过来，睡眼惺忪："啊呀！已经上班了？我这报告还没写完呢！"揉揉眼睛又伏案拿起钢笔。

陈国海问他："吃饭没有？"

潘家铮从抽屉里拿出药瓶，送了两颗药进嘴里，手边一杯凉水送下，笑笑摇首，像是赌气："不吃了。"[1]

说起来寒酸，那时候潘家铮已经是七级工程师，工资是 130 多元。家搬到上海，他的母亲和岳母跟他们住在一起，家庭负担并未稍减。一直到他调到北京，潘家铮才买了自己平生第一块手表。一个工作没日没夜辛劳的人，偏偏也没有办法知道时间，这样熬夜也是常事。

他们太辛苦了。待流溪河水电站开工之日，不算最初的浩繁计算和说明，仅他们提供给施工单位的施工详图加起来就有 700 多张。

穿越一个忙碌而漫长的冬天，1957 年春天，岭南桃红柳绿时节，502 工程组的几位年轻同事被调往新成立的广州设计院，潘家铮和刘世康、周鹤年、马仁昌几位作为技术支援，按照出差借调广州设计院半年。

此时，新安江水电站准备上马，潘家铮已经被任命为新安江水电站设计副总工程师。

潘组长升格为"潘总"，也大约就是从这一年开始的。从此，潘总这个称呼，一直没有离开过潘家铮。先是上海设计院，后来是广州设计院，再后来就是全国水电工程界了。一说潘总，就是潘家铮。

到广州设计院当然也不轻松，潘家铮再度担起给年轻工程技术人员讲课的任务，讲稿就是已经成型的《水工结构应力分析丛书》。他这一开班不要紧，前来听课的不独有年轻的工程技术人员，还有老一些的技术专家；不仅有广州设计院的同事，还有来自广州市水电、电力行业甚至社会上的土木技术人员。抛开潘家铮讲课时的深入浅出、结合实际、幽默风趣还有感染力

1　参见《中国大坝技术发展水平与工程实例》，《中国大坝技术发展水平与工程实例》编委会编，中国水利水电出版社，2007.12，第 477 页。

不说，在当时的中国，还没有哪一本书，或者说还没有哪一个人能够把水工结构应力分析形成如此完整、庞大的系统。讲课的轰动效应是必然的，连一些老专家都为他竖起了大拇指。

在工程建设后期，潘家铮总结流溪河拱坝设计的应力分析，主持、领导简化拱坝应力分析法研究。

潘家铮刚刚成为“潘总”，一件令他十分窝火的事情就发生了。起因还是那个流溪河拱坝“挑流消能”方案，广东方面极度不放心。

1957 年 4 月，李锐带着工作组，还有以列宁格勒水电设计院总工程师瓦西林柯为首的苏联专家，前来流溪河水电工程视察，视察之外还要审议具体的工程技术。潘家铮一直陪同在侧，并作汇报。

视察参观已毕，大家坐下来开会。广东代表在会上首先质疑这个“挑流消能”方案，认为在国内还从来没有这方面的先例，存在坝体振动和坝基冲刷等问题，建议增加一条泄洪隧洞以保万无一失。此建议呈请苏联专家裁定。

苏联专家的意见呢？ 70 多岁的瓦西林柯总工程师说，他也没有设计过拱坝，苏联也没有建设过拱坝。但为了安全起见，增加泄洪隧洞，在地形上是允许的，也是比较稳妥的。

此时，流溪河水电站工程设计虽然移交广州设计院，主持重大技术问题的还是当时的 502 工程组。但他们根本没有想到苏联专家会给出这样一条结论性意见，502 工程组的一帮年轻人连一点思想准备也没有。他们坐不住了，不服气。

潘家铮从座位上站起来，一一列举坝体动力分析的成果，并以三项试验成果为依据，认为坝顶挑流方案的可靠性是明确的、安全的。也就是说，那么一点洪水从坝顶溢过所产生的应力，并不足以撼动大坝坝体，挑流消能坎设计可以将下泄洪水的能量消弭到最低限度，不会对坝基构成威胁，完全没有必要再额外增加一条泄洪隧洞。

潘家铮有理有据的一番发言，并没有任何情绪化的因素。发言刚一结束，会场上顿时炸了窝，一个又一个专家站起来责难质问。潘家铮一一解答应付裕如，水电总局的领导坐在那里一言不发。

争论从早上一直持续到中午 12 点多，始终不能动摇潘家铮的论证。[1]

下午，潘家铮因为有事未能与会，增加泄洪隧洞的方案在他缺席的情况下通过。潘家铮后来回忆说，可能是流溪河工程进展顺利，李锐的心情不错，待他问明增加一条隧洞要增加 200 万元投资的时候，就拍板同意了，并说："200 万块钱的责任就由我们负好了！"

潘家铮同年轻人一样，在这件事上挫败感很强。要知道，增加泄洪隧洞之后，那 7 个挑流消能坎就成了摆设；反过来说，多花 200 万元增设的那条泄洪隧洞就是一截没有用的"盲肠"。

潘家铮一直对多增加 200 万元投资难以释怀，在给上海设计院领导汇报的时候，一再自责没有把工作做到位，以致造成 200 万元的浪费。所以，在批判会上，大家只把他的言论当作"狂妄自大"的表现加以批判：你本事再大，过去设计过拱坝吗？怎么能说出这样的话？

潘家铮回到上海，一副很重的担子正等待他挑起来。

其时，新安江水电站已经开工兴建，设计副总工程师潘家铮随上海设计院领导和技术人员到达新安江工地。不久即被任命为设计代表组组长，长年进驻新安江工地，直到 1960 年 4 月 20 日才回到上海。

潘家铮在文章里开玩笑说，他一去工地就被当作"人质"了。

1959 年 6 月，那座中国第一座薄拱坝迎来诞生之后第一场洪水考验，管理部门最终还是听取了设计单位的意见，毅然开启坝顶泄洪。顿时，流溪河上 7 道飞瀑像白练一样相互撞击嬉戏，如幼兽相搏，欢腾、激烈但没有任何危险，坝体固若金汤，坝脚也没有严重冲刷。薄拱坝内的廊道竟然做到了滴水不漏。

后来有意大利专家前来参观，感到非常惊讶，赞叹不已。

---

1 参见《中国大坝技术发展与工程实例》，《中国大坝技术发展与工程实例》编委会编，中国水利水电出版社，2007.12，第 478 页。

流溪河双曲拱坝建成，是中国工程师自己设计建设薄拱坝的开篇之作，而流溪河拱坝独特的设计，无疑是一个经典。日后建造的大中型拱坝，如高80米的泉水拱坝、高102米的紧水滩拱坝、高157米的东江拱坝、高242米的二滩拱坝，其设计都可以看到受流溪河薄拱坝设计的影响。

然后是1961年大洪水、1975年大洪水，流溪河水电站屡现坝顶飞瀑奇观，7道挑流坎简直就是神来之笔。倒是那条新增的泄洪隧洞在施工和运行过程中出现过不少问题。

流溪河拱坝果然为中国的水电建设挣足了脸面，国家领导人每到广州视察，流溪河水电站是必去的地方，莫不流连再三。

这座拱坝激活了万年荒谷，变成一个有灵性的地方存在。伫立在峡谷中的那座灵巧精致的薄拱坝，仿佛并不是人为设计出来的，构思它的应是流溪河自己。

第三章　中国水电第一高坝

新安江水电站

1957 年上半年，流溪河水电站的设计工作移交新成立的广州设计院，潘家铮离开广东回到上海，是年 8 月，正式担任新安江水电站设计副总工程师。

“自古风光说新安，千里明江万叠滩。转眼沧桑惊巨变，且听俚曲唱悲欢。”潘家铮有诗《竹枝歌》记录新安江。他对新安江并不陌生。

20 世纪 50 年代，潘家铮（右二）在新安江水电站

新安江亦名徽港，系钱塘江正源，发源于黄山之麓的安徽省休宁县。

流域面积11850平方千米，约占钱塘江流域面积的四分之一。新安江水电开发计划，潘家铮刚参加工作就知道。那时候徐洽时安排他誊抄的CVA若干工程计划书里，就有一份《钱塘江街口水力发电计划概要》。徐洽时领导的钱塘江水电勘测处，从1946年开始对钱塘江流域进行过一次普查式勘测，选定街口七里泷、罗桐埠、灰埠、黄坛口等6处适宜布置水电站的河段。

上海设计院负责设计的新安江工程，其建设规模远远超出当年钱塘江水电勘测处那个CVA计划。初步规划在新安江下游建设一座100米以上的高坝，形成240多亿立方米的巨型水库，装机容量58万千瓦，所产生的电力将源源不断通过220千伏高压输电线路送往宁、沪、杭三地。

潘家铮在《春梦秋云录·新安江上竹枝歌》中这样评价新安江水电站的意义所在：

新安江水电站的建设，确实是中国水电开发史上的一个里程碑。它的规模不仅大大超过我国自己以往已建、在建的水电站，也超过了苏联建国后的水电里程碑第聂伯水电站。通过新安江水电站的建设，中国人民将掌握百米以上的高坝、百亿立方米以上的大库、60万千瓦量级的水电站、7万千瓦量级的水轮发电机组和相应电气设备，以及220千伏高压输电线路的建设经验，还要进行20万人口的大迁移，按当时水平，一步就跻身于国际水电建设之林。

也就是说，中国人可以自主建设属于自己的“高坝大库”了。

是时，水电总局正筹划水电建设“五朵金花”，分别是新安江、刘家峡、三门峡、五强溪、紫坪铺工程。李锐将新安江水电站列为五大水电工程建设之首，下达指示，“开发新安江，供电大上海，当务之急，势在必行”。

另一头，上到中南海，下到浙江省地方党委政府，同样被新安江蕴藏的巨大水力资源所吸引，对这一工程的期望值甚高。

新安江水电开发计划早在1952年就开始了。

当年成立的上海设计院，与新安江水电资源开发有直接关系，或者说，上海设计院就是专门为新安江工程做准备的。

1954年5月，水电总局将勘测的8个坝址的地质地形条件加以整合，向中共中央华东局提出新安江开发的3个方案，分别是：

一级开发，在罗桐埠建105米高坝，总装机容量66.25万千瓦。

二级开发共2个方案：

方案甲：下游一级在罗桐埠建坝，坝高36米，装机容量8万千瓦；上游一级在黄江潭建坝，坝高55米，装机容量14万千瓦。

方案乙：下游一级与方案甲同；上游一级在云头建坝，坝高73米，装机容量16万千瓦。

除此3个方案之外，还有一个三级开发方案，但发电量并没有多少增加，没有考虑。

这3个方案先呈送中共中央华东局审核。中共中央华东局财委主任签发《新安江开发意见》时考虑的主要是库区淹没，他指出："各种开发方案中，如在罗桐埠建坝36米或105米，淹没范围在浙江境内或95%以上在浙江境内。如在云头建坝，淹没将由浙江及安徽分别负担，浙江要占40%，以上意见请华东局考虑。"

从发电量考虑，一级开发方案与两个二级开发方案的优劣非常明显，后者比前者少了二分之一，而且远不能满足长江三角洲地区工农业和生活用电需求。但是，两者的移民和淹没耕地数目也非常悬殊。

到底采用哪一个方案，已经不是一个行政划分的问题了。全局利益与局部利益，长远利益与眼前利益，损失与收益，一对一对的矛盾就在这3个方案的选择过程中。孰优孰劣，利弊如何均衡，作为执政者，这种选择无疑是困难的，甚至是痛苦的。

经过长时间的调研，无论是浙江还是安徽，其积极性都甚高。中共中央华东局最终拍板：新安江水电开发，按一级开发方案实施。

1954 年 6 月，燃料工业部水电总局勘测设计局开始根据新安江水电一级开发方案编制电站技术经济调查报告，历时两月告竣。

从 1954 年 5 月 24 日中共中央华东局拍板新安江水电站一级开发方案，到 1955 年 10 月 7 日国家建设委员会批准此方案，历时 16 个半月。其间，浙江省天目山经济开发工作委员会组织新安江库区移民安置的前期准备工作。水电总局设计处编写《新安江流域规划和技术经济调查报告》，并提出水电站坝址和工程规模选择的建议方案。

国家建设委员会批准新安江水电站罗桐埠一级开发方案，刚开始确定的罗桐埠坝址却被发现有问题。

这要感谢当时援华的苏联专家。1952 年，开发新安江水电站的勘探人员只有 5 人，而且缺乏对大型水电站的勘探经验。苏联派出地质专家葛伐利列茨、水文专家鲁赤金前来指导。这时候罗桐埠坝址已经确定，但还是成立了踏勘队。从新安江上游安徽境内至新安江下游建德地区，有计划、有步骤全面踏勘。此后，不断有苏联专家加入踏勘工作。在实地踏勘的基础上，为新安江水电站工程地质勘探工作提出建议就有 56 条之多，进而完成《新安江流域规划和技术经济调查报告》。[1]

1955 年 11 月 2 日，新安江水电站选址委员会经过坝址认证，确定新的坝址在新安江铜官峡至罗桐埠段，从工程地质上讲，铜官峡坝址优于罗桐埠坝址。

1956 年 4 月 19 日，水电总局正式颁布初步设计技术任务书；同年 7 月，地质、水文、淹没迁移、用电远景负荷、综合利用及设备制造等设计陆续完成；经过不同方案的技术经济比较，选定坝址、坝轴线、坝型和枢

1　参见《国家特别行动——新安江大移民》，童禅福著，人民文学出版社，2009.1。

组布置。

20 世纪 50 年代，潘家铮（右一）等与苏联专家在新安江工地

1956 年 5 月 4 日，电力工业部新安江水力发电工程局（简称新安江水电工程局）在上海四川中路嘉陵大楼成立，随后由上海迁往杭州。

1956 年 6 月 20 日，国务院批复同意新安江水电工程提前列入第一个五年计划和 1956 年计划。

1956 年 12 月，组建中共新安江水力发电工程委员会。中共中央华东局从上海调配一批干部支援新安江水电站建设。7 月下旬，浙江省委指示，建德、金华、宁波等地区为电站建设招收工人。8 月 20 日，来自萧山、义乌、东阳等地的首批土建工人 700 余人抵达新安江工地；嗣后，水电总局、上海设计院，还有官厅、模式口、三门峡、狮子滩、黄坛口等水电站支援新安江水电站的技术干部、技术工人和管理人员，以及北京、长春等水电学校的毕业学生、部队转业军人和从浙江、上海招收的职工浩浩荡荡开到工地。

1957 年上半年，来自丰满水电站、上犹江水电工程局的职工计 2200 多人充实到新安江建设工地，到这一年年底，新安江工地的职工总数达到

14367人。其中，管理、政工、技术干部占到职工总数的17%。

1957年8月10日，国务院批准电站初步设计审查意见。8月24日，国家建设委员会下达初步设计批准书。[1]

这还是一个非常粗陋的时间表，还可以详细再详细。

新安江水电站建设从动议到最后初步设计被国务院批准，前后长达6年的时间，而正式开工还需要等到1958年。如此长时段的准备工作，如此紧张而从容的节奏，对中国第一座高坝大库的水电建设显然非常重要。

新制竹枝唱新安

新安江水电站工程在潘家铮由北京调到上海的那一年已经启动，作为设计单位的上海设计院，对新安江水电站的勘测设计也一直在进行，这是上海设计院的头等大事。与流溪河水电工程一样，出于保密考虑，新安江工程也有一个代号，代号为403。

潘家铮在负责502工程组的同时，也同时参与403工程的设计任务。他在负责流溪河水电站设计的同时，全程参与着新安江水电站的设计工作。

从坝高44米、装机容量9000千瓦的黄坛口水电站，到坝高78米、装机容量4.2万千瓦的流溪河水电站，现在又是中国第一座百米高坝、装机容量66万千瓦的大型水电站，中国水电建设跃进式发展速度，没有哪一位水电工程师不会因此心潮澎湃，何况刚刚进入而立之年、血气方刚的潘家铮！

其时，黄坛口水电站已经复工，准备1958年建成，为新安江建设工

1　参见《新安江水电站志（1989—2005）》，《新安江水电站志》编辑委员会编，浙江人民出版社，1993.12，第37−63页。

地提供电力。被称为“荒唐口”的挫折阴影还没有完全散去，而现在又一步跨越建设装机容量20倍于黄坛口水电站的新安江水电站工程，上海设计院甚为审慎。

应该说，新安江水电站的勘测设计工作，同这座中国第一座高坝大库水电站的决策与组织一样，在开始的时候是非常审慎和严谨的。此种审慎与严谨，在坝址与库区的地质勘探上体现得最为充分，历时之长、勘探之细，在新中国水电建设史上从来没有过；同时还体现在设计过程中，集思广益，善于听取和吸收不同的意见，加以调整和完善。

新安江工程的设计、施工组织，统一由新安江水电工程局管理，统筹工程的设计、施工组织管理。具体到设计单位上海设计院，又有相应的设计班子，总工程师为邹思远，副总工程师为邢观猷、潘家铮。

新安江工地热火朝天的景象感染着诗人气质很浓的潘家铮，诗情像一只轻快的鸟儿一样撩动诗人的心弦，封存数年的诗兴，被美丽的新安江风光激活并释放了出来。从1957年开始进驻新安江工地到1960年新安江水电站建成发电，潘家铮在工作空隙写了许多诗歌，后来被编辑分节成为《新安江竹枝词》，包括序歌、前期工作、开工、百工咏、人物志、跃进高潮、艰苦奋战、团结就是力量、蓄水与移民、安装送电、尾曲共11个部分。读这些充满激情的篇什，新安江水电站历时3年的建设过程历历在目。

那确实是一个激情满怀的时代，从1956年底到1957年上半年短短半年，水电总局和浙江省即调集上万名建设者隆隆开进新安江建设工地。潘家铮在《新安江竹枝词》笺注中叙述道：

（20世纪）50年代的效率是惊人的。新安江工程列入计划后，一声令下，万方云集，施工准备工作进展神速。施工的指挥部及主力军的新安江水电工程局，它的骨干力量是从丰满、上犹、古田、黄坛口抽调集中的。各部门各行业都大力支援，铁道兵团派来精锐部队抢修兰溪至新安江的铁路；

建筑公司在渺无人烟的荒滩上建起了水电城，直达下游白沙古渡（建德县治也从古老的严州城迁到白沙），在坝下游的溪头村又建成了一座砂石之城，生产工程所需全部骨料，还远销沪杭。在争分夺秒的会战中，没有扯皮踢球，没有讨价还价，更没有雁过拔毛和敲诈勒索，有的是团结、支援、共同战斗。[1]

20 世纪 50 年代，每一个人脸上都洋溢着充满朝气的新政权带来的蓬勃朝气。新生政权高效而强大的动员能力，在新安江水电站体现得淋漓尽致。

新安江水电站的初步设计于 1956 年 7 月完成，坝型选定结构简单、施工条件较好、投资较少且对坝基不均匀沉陷有适应性的混凝土实体重力坝，在此基础上进行枢纽布置。

初步设计刚得国家建设委员会批准，正送审国务院。勘探调查的地质资料显示，选定的铜官峡坝址的地质条件并不太好，岩层倒转褶皱，断裂发育，基岩风化破碎，左右两个坝肩稳定条件都很差。

这样，初步设计的坝轴线就要调整重来。工程设计组马上更改原设计，在初步选定的坝轴线基础上，将坝轴线左端一段向上游折转 9 度 59 分 57 秒，右端一段向上游折转 2 度 47 分 35 秒，这样就巧妙地避开了河床中地质构造复杂的深潭区和两岸不稳定坝肩。[2]

如今，如果我们站在风光秀丽的铜官峡仔细观察新安江大坝，会发现这座挺立了几十年的混凝土大坝仍然筋骨强健、体格硕壮，两翼微微张开，作振翅欲飞的姿态，这正是当初修改后的折线型坝轴线的结果。

---

1 参见《春梦秋云录——浮生散记》（第二版），潘家铮著，中国水利水电出版社，2000.12，第 132 页。

2 参见《新安江水电站志（1989—2005）》，《新安江水电站志》编辑委员会编，浙江人民出版社，1993.12，第 41 页。

确定最终设计坝轴，牵动初步设计大部分都需要调整和更改。坝轴线一改，影响到坝型的最终选择。潘家铮根据新安江水电站地质、水文特点，力主将原设计的实体重力坝改为大宽缝重力坝。

为什么要改为大宽缝重力坝？大宽缝重力坝在哪些地方优于实体重力坝？

1964 年，潘家铮曾就新安江大坝的设计与建设写过一篇科普性的文章。其时，他正重返新安江工地做“填平补齐”工作，谈起这座凝聚自己智慧与汗水的水电工程，一副津津有味的模样。

当时，国内全无一点关于大宽缝重力坝的设计与建筑经验，都是在实践中探索。

潘家铮在这篇科普文章中谈到大坝宽缝排逸扬压力，被他概括为技术术语，叫作大宽缝重力坝封闭式抽排设计，是在坝工建筑史上的首创之举。这一实践与理论，对此后中国许多重力坝设计产生着深远的影响。这一成功设计最后在他的代表作《重力坝设计》《重力坝的设计和计算》《工程地质计算和基础处理》中有着详细的阐述。

20 世纪 50 年代，潘家铮（左一）在新安江工地与技术人员进行讨论

拦河坝设计更改，在 1957 年 8 月新安江工地的技术座谈会上通过，并立即开始具体设计。到 12 月，大宽缝重力坝设计完成。

实际完成的新安江拦河大坝共 26 个坝段，也不全是大宽缝设计，右岸 3 个坝段与左岸两个坝段为实体重力坝，就是实疙瘩混凝土，利于与坝肩相接。右岸 3 个坝段设有底孔导流，这样又使其成为中国坝工史上第一座大底孔导流大坝。

大坝施工图于 1957 年 12 月送到工地，新安江工地已经万军齐发，机声隆隆，工程前期准备工作基本就绪，右坝坝头开挖于 1957 年 4 月就开始了。坝轴线调整，坝型设计更改，一下子将上海设计院的设计队伍赶到了电站建设的最前沿。边设计、边施工，很快设计就赶不上施工的进度了。

1957 年 12 月，上海设计院领导、专家和设计人员全部从上海赶到新安江工地现场协调会商，潘家铮当然也随行而来。协调的结果是潘家铮被留在工地，在设计副总工程师之下再加了一个头衔——设计代表组组长。

这就是潘家铮自己说的“被当作人质”的过程。

设计代表组代表设计单位，需要根据甲方要求和工程具体情况进行设计变更、调整与修改。设计代表组组长就设计单位而言，相当于一个单位派驻工程的设计项目经理角色，责任重大。但是在 20 世纪 50 年代，工程建设在体制上虽然分工明确，却也仍带着明显的军事化大兵团作战的痕迹。上海设计院作为委托设计单位，设计代表组受新安江水电工程局党委的领导。

这就意味着，潘家铮需要长驻在工地。

好在，潘家铮是几位副总工程师中最年轻的一位。好在，潘家铮领导的设计代表组，有很大一部分还是 502 工程组那一帮生龙活虎的年轻人。这批刚出校门的技术骨干，一上手就有幸真刀真枪做工程设计，修复东方水电站和设计流溪河水电站，如刃之新发，热情不减。后任上海设计院党委书记兼院长的张发华，是 1949 年入党的“老”党员，从 1955 年修复东方水电站起即与潘家铮在一起，此时他担任设计代表组党支部书记。

浙江省在很短时间之内就同时开工富春江、湖南镇、瓯江等大电站，工程技术人员严重不足。邹思远、邢观猷两位前辈都调离了新安江工地，连新安江水电工程局的徐治时总工程师也被调到更大的工程去了。这样，新安江水电站设计这副担子就实实在在全部落在31岁的潘家铮身上。

接着，上海设计院将设计代表组改为现场设计组，潘家铮被任命为设计总工程师。这样一来，他更无可推脱。虽然有机会出差回上海，但基本上都待在工地现场，与家人离多聚少。这一待就是3年！

潘家铮明朗而清丽的竹枝词还在继续写着。潘家铮和现场设计组的种种构想与力学计算，在这个时候似乎变成了一段纷乱背景下的技术独白，显得多少有些孤独。

新安江的灯火

1959年4月9日，国务院总理周恩来到新安江水电站视察，已经担任水利电力部副部长的李锐陪同。

当时，因为工程质量和左岸坝肩塌方滑坡事故，新安江工地被一片阴云笼罩。水泥供应不上，施工机械又赶不上施工要求。施工工地盲目“跃进”，甚至完全抛开施工技术规范于不顾。1959年初，工程出现质量问题，惊动了国务院，3月10日，周恩来办公室通知新安江水电工程局，要求派人赴京汇报，总工程师潘圭绥受命前往。周恩来了解了新安江工程的情况之后，特意请来建筑工程部部长，亲自协调新安江工程的水泥调拨。

4月9日周恩来视察新安江水电站工地之时，欣然为新安江水电站题词：“为我国第一座自己设计和自制设备的大型水力发电站的胜利建设而欢呼！”[1]

新安江工程建设再掀高潮，新安江水电工程局党委新口号让人血脉偾张，“战胜困难，多快好省，不达目的，决不罢休”“与时间赛跑，和洪水做斗争”。誓言凿凿，群情激昂，工程进度迅速推进。

工程进度加快，现场设计组再度忙碌起来。左岸围堰截流完成，新安江水于右岸大坝底部的 3 个大底孔导流通过。左岸大坝完成之后，要截流蓄水，需要彻底封死右岸的 3 个底孔。每个底孔有两个进水口，原设计考虑用钢筋混凝土叠梁封堵底孔进口蓄水，再以混凝土回填底孔。但是，在导流通水情况下施工，困难和弊病多多，封堵效果欠佳。如果以整体钢筋混凝土闸门封孔，一次沉放到底，方便而可靠。

潘家铮带领着现场设计组成员日夜不停投入到闸门设计中，这个技术难度也非常之大。

每一扇闸门成型之后，重达 321 吨，要将这么个大家伙准确沉放到封堵位置，良非易事。潘家铮和现场设计组同志反复现场勘查，最终确定现场浇筑方案。在每个底孔进口门槽处搁置托梁，紧靠上游坝面对准门槽就地浇筑整体钢筋混凝土闸门，然后在闸门上方的坝体内预埋吊钩，作为闸门沉放的起吊支撑，待闸门凝固成型之后，再就地沉放。

这一方案简单易行，来自丰满水电站的起重队老工人都觉得这个方案真是巧妙到家了，非常赞同，甚为钦佩。1959 年 9 月 21 日，最后一道闸门顺利沉放到底，奔腾的江水被瞬间截断，亿万斯年喧嚣的铜官峡顿时寂然，一湾碧水慢慢上升。水云相接，烟波浩渺，日后的千岛湖轮廓初现。

水库蓄水，电站发电也为期不远。可是开关站出线架还没有动工，按照新安江水电工程局党委的部署，开关站建设的工期只有 3 个月时间。

---

1 参见《李锐往事杂忆》，李锐著，江苏人民出版社，1997.2，第 316–317 页；另见《国家特别行动——新安江大移民》，童禅福著，人民文学出版社，2009.1，第 31–32 页；又见《历史新篇——中国共产党在浙江（1949—1978）》，金延锋主编，浙江人民出版社，2011.6，第 484 页。

刚刚完成底孔封堵设计，又转战开关站工地现场设计。潘家铮和现场设计组成员“手脚并用”，紧张地开始开关站出线架的设计。

开关站布置在大坝下游左岸，利用岸坡开挖二级平台，呈台阶式布置。施工期间，这两个平台原来为堆放粗细骨料场地和混凝土拌和楼所在，水库蓄水之后拌和楼拆除，才能布置开关站。工期如此之短，还要根据现场材料供应情况考虑尽量节约钢材，潘家铮提出可以考虑用钢筋混凝土预制构件组装出线架，以利工期与节约目标。

1960 年春天，新安江岸边的桃花绽放，出线架吊装开始，300 多根预制件仅用一个月时间吊装完毕，第一台发电机组也安装到位，静默地等待着通过输水管线将江水蓄积的能量输送下来。[1]

潘家铮他们完成开关站的安装调试，新安江水电站进入试运行阶段。

在发电的前两天，潘家铮受“运动”的牵连被请出工地，没能亲眼看着这座倾注了自己智慧和心血设计的大坝发电的时刻。

那一天，潘家铮记得清楚，他离开新安江工地是 1960 年 4 月 20 日。[2]他踏上归途的第三天，1960 年 4 月 22 日 0 时 20 分，新安江水电站第 4 号机组安装调试完毕，正式投入运行，并网发电，比原计划提前了整整 20 个月。[3]

新安江水电站的厂房里机器轰鸣，新安江水电站的灯光在潘家铮的身后唰地亮起来。

1958 年到 1960 年新安江工程建设这几年时光里，年过而立的潘家铮，这个小个子“潘总”，在水电工程技术理论研究方面同新安江大坝一样，已

1　参见张发华撰《潘家铮在新安江水电站》，收入《中国水利水电技术发展与成就——潘家铮院士从事科学技术工作 47 周年纪念文集》，中国水利水电技术发展与成就编委会编，中国电力出版社，1997.9，第 269–270 页。

2　参见《春梦秋云录——浮生散记》（第二版），潘家铮著，中国水利水电出版社，2000.12，第 143 页。

3　参见《新安江水电站志（1989—2005）》，《新安江水电站志》编辑委员会编，浙江人民出版社，1993.12，第 14 页。

经是中国水电领域一个无法忽视的伟岸的身影。

1958 年，潘家铮的两部重要著作《水工结构计算》和《重力坝的弹性理论计算》正式出版。随后，他编著的《水工结构应力分析丛书》共计 10 册，也正式出版。同期，他还有数十篇论文发表在全国重要的学术期刊上。

1958 年，潘家铮著作《水工结构计算》《重力坝的弹性理论计算》正式出版

诚然，这些科研成果集中了潘家铮数十年艰苦钻研之功，但从 1958 年开始，他不再仅仅是上海设计院的技术理论尖子，其名声早已飞出上海设计院的围墙，成为全国水电领域的潘家铮。

潘家铮在人生的初夏时节，盛开着自己事业的花朵。

潘家铮晚年对自己一生的性格有一个认识，他认为自己的性格里有懦弱的一面，但是也有刚烈的一面。晚年他在谈到逆境的经历时，他说：“一个人要讲真话，并不容易。我并不是非常坦率，什么话都能讲的。但是如果有些话不好讲，我不开口就是了……我想不说假话是做人的道德底线。”

懦弱也好，刚烈也好，道德底线也好，说到底少年时期即熟读经史子集，惯看春花秋月，潘家铮骨子里其实还有着旧式文人的执着，甚至执拗。他的懦弱不妨解释为善良，不妨解释为儒学训练下的仁者之风。

潘家铮尽管是技术尖子，但在当时的上海设计院党政格局里还算不上一个大人物。直到 1962 年，潘家铮重返工地参加验收、审查、汇报和处理遗留问题，他在新安江水电站的“填平补齐”中将起大作用。

填平补齐

潘家铮回到上海设计院的 1960 年到 1964 年，前前后后参加过许多工程的设计工作，不停被派驻工地担任设计代表组组长。计有，长江口北支潮汐电站、黄浦江拦江大闸、飞云江珊溪水利枢纽、钱塘江潮汐电站、富春江七里泷水电站、乌溪江湖南镇水电站等。

辗辗转转几个工地下来，潘家铮于 1964 年回到了新安江工地。

潘家铮带着 403 工程组 40 多位年轻工程技术人员仍然驻扎紫金滩，望一眼自己亲手设计的大坝，蓦然之间他才强烈地感受到他对新安江水电站难以割舍的情感，更强烈地感受到大坝在他生命中的重要意义。

离开工地短短三个年头，潘家铮的双脚再一次踩在新安江水电站紫金滩的石径上，一颗心仿佛落了地。回到上海这些年，新安江大坝的身姿不知道多少回出现在梦里。连颊边吹过一阵爽风，他都情愿带着的是来自千岛湖的几分湿润。

三年困难，三年蹉跎。潘家铮虽然不断赴工地做设计代表组组长、设计总工程师，可是没有哪一次像新安江水电站那样完完整整参加下来。在繁重的工作间隙，他组织 403 工程组的同事们汇集新安江水电站设计的全部资料，重温每一个设计细节，将之编辑成为《新安江水电站设计》，凡 100 万字。该书既是新安江工程设计过程的全程记录，亦是中国第一座大型水电站建设过程经验与教训的总结。

工程建设之后的总结，当是国际水电建设的一个通例。潘家铮此举显然是受十年前阅读美国垦务局备忘录的影响。

潘家铮虽然没有留洋的经历，却可以在很短的时间之内就跃升为中国水电行业设计顶级人才，跟他早年废寝忘食遨游于美国 TM 技术资料的经历大有关系，所以他这个设计总工程师比当年放洋留学的专家更具洋派工程师的特点。

检阅潘家铮一生的水电生涯，至少有两个习惯雷打不动。一是每到一个工程工地，开班设坛讲课；二是写工程总结。不仅自己讲，还让别人讲；不仅自己写，还督促别人写。

这部百万字的巨著不仅仅是一个工程设计和解决实际问题的简单记录与档案留存，对建立中国自己的水电科学的意义自不待言。

倒不是潘家铮一开始就有这样庞大的想法，实在是因为新安江水电站在中国水电建设中是一个里程碑意义的工程。有了新安江工程和没有新安江工程，中国在世界水电格局中的地位显然是不一样的。

只可惜，潘家铮他们这部呕心沥血、心愿宏大完成的巨著，并不是所有人能够意识到其意义所在。在潘家铮回到新安江工地之前，这部书最终胎死腹中，未能面世。这部中国坝工史上第一部技术“备忘录”还静静地躺在上海设计院的档案柜里。[1]

潘家铮对新安江水电站的感情当然不言而喻。早在水电站并网发电之初，潘家铮即随上海设计院的专家数度莅临工地进行“填平补齐”的验收、审查。尽管新安江水电工程局和上海设计院现场设计组严格控制施工质量，“大跃进”时期野蛮施工的恶果还是暴露了出来，清理出来的“尾工”项目达到几百项。每一项“尾工”都关乎大坝安全和电站正常运行，所谓“填平补齐”的技术难度并不比当初的建设来得更小，相反更加棘手。要“填”的，要“补”的，业界称之为“疑难杂症”。在某种程度上讲，解决这些疑难杂症是对工

1 参见《春梦秋云录——浮生散记》（第二版），潘家铮著，中国水利水电出版社，2000.12，第 152 页。

程师解决实际问题能力的巨大考验，需要有起死回生的本领与智慧。

新安江水电站的“尾工”清理，在发电之后即已经开始。可是，这些“尾工”清不胜清，理不胜理，越来越突出，仅混凝土和石方开挖就有十多万立方米的工程量。最后，动用三四千个劳动力挖了整整6年才完成。其他还有右岸坝头的稳定、大坝纵缝灌浆、厂房溢流面处理、紫金滩护坡、副厂房和110千伏开关站改扩建。一堆问题，问题一堆。老问题，大问题，难问题，老大难问题。到1964年，潘家铮不得不再带着403工程组40多位年轻技术骨干再赴新安江工地，亲自主持“尾工”清理工作。

到1965年4月，潘家铮他们处理完最后一批“尾工”，此项工作竟然费时长达5年，比水电站建设工期还要长。潘家铮感慨：“这条尾巴真是够长的。”

这一次前往工地，是潘家铮主动请缨。上海设计院的总工程师马君寿非常担心厂房溢流面出事，他担心泄洪的水舌打坏尾水平台。如果溢流面出现问题，对新安江水电站而言，那将是灾难性的。潘家铮当年是现场设计总工程师，对现场设计和施工的每一个细节熟稔于胸。这样，他主动承担起清理“尾工”重任，二赴新安江，一待又是一年。

几年之间，潘家铮待在上海的时间和待在工地的时间平分秋色，从富春江，再到乌溪江，再到钱塘江出海口，这一次再回到新安江畔。江河泽畔，搭帐安家，他已经习惯甚至迷恋上了这种生活。

潘家铮到达工地之后，当年设计水电站的热情仿佛又回到了身上，很快投入工作，组织403工程组的同志深入到工地实地调查，补充搜集资料，反反复复论证，写出几百份设计专题报告，提出施工详图和施工技术要求，工作量非常之大。

其时，新安江水电站已经蓄水发电，无论是变电站改扩建还是大坝纵缝灌浆，施工条件比当初建设的时候更加苛刻，有的项目还是带电工作。403工程组下设三个设计组各司其职，潘家铮总揽工程全局，有条不紊，对每一个设计组提出设计思路和设计要求，“尾工”清理工程干得非常漂亮。

多年之后，曾任403工程组大坝组组长的黄松柏对“尾工”清理工程还记得清楚，其中几项具有技术创新意义的项目那更是忘不了。

右岸坝段坝肩处理中，潘家铮卓有远见的人才培养和储备发挥出作用。早在1955年开始主持502工程组的时候，他就意识到水工建筑物对地基要求有特殊性。在整理世界各国的大坝技术资料时发现，对于高大建筑物来讲，由于其本身强度不足而失事的例子很少，大部分失事原因往往是地基没有处理好。地基处理设计，要求工程师不独要具备相当的水工力学素养，而且要有地质、水文专业的相关训练，所以他派组里4名年轻人到大专院校里专门进修水文和地质。新安江“尾工”工程处理中，这几名着意培养的水工和地质复合型人才派上了大用场，右坝头坝肩稳定设计和施工得以顺利完成。

大坝廊道内的纵缝灌浆，新安江水电工程局总工程师潘圭绥汲取当年大坝施工时的经验教训，建议潘家铮派相应设计人员最好下到廊道跟班劳动，一来可以协调施工单位与设计部门之间的关系，二来可以及时了解施工过程中出现的问题，有针对性地解决问题，潘家铮欣然接受。本来，新安江水电站大宽缝重力坝就是潘家铮力主更改过来的坝型，他对大宽缝廊道内部的结构非常熟悉，在修复“尾工”项目过程中，他将原设计找出来，再次整理计算数据，再结合现场设计人员提供的新情况，改进灌浆工艺、材料和施工方法，大坝纵缝灌浆之后，廊道之内滴水不漏。

新安江水库属于一个多年调节水库，泄洪机会很少。厂房也没有经过溢流考验，即便溢流泄洪，当初已经做过精确的计算和实验，不进行“补强”也没有什么问题。然而，为了安全起见，403工程组还是将厂房溢流面“补强”处置当作“尾工”的重中之重处理。早在1960年回到上海，潘家铮就开始注意到这一问题，他在考虑用环氧树脂和化学材料处理溢流面，而且在上海设计院科研所做过许多实验。溢流面强补作业之后，万无一失。将化学材料运用到水工建筑物现场施工，这是中国坝工建设的一个大创新。

接下来，紫金滩护坡工程、上游坝面水下勘探、凿取混凝土试块、水下电视拍摄，都有潘家铮活跃、新鲜、慎重的技术思维在里面起作用。一帮年轻工程师再一次体会到跟着“潘总”做设计的智力挑战与智力快感。[1]

1　参见《永远的潘家铮》，中国水力发电工程学会、中国水利水电出版社编，中国水利水电出版社，2013.6。

第二篇

中国坝工科学的引领者

我经常思考一个问题：这个总工程师的“总”意味着什么呢？是意味着总比人强？总比人知道得多？总比人正确？现实告诉我不存在这样的总工程师。因此，只能是另一种解释：能总结经验教训、能总结别人意见，以及能勇于负总的责任，乐于为年轻一代成长做梯子。

——潘家铮《无限辛酸话科研》

第一章 梦酣雅砻江

织梦大锦屏

潘家铮于1965年4月离开新安江水电站工地，这个调令来得匆忙而又突然。其实他是有思想准备的。

1964年，出于战备考虑，中共中央和国务院编制第三个五年计划时，开始部署“大三线”建设[1]。

“大三线”建设的准备工作实际于1964年就已经开始在基层动员。当时，中国70%的工业集中在东部沿海地区，上海又占有非常大的比重。甚至可以说，“大三线”建设，要特别倚重上海来完成。

潘家铮带着上海设计院403工程组还在新安江水电站“填平补齐”，上海支援“大三线”建设计划已经开始实施。这个行动在上海老百姓口语里，被称为“内迁”。

1964年到1965年的两年间，上海在短短两年之内即完成“内迁”304个项目。如此众多企业内迁西南，电力供应和交通运输必须先行。云南、贵州、四川丰富而巨量的水力资源成为水电部门关注的焦点，水利电力部将雅

1 三线建设是中国经济史上一次极大规模的工业体系建设，包括“大三线”建设和“小三线”建设。“大三线”建设是中国国家战略后方基地的建设，是三线建设的主要部分，建设内容是建立以国防工业和基础工业为主体，包括交通运输、邮电通信、燃料动力和农业、轻工业在内的国家战略后方基地。

砻江水电开发提上议事日程。[1]

这是上海继 1937 年“抗战军兴”工业大规模“内迁”之后，工业第二次大规模向西南地区转移，都是“国家行动”。

这对潘家铮的吸引力太大了。

急令潘家铮入四川的调令来得突然，以潘家铮内心来说，却求之不得。“乙巳四月，余衔命西行，远辞江南，十年内不作归计，涂此志别”，潘家铮以诗铭志。

“十年内不作归计”，是什么事物让潘家铮下了这样大的决心？又是什么样的事物有这样大的吸引力？

雪域高原，风情奇异、奇峰高耸、江流汹涌、人迹罕至，潘家铮早对那里心生好奇，他甚至在地图上注意到——雅砻江，这条长江的大支流，从雪山一路奔流三千里之后，与长江主流汇合。最吸引潘家铮的还是这条大江蕴藏的水力资源。

我从文献中知道，它的流域内也有许多宝藏。全河水急滩多，蕴藏的水力资源达 2700 万千瓦……而最使我着迷的还是它奇特的流向。雅砻江从巴颜喀喇山出来，气势磅礴地向南奔泻千里，到达洼里附近，不知受到什么神奇力量的阻挡，突然向北流去，流了百多里后又突然转了 180 度的急弯重新南下，直到奔入金沙江。这从南转北又从北转南的两大转折，便形成两个奇妙的河湾，特别是后面那个大河湾，中间夹着一座高耸入云的锦屏山，河湾最窄处仅 17 千米，两边落差可达三百数十米，只要打通锦屏山，将上游的水引到下游发电，就可得到几百万千瓦的电力，大自然的手笔是何等奇妙呀！[2]

1 参见《经济历史成长》，张忠民著，上海社会科学院出版社，1999.9，第 388 页。

2 参见《春梦秋云录——浮生散记》（第二版），潘家铮著，中国水利水电出版社，2000.12，第 185 页。

这个位于锦屏山的大河湾，吸引着潘家铮下定了“十年内不作归计”的决心。

如今，我们打开地图，可以在四川凉山彝族自治州冕宁县的地图上清晰地看到这个由南而北、再由北而南的大河湾。大河湾长达 154 千米，东西相隔 17 千米到 22 千米，西高东低，两厢河面天然落差 360 多米，如果从大河湾最窄处穿洞引水，将有 300 多米的高水头压力，这就构成了“裁弯取直”引水发电的理想条件。

这个构想的落地就是 2014 年 11 月全面建成投产的锦屏二级水电站，在当今也是一个气势磅礴的巨型工程，莫说当年了。

潘家铮所说的“打通锦屏山”，实际就是将锦屏山大河湾东侧上游之水穿过长隧洞引到下游来发电。上游的坝址大致确定在大河湾上游折转的洼里村，而厂房大致确定在大河湾下游冕宁县的里庄乡。

潘家铮对这一带的水力资源情况有大致的了解，心仪甚久。

早在 1960 年到 1962 年，中国科学院和成都设计院就组织队伍，对雅砻江主要干流和支流的水力资源有过全面普查，提出四川境内 1357 千米的雅砻江河段上选出 49 个可能开发的水电站坝址，汇编为《雅砻江流域水力资源及其利用》。[1]

1964 年 5 月到 6 月，水利电力部将建设锦屏水电站作为西南“三线”建设的首选。水利电力部副部长、水利电力部水电总局副总工程师，分别先后率勘测组对锦屏山雅砻江大河湾河段进行勘测，锦屏水电站的建设规划意向就此形成。

四川省是中国水力资源大省、富省，为水电建设重要基地。1964 年 12 月，水利电力部责成上海设计院和成都设计院共同负责锦屏水电站的勘测设计任务。

---

1 参见《奔流的大河——中国水电顾问集团成都勘测设计研究院建院五十周年纪念文集》，中国水电顾问集团成都勘测设计研究院政治工作部主编，四川文艺出版社，2005.10，第 275–276 页；另见《长江志 · 大事记》，长江水利委员会宣传出版中心《长江志》总编室编，中国大百科全书出版社，2006.4，第 221 页。

那一段时间，潘家铮正好在新安江水电站工地出差，回上海后就主动报了名。跟潘家铮一样报名的人很多，有负责施工的同志没有被批准，竟然显现出痛不欲生的样子。总之是“热血沸腾”的人多，“瞻前顾后”的人少。潘家铮多年之后回忆，那个时候大家报名参与“大三线”建设的劲头，非常令人难忘。

都是处在事业黄金期的水电工程师，西南地区兴建的是装机容量超过百万千瓦的大型水电站，不热血沸腾也难。

上海设计院先后派出三批工程技术人员前往雅砻江上的锦屏水电站工地。第三批，轮到了潘家铮。潘家铮于 1965 年 4 月中旬回到上海，在家里休整了还不到半个月，即赶赴成都，前往雅砻江。这一次带队的，是上海设计院的党委书记钦乙俊。[1]

到 1965 年 5 月，上海设计院的技术专家马力、李汉法、张廷华、卞敬之、邹思远、潘家铮、曹政云和其他技术人员共 400 多人都来到锦屏水电站工地[2]。一年多时间里，上海设计院派往锦屏水电站工地的工程技术人员最高时达到 600 人之众，占上海设计院职工人数的三分之一。

至此，潘家铮才亲眼见到他心仪已久的雅砻江。

只是，眼前的情景与他面对地图展开的想象完全是两回事。

锦屏水电站工地上曾有过这样一句话，“第一代人爬进来，第二代人走进来，第三代人坐车来”，说的正是当年进入锦屏水电站基地里庄、麻哈渡、磨房沟的艰难程度。

当时，宝成铁路已经修通，从上海到四川须先由上海乘火车前往西安，再从西安换乘火车到达成都；由成都换车转道西昌，从西昌再坐整整一天的汽车到达冕宁；到达冕宁之后便再无车可乘，只能步行。步行尚是小事，脚

1　参见《中国水力发电史（1904—2000）》（第三册）（第一稿），《中国水力发电史》编辑委员会编，中国电力出版社，2007.5，第 486-487 页。

2　参见钦乙俊撰《雅砻江上的艰苦创业——锦屏电站查堪及磨房沟电站建设工作的追忆》，收入《冕宁文史资料选辑》（第一辑），中国人民政治协商会议冕宁县委员会文史资料研究委员会编，1988.6，第 96 页。

下所谓路，就是羊肠小道，宽度仅容一人通过，一人宽的小路沿着咆哮的江水向前延伸，看不到头。抬头是 V 字形的巨大山谷，潘家铮在进山实地勘测时才知道，这些大山动辄二三千米高，重峦叠嶂、蛮烟瘴雨，野兽的叫声在山谷间回荡。要看清大山的模样，非得仰起头看半天才行。抬头望去，峰峦阻隔，看不见一块囫囵天。

固然，“爬进来”说得有些夸张，可是从冕宁进入锦屏山确实不容易。潘家铮因为身体弱一些、因为“年纪大”，还有一匹马骑，年轻人则只能步行。行李则靠马驮，而马又不能驮太多，一次只能驮 120 斤，一边 60 斤。沿江的山路不足半米，如果马驮的货物太宽，就可能掉到江里去，一边 60 斤则正好。这段路一般年轻人要走上 12 个小时，而潘家铮一行因为还带着仪器设备，走了整整两天才到达锦屏水电工程指挥部里庄驻地。此时，已经有 700 多名工程技术人员聚集到这里，同时，还有数千名的工人。同来的还有刚刚参加工作的数百名大学生。建设者们披荆斩棘，几乎是在原始的生活环境下开展工作，条件艰苦可想而知了。

这时候水利电力部锦屏水电工程指挥部还在筹备中，正式批复要等到 7 月。潘家铮到达里庄后，指挥部的领导班子已经定下来并且开展工作。钦乙俊任指挥长，马力为副指挥长，邹思远为总工程师。潘家铮当时的职务是勘测设计办公室副主任，后任设计总工程师。

上海设计院第三拨人马到达里庄后，这里已经是一支规模很大的勘测设计队伍了。潘家铮一行休整了两天之后，即开始对锦屏水电站拟定的坝址和隧洞沿线做初步考察。

潘家铮在进入锦屏山途中写下的《西行诗草》，记录了当时的心情。“十年内不作归计”的壮心仍在，壮岁为诗，壮心烈烈，读来让人击节，心情当然不坏。诗句有：“素裹红装描不尽，从头整顿待英雄。”到底是诗人的诗情，还是山河本身的韵致，哪里能够分得清爽？诗句有：“余年心血飞何处？洒向雅砻与锦屏。”诗人与锦屏山定下了的，是一个海枯石烂的誓言。

诗行里的大江大河

潘家铮衔命西行，正值壮岁，精力充沛，诗情涌动，每有佳作。这些诗章被潘家铮辑为《西行诗草》保留下来。效潘家铮《春梦秋云录·新安江上竹枝歌》笺注，对《西行诗草》做一番索隐与钩沉，连缀起来即可复原潘家铮 1965 年到 1966 年在锦屏山的活动踪迹，而且随着他活动的足迹，一幅雅砻江水电初期开发的画卷将缓缓展开。

初登锦屏山即景

断崖绝谷路初通，轻挽丝缰走玉骢。
野涧鸣声清洗耳，雪山寒气冷穿胸。
熔岩重叠真如画，古木盘旋欲化龙。
不负壮游千万里，尽搜奇景入诗中。

走，即奔跑；玉骢，即骏马，毛色青白相间；雪山，即锦屏山。潘家铮平生第一次骑马，也是平生第一次见到如此高峻的大山，所以他赋予胯下坐骑一个雅致的称呼，兴奋之态跃然纸上。四川冕宁县境内雅砻江大河湾环绕的锦屏山，最高海拔 4309 米，山顶常年积雪，植被由上而下，呈寒带、寒温带、温带、亚热带垂直分布，山高水急，风光秀丽。

1964 年 12 月，由四川省水力发电工程局第一工程队约 2000 人、刘家峡水力发电工程局盐锅峡分局 500 人和新招青年工人 1500 人组成施工队伍，开始锦屏水电站施工准备。人员、物资、机械、设备进入施工地点——小金河与雅砻江交会处的麻哈渡，唯一的交通工具就是马。冕宁县调集 300 匹马用来驮运物资和负责后勤给养。[1]

1　参见钦乙俊撰《雅砻江上的艰苦创业——锦屏电站查堪及磨房沟电站建设工作的追忆》，收入《冕宁文史资料选辑》（第一辑），中国人民政治协商会议冕宁县委员会文史资料研究委员会编，1988.6，第 96 页。

潘家铮进入锦屏水电工程指挥部驻地，马上进入角色，第一个任务是随钦乙俊带领30多名技术人员，由10多名老乡带路，考察初步拟定的锦屏水电站厂址、隧洞路线、坝址。沿雅砻江逆流而上，山路崎岖，有的地方岸断千尺，根本无路可走，他们只能翻越锦屏山前往上游。锦屏山最窄处17千米，但是翻越这一座大山，需要整整两天时间才能再次看到上游蚰蜒游动般的雅砻江身影。

初过麻哈渡（题目为笔者代拟）

荒岗野渡不知名，千里狂流到此平。

波映一船人马影，风吹万壑虎猿声。

峰如斧劈江边立，路似绳盘洞里行。

处处青山可埋骨，何须回首望归程。

这麻哈渡，将是中国西南水电开发史上的一个重要地标。它就是未来雅砻江下游磨房沟水电站的厂址，也将成为潘家铮一生中一个非常重要的转折点。

但是在开发之前，雅砻江下游的麻哈渡却凶险异常，所谓“走遍天涯路，难过麻哈渡”。除麻哈渡之外，雅砻江上还有两大渡口，分别是皮罗渡、巴折渡，都是十分古怪的名字。翻越锦屏山，需先过麻哈渡到雅砻江右岸。此番初渡，潘家铮看到，“从北奔泻而来的雅砻江，到了这里由于受到一个跌水控制，显得波平浪静，景色如画”。跟船工闲聊，他赞不绝口，夸奖此处风景宜人，发愿将来老了能在这里做一个船夫，当是十分惬意的事情。谁知道，得到的却是彝族老船工的一番哂笑，接着老船工给他讲了这个渡口一旦到了汛期的凶险，故事多多。

潘家铮还不大相信，他和“玉骢”一起上船，站在那匹大马旁边，也没有感到这里行船有多危险。满怀诗情，满目美景，耳边几声猿啼在山谷间回荡。

寒坡岭上口占

西来游兴者番多，强半生涯马背过。
山里人家无甲子，洞中景物有烟萝。
寒坡岭上云铺地，飞雪滩头水滚波。
今夜月明何处宿，挥鞭遥指大金河。

锦屏水电站在初步规划时，雅砻江大河湾上游洼里为坝址之一。大队人马于1965年5月20日考察完洼里坝址之后，钦乙俊命潘家铮和规划室主任蒋毓龙、施工室主任周德宝、地质队副队长王烷3位工程师，以及2位向导和2名民兵，乘8匹大马深入雅砻江大金河上游考察，探寻更佳的坝址。[1]

1965年，潘家铮（左三）在锦屏山

雅砻江大河湾之形成，是因为南北走向的锦屏山阻隔所致。锦屏山属横

1　参见潘家铮撰《麻哈渡纪事》，收入《中国水利》，1988年第5期；另见《春梦秋云录——浮生散记》（第二版），潘家铮著，中国水利水电出版社，2000.12，第179-180页。

断山脉的北缘，南北走向的雅砻江被锦屏山突然阻断，一路北上，沿锦屏山山麓奔涌而来，再南折缓行。山麓东侧的雅砻江被称为“大金河”，西侧则称为“小金河”。“截弯取直”发电，须在大金河上筑坝。

潘家铮一行沿大金河一路向西深入。遂有“今夜月明何处宿，挥鞭遥指大金河”之句。

那一年潘家铮 38 岁，年近不惑。

夜宿岩洞戏成一律

今夕居然宿洞房，行踪真个似狐狼。
落霞灿映万年雪，宵露寒凝六月霜。
岂惧猿啼与虎啸，爱它水急又滩狂。
残阳如血山如海，正是男儿锻炼场。

以上海设计院为主承担的锦屏水电站，初步设计为引水式发电站，即利用雅砻江大河湾东西两侧的河道自然落差，取得“高水头”发电。要在海拔 4000 多米的大山底下打隧道，必须彻底搞清楚锦屏山的地质情况。

上海设计院派来的 400 多名工程技术人员，在 1965 年的一年间，几乎都是在野外工作，来回翻越锦屏山，往来于洼里坝址和里庄驻地。厂坝之间直线距离不过 20 千米，但是要翻过去须爬四十四道弯、八十八道拐，再好的身手也需要两天时间，所以诗中所云夜宿山洞是常有的事。

查勘生涯（一）

一

烟岚万叠锁鸿蒙，深闭仙源路未通。
不下龙潭非好汉，直探虎穴见英雄。
牺牲志要危中炼，革命心须苦后红。
识得人生真意义，粉身碎骨亦从容。

二

十五青春正少年，爬山胜似地行仙。
天真吐属浑无忌，纯朴心肠最惹怜。
向我细谈新岁月，与君同赏好山川。
赠刀留订他年约，重聚汉蒙兄弟缘。

1965年5月28日，潘家铮一行八人的大金河查勘小分队来到雅砻江边一个叫毕基的蒙古族村落。潘家铮一直没有搞清楚，在藏、彝杂居的凉山州怎么会有一个蒙古族村落？还不待他搞清楚村落来由，其他人已经与村干部联络，去查勘此处一个较好坝址——石泷峡。

石泷峡将是未来锦屏一级水电站的坝址，几十年后这里将矗立起305米高的世界第一双曲高拱坝。这不是缘分是什么？

石泷峡坝址较调查的其他坝址，无论地形还是地质条件都是建高坝的理想坝址，可以扩大水库的调节库容，将原来拟定的引水隧洞缩短3千米。

毕基村位于石泷峡左岸顶端，潘家铮一行跟着村里安排的一位蒙古族少年向导前去考察坝址，到达峡谷边缘，不由惊叹。此峡谷山势峻伟，基岩坚硬，经过江水亿万年的切割，峡谷陡峭，深近千米。他们在悬崖边上听得见脚下江水轰鸣，大地仿佛为之撼动，但就是看不到江流的影子。峡谷之内，烟云弥漫，深不见底。

那蒙古族少年倒见惯不惊，吹着口哨蹦蹦跳跳向前而行，如此高峻的险崖对他根本构不成威胁。潘家铮不由想到佛典中长寿的神仙——地行仙。“十五青春正少年，爬山胜似地行仙”，说的不正是这位蒙古族少年么！

潘家铮一行跟着少年一直走啊、走啊，最后随行的几位工程师和向导、民兵都吓得不敢走了，只剩下潘家铮和少年两个人。下行根本没有路，甚至找一块蹲下来休息的平台都没有，怎么走？但少年并不畏惧，一直领潘家铮攀下绝壁，到达800米之下的江边。潘家铮忙着测高程、画草图、做测绘，而少年则仿佛怕外人来此地盗宝一般在一旁盯着他。

做完必要的测绘作业，回程的凶险才出乎潘家铮的预料。身贴绝壁，手抓草根，一寸一寸向上挪动，爬到半道，潘家铮的脚没有踏到位，手抓住一块石头动弹不得。向下一望，心惊胆战，只要方寸一乱，必死无疑。还是少年返回来让潘家铮抓住他的一只脚，他才得以脱离险境，回到崖顶。

少年显然为这位比自己大得多的中年人的勇气所感染，不禁问长问短，潘家铮赠了少年一把类似瑞士军刀那样的六用小刀，还给了少年五毛钱作为酬劳。但是少年却不敢接钱，潘家铮说："别人问起，你就说是水利电力部的人给的。"

潘家铮向少年保证一定会回来，到时候水电站一开工，就介绍他到水电站工作。

少年天真地问："那时候您还记得我吗？"

潘家铮说："怎么不会？我化成灰也忘记不了你。到时候，你就带这把刀来找我。"[1]

那个蒙古族少年的名字，潘家铮到晚年的时候还记得清清楚楚。

他的名字叫作少青。

查勘生涯（二）

折得桃枝作马鞭，川康胜景恣流连。
喜看有水皆飞瀑，始信无峰不插天。
夜拥寒衾听急雨，朝燃新竹试春泉。
彝歌一曲入云去，如此生涯也若仙。

1　参见潘家铮撰《不下龙潭非好汉》，收入《中国水利》，1989 年第 3 期；另见《春梦秋云录——浮生散记》（第二版），潘家铮著，中国水利水电出版社，2000.12，第 193–196 页。

二

踏遍奇峰与大川，始知天外有青天。
黎元未化忧难忘，民息犹艰乐敢先。
穴底孽龙何日缚，峡中神女几时迁。
江山万里皆空白，难赋渊明归去篇。

此诗是潘家铮踏勘途中所作。

上海设计院来到锦屏山之前，水利电力部和成都设计院已经对雅砻江大河湾处做过初步踏勘，经过调查，此地由上游到下游蕴藏水电资源800万千瓦。上海设计院负责的锦屏水电站，地质情况异常复杂，需做大量的地质勘探和勘测工作。

如果要开发雅砻江大河湾，必先打通锦屏山，在大河湾最窄处打数条20千米左右的长隧洞。隧洞长度本身不是问题，难就难在要在如此庞大的山体下穿洞。山体掘进过程中预计将遇到强烈的岩爆、高温、毒气及突水、透水问题。设计勘测的主要工作就是要查清并克服这些意想不到的问题。

所以，锦屏水电站建设需慎之再慎。若再假以时日做深入规划和勘测设计、科研攻关，锦屏水电站这样超大型水电站还是可以建成的。

潘家铮有信心。

“江山万里皆空白，难赋渊明归去篇。”不能无功而返。

再过麻哈渡（题目为笔者代拟）

雅砻江水自天翻，万马奔腾气撼山。
灵鹫难飞麻哈渡，破船敢闯鬼门关。
怒号舟子声将绝，屏息行人胆尽寒。
任尔狂涛浪千尺，行看豪杰缚龙还。

潘家铮带着大金河查勘小分队结束工作是半个月之后，鞭马策行回到麻哈渡已经是6月，雅砻江的汛期如期而至。

这里需要说明的是，锦屏山区保有原始风貌，麻哈渡包括上游预备筑坝的洼里，其实并不荒凉。还不到半个月，磨房沟水电站前期准备工作已经开始了。半月前还宁静的麻哈渡机声隆隆、炮声阵阵、钻机哒哒，震颤之声响彻山谷。

磨房沟水电站的坝址就在麻哈渡边上，是为未来锦屏水电站建设的预备性电站。在潘家铮一行到来之前，已经决定上马的磨房沟水电站，其时已经进入施工准备。大部分准备工程集中到雅砻江的西岸，潘家铮看到工地之上红旗插遍。磨房沟水电站开工的动静让潘家铮很惊奇，这速度与效率也太高了。

只是，眼下雅砻江让潘家铮这位见识过许多大江大河的水电工程师惊得目瞪口呆，他从来没有见过一条如此凶恶的大河。

巨水奔流，大江怒吼，雅砻江像一条白色的恶龙从天而降。麻哈渡高达七八米的跌水，更是雪浪滔滔、吼声震天，大地被浪涛激荡，微微颤动。

因为要修建磨房沟水电站，所有的物资和粮食都得集中到雅砻江西岸，汛期一到又必须把这些物资再抢运回东岸那一头。数百人聚集在渡口之上抢运物资，大水很快涨到渡船停泊的地方。潘家铮不是头一回见识到抢险阵仗，但麻哈渡上抢运物资的情景还是让他噤口难言。只见他们一趟趟往来于两岸之间，一趟趟在白色的雾浪间穿行，水性好的那些年轻人身绑救生包和船夫一起与恶浪搏斗。这些年轻人里，有的是刚刚毕业分配来的大学生。

后期水涨浪大，船夫立即停渡。这样他们只能在西岸等待，待了整整四天。到第五天，船工还没有开船摆渡的意思。因为要赶回里庄驻地整理查勘资料，他们只能好言相求。20世纪60年代，废除奴隶制之后的彝族老乡对共产党和政府的感情非常纯朴，看到这些“上海客”如此着急，想必也是真有急事，于是答应开船摆渡。

《再过麻哈渡》说的就是这一次强渡雅砻江。

灵鹫都难越的麻哈渡，“破船”居然敢闯！

渡船是几块旧木板，用扒钉钉铆连缀，船在江中，船底还不断渗水。潘家铮动用他精湛的结构力学知识，无论如何都无法判断此种船形的应力分布与变形规律，安全度更无从谈起。他蹲在船中，只有往外不停舀水的份。岂知此种简陋的船形正是适应雅砻江暴怒无常的性格，从力学角度讲则为不均匀弹性结构，以应对江中不均匀的水流应力。如果搞成刚性应力结构，船体必然整体散架。

船行大江，如闯进水刀浪刃的森林里，脚踏阴阳两界。雅砻江行船，更凶险万分，船夫需要撑起长篙，篙头的铁钩一篙一篙地钩住岸上绝壁事先凿好的凹槽；船儿顶着浪头一点点被拉到上游，然后篙头一点，渡船脱岸，直刺江心。三位船工齐吼号子，大桨与浪涛搏击，船在江心里简直就像随浪沉浮的树叶一般渺小。船头激起水雾，水花溅进船舱，如雨如瀑。大浪更是与木船相互挤轧，拍、劈、盖、托，无所不用其极。潘家铮感到，他的心都快停止了跳动。船行如箭，瞬间就冲出上游很远，眼看接近七八米深的大跌水，渡船即将被推拥到跌水边缘，艄公长篙一钩，钩住东岸崖壁上最后一个凹槽，精准异常，恰到好处，船只安全靠岸。

前后也就短短十几分钟的光景，潘家铮像耗尽力气一样疲惫不堪，面色惨白，满脸淌水。潘家铮相信，脸上的水不仅仅是溅起的江水，也不仅仅是疲累的汗水，还有靠岸之后由衷涌出的泪水啊！[1]

潘家铮带领的这支大金河考察小分队在野外考察了 76 天，完成锦屏水电站调节水库库区的查勘任务。

1　参见潘家铮撰《麻哈渡纪事》，收入《中国水利》，1988 年第 5 期；另见《春梦秋云录——浮生散记》（第二版），潘家铮著，中国水利水电出版社，2000.12，第 181–182 页。

哭英烈三首（题目为笔者代拟）

一

慷慨捐躯岂等闲，英名千古照人寰。
献身革命坚如铁，殉职牺牲重比山。
以苦为荣何惧苦，知难而进更无难。
灵前好把雄心立，不斩鸦江誓不还[1]。

二

抚坟痛泪落潸潸，雨洗花环湿未干。
浩气直吞雅砻水，忠魂永息锦屏山。
青春一掷谈何易，荒舍长留亦大难。
有我继来同志在，踏君血迹不回还。

三

矮子滩头烟雾溟，临江挥泪哭英灵。
满怀热血离乡里，一颗丹心照锦屏。
高举红旗形不灭，未酬壮志目难瞑。
英雄烈绩千秋式，蜀水长流山永青。

英雄烈绩千秋式，式：范式，典范之意。

显然，这是三首悼亡诗。

第一首，是潘家铮为金树培烈士而写。

金树培，是上海设计院地质勘测工程师，在锦屏水电站建设中他负责工程控制测量任务。1965 年 6 月 19 日，金树培在勘测途中壮烈牺牲。金树培牺牲前，还有一位随队查勘的女护士失足滚下山崖。

第二首，潘家铮为了纪念三位测量员。1965 年下半年，雅砻江汛期间，驻守水文站的三位测量员驾测量船做日常观测。谁想船到江心受大浪来回

1 雅砻江，古名若水，亦作鸦砻江、鸦陇江、雅龙江。

摆动，测量船与钢索连接部位突然断裂，测量船像一柄落叶一样被激流席卷而去。等到同志们在下游找到他们时，已是船毁人亡。三名测量员遇难，雅砻江畔再添新坟。潘家铮心如刀割，不胜悲戚，冒雨来到坟前祭拜，伫立良久。

潘家铮在日记里记下这三位测量员的姓名：刘华玉、冯正权、黄肇林。

第三首，潘家铮哭悼的是一位叫伍本波的同事。

事故仍然发生在洼里基地。那是一个星期天，伍本波约几个农民工到江对岸要为基地砍一些柴火，同时背一些土砖回来。谁知道船到江心，忽然风起浪急，小船很快失去了控制，向下游险滩箭一样飞去。因为他们上船的时候，有一位小合同工也蹦跳着上了船，船上备用的救生衣刚好少一件，伍本波让小合同工和其他人都穿上，没给自己留一份。结果小船最终卷入洼里下游的深渊之中。穿上救生衣的那位小合同工奇迹般生还，伍本波和其他三名农民工遇难。同船牺牲的有汪厚明、江志华、张家顺。

在潘家铮 1965 年底离开锦屏水电站工地时，计有十多位同志为工程建设付出了生命。[1]

1965 年 9 月 7 日，潘家铮参加西南电力建设座谈会，在这个座谈会上，水利电力部和国家建设委员会决定，锦屏水电站暂缓建设。潘家铮在会上据理力争，慷慨激昂讲了整整三个小时，但锦屏水电站缓建无法更改。

会议于 9 月 16 日结束，潘家铮说他像瘫痪一样疲惫不堪。从北京汇报回来，他跟同事们说起北京之行的前前后后，眼泪在眼眶里打转。

几乎动员了上海设计院全部技术骨干投入的锦屏水电站，居然是这么个

1　参见潘家铮撰《锦山雅水悼英雄》，收入《春梦秋云录——浮生散记》（第二版），潘家铮著，中国水利水电出版社，2000.12，第 184–198 页；另见钦乙俊撰《雅砻江上的艰苦创业——锦屏电站查堪及磨房沟电站建设工作的追忆》，收入《冕宁文史资料选辑》（第一辑），中国人民政治协商会议冕宁县委员会文史资料研究委员会编，1988.6，第 96 页。

结果！为锦屏水电站做了大量前期工作，快要瓜熟蒂落，这怎么能让人心甘？为锦屏水电站的勘测设计付出了十几条人命，付出那么大牺牲，如何向那些死去的烈士交代？

重返大西南

1966年6月，潘家铮还在成都设计院解决龚嘴水电站的技术问题，就接到上海设计院的通知，要他回上海接受审查。

离开成都，潘家铮真是恋恋不舍。锦屏水电站缓建，老一辈工程师邀请他来到乌江渡的龚嘴水电站解决技术问题。经过半年多努力，许多工程技术问题得以解决。龚嘴水电站刚刚开工，正在攻坚克难阶段，他真是舍不得离开。

在此期间，他的小女儿罹患白血病，由于经济来源断绝，无力救治，于1969年8月17日去世。潘家铮一辈子都无法从这个阴影里走出来。1968年下半年到1969年，潘家铮睁眼闭眼、仰俯之间都是小女儿的影子。他痛，他悔，他思念，他哀伤。就是气温哪怕有纤微的升降，都会搅动起他心中的波澜。看见遗影、遗物，他悲不自禁，他自问“何缘而聚何由散？万恨摧心叩彼苍”；窗外大雨滂沱，“眼前似现惊鸿影，耳畔犹存雏燕声”；雁阵飞过，天气转凉，“百结愁肠和泪断，千秋痛思逐云飞”……

悼念女儿的这些诗作，后来被潘家铮一一收集，辑成《秋魂集》。

4年以后，他被“结合”进了“班子”。这个“班子”的名头，是上海设计院锦屏水电工程“抓革命，促生产”工作小组。工作小组共十多个人，潘家铮被排在最后一名。

1966年之前，上海设计院对锦屏水电站进行了大量细致的勘查工作，“外业”基本结束，大量工作是“内业”。所以，他们这个“抓革命，促生产”

工作小组迟至1970年6月底才成行赴锦屏山。

还是那条进入锦屏山的路，还是骑着马，当年驭“玉骢”入川时脸上洋溢的蓬勃气息被满脸沧桑所替代。江水空流，山河依旧。潘家铮到达磨房沟水电站厂址，心潮起伏，一行热泪顺面颊流下来。翻身下马，望一眼咆哮的雅砻江水，玉珠飞溅，锦屏山上依然雾锁云遮，猿声不断。他不禁长跪在地下，热泪纵横，深深吻向锦屏山麓的土地——这山这水，还在等着他这个工程师的到来。

1970年，潘家铮重回锦屏山

此刻，潘家铮才清清楚楚地体会到锦屏山在他心目中的地位。是什么地位？他后来用三个字来形容：命根子。历尽磨难能够活下来，当然有许多原因，众多的原因里面还有这座巍峨的锦屏大山啊！

经历过“风波”的磨房沟水电站满目疮痍，让潘家铮感到实在意外，意外之后深为痛心。

潘家铮1966年由四川回上海之前，磨房沟水电站建设已经开工。像这样几万千瓦级的小型水电站，以上海设计院雄厚的技术力量，根本不是什么问题。按照常规情况至多一年就可以建成发电。但是没有想到，就是这样一个小型水电站，工期拖了整整四年。人祸导致工程停工，接着天灾接踵而至。

1967年6月8日，位于雅砻江大河湾上游的唐古栋发生山体滑坡，约1亿立方米的山体滑进大江之后“粉身碎骨”，堆积而起的塌方体瞬间筑起一座高达225米到270米、长达300米的巨型堰塞体，在5分钟之内横截江流，奔腾的江水如同野马回缰，咆哮着刹住脚步。库区回水53千米，直到雅江县城30千米的洛昔镇才收魂驻魄，停住脚步。雅砻江下游流量则显著减少，甚至出现断流，200米到300千米之内的河道均出现全年最低水位。

5天之后的6月13日，堰塞江水翻坝溢出；再过4日，堰塞体溃决，顿时山川失色，6.8亿立方米的大洪水顷刻之间倾泻而下，坝下游10千米处水位陡涨48米。雅砻江江水暴涨，祸延金沙江和长江干流，距滑坡下游1700多千米处的重庆寸滩仍涨1.54米。包括洼里水文站在内的数个水文站被冲毁。[1]

这次中国地质灾害史上重大的滑坡堵江和溃堰事件让整个雅砻江水电开发方寸大乱，这也是磨房沟水电站不得不停工的一个重要原因。

1965年初第一次入四川，潘家铮作为锦屏水电站技术负责人之一，负责工程勘查任务，磨房沟水电站的具体事情过问不多。

这一次重返磨房沟，潘家铮倒是全过程参与了磨房沟水电站的复工过程。重新拿起三角板和计算尺，从最基本的设计、计算到制图、描图，他发现这些最基本的工作里，仍然有自己过去不曾发现的不足与乐趣。就像翻检少年时期的诗作，每有炼句不工、意境欠佳之处。

后来在华东设计院的邱永葆，当年跟潘家铮一起工作，还清楚地记得潘家铮在磨房沟水电站时的情景。

磨房沟水电站1千米多的引水隧洞半途而废，几年都没有人理会，洞内既无衬砌，又无支护，塌方多处，进去十分危险。要修复引水隧洞，设计人员必须现场勘查地质情况，分析稳定情况之后才能作出相应的处理方案。潘家铮一手拿手电筒，一手拿笔记本进入引水隧洞，一边查勘，一边小心记录。他对待具体问题向来认真，而且一直如此。

---

1 参见《中国典型灾难性滑坡》，黄润秋、许强编著，科学出版社，2008.7，第182–185页、第190页。

有潘家铮这样一位经验丰富的“设计人员”，现场设计代表组在技术上就有了主心骨。工程技术人员尽心效力，工人们重拾精神，即将散伙的建设工地重新热闹起来，磨房沟水电站终于起死回生。

磨房沟水电站复工半年之后的1971年12月30日，1号机组并网发电，2、3号机组分别于1973年10月、12月开始投运。水电站建设总工期历时89个月，扫尾工程直到1977年才基本结束。

重返锦屏山，锦屏水电站何时实现开发？遥遥无期。有水皆飞瀑，无峰不插天。潘家铮苦闷，有时候甚是无聊，呆坐在麻哈渡边一坐就是一天。

潘家铮离开上海设计院半年之后，包括上海设计院在内，当年全国负责水电开发的八大主力水电勘测设计院有六所被撤销。只有东北设计院和成都设计院勉强保留建制。所有水电科研院所也被撤销，水电院校撤的撤、迁的迁、并的并，中国的水电事业遭到重创，几乎全军覆没。各设计院精心培养起来的专家和工程师被悉数疏散下放，星散各地。上海设计院2000多职工被下放至浙江、福建、安徽、江苏、江西五省。

潘家铮的工作关系被转到水电第十二工程局下属的一个小设计院。

这一年，潘家铮正值壮年，43岁。

蹉跎中的等待

在磨房沟水电站工地，潘家铮倒不闲着。同事们看到潘家铮在傍晚不是跟一帮同事摆摆“龙门阵”，道古说今讲些文史掌故打发寂寞时光，就是伏案写作。那时候他正在写作一本关于弹性力学的专著，成稿一天厚似一天，到1973年初潘家铮离开磨房沟水电站，书稿已经有几大册。他给自己的工地宿舍取名为“积木山房”。

“肝胆交原淡如水，尘寰事且听之天。”六年前胸怀“十年不归”

大志，从繁华的上海来到人迹罕至的蛮荒大山，故地重游有时候等于苦痛重温。潘家铮经常自问："难道真的会在这山沟里了此一生了吗？"这倒是他低估了自己的价值和影响力。

1972 年，潘家铮还奉所在单位水电第十二工程局之令暂返上海参加瓯江、飞云江水电查勘。瓯江、飞云江位于浙南地区，两条江独立入海，是浙南地区较大的河流。早在 20 世纪 60 年代初，从新安江水电站工地返回上海设计院，潘家铮就参与过这两条河的查勘、规划工作，如紧水滩水电站、珊溪水利枢纽都是很好的开发对象。可是，一系列工程仓促上马，然后再仓促下马。否则，这些水利水电工程应该早就完成，至少早就开工建设了。

浙江省许多在 20 世纪五六十年代开始查勘和规划的水电项目，就像学生把荒废的学业重新拾捡起来一样，绝非易事。人员流散，资料散佚，设备和施工面残破不堪，再加上 20 世纪 70 年代初期经济困难，所谓两江查勘也实在是应景。

以装机容量 30 万千瓦的紧水滩水电站为例，紧水滩水电站是浙南地区一座集发电、航运为一体的水电站，电站规划始于 1956 年，初步设计由上海设计院于 1960 年编制完成，装机容量 7.5 万千瓦。后因瓯江水电站停工，紧水滩水电站初步设计也随之改变。直到 1975 年，水电第十二工程局勘测设计院重做流域规划，选用 5 级梯级开发方案，并推荐紧水滩水电站为第一期工程。1978 年 1 月，潘家铮工作关系所在的水电第十二工程局才重新完成初步设计，随之施工队伍进入施工现场。1980 年 6 月，潘家铮已经担任水利电力部水电总局总工程师，紧水滩水电站方案再次重新编制和做初步设计补充，装机容量改为 20 万千瓦。1981 年 6 月，紧水滩水电站主体工程正式开工。1984 年 5 月，施工方案再行改变，紧水滩水电站装机容量变更为 30 万千瓦。同年，紧水滩水电站开始浇筑拱坝混凝土。直到 1986 年 6 月，紧水滩水电站下闸蓄水。1987 年 4 月，紧水滩水电站第一台机组并网发电。[1]

一波数折，紧水滩水电站从1956年开始规划到1987年第一台机组并网发电，用了整整31年时间。当年，潘家铮第一次泛舟瓯江查勘时，还是一个29岁的年轻工程师；31年后，前往紧水滩水电站进行工程指导工作的潘家铮，年过六旬，霜染双鬓。

当时瓯江、飞云江两江开发的状况，正是20世纪70年代初期中国水电发展深处低谷的一个缩影。水电建设者仅仅凭着内心对国家、对事业、对科学的热情，在夹缝中艰难前行。

潘家铮1972年回浙江参加的两江水电查勘，是瓯江水电梯级开发规划的开始。两江查勘果然毫无悬念，不会有什么结果。

潘家铮曾数次给水利电力部写信，要求参加正在筹划中的葛洲坝水电站的勘测设计工作，哪怕是去做一个最基层的画图员都可以。数度上书，均石沉大海。他想起1965年底被水利电力部作为专家召到成都，参与龚嘴水电站等工程的建设，自信还是能发挥作用的，也自信还是能赢得水利电力部领导认可的，难道北京方面真的忘记他了？

机会终于来了。

潘家铮完成两江查勘“应景”回到磨房沟。1972年12月初，磨房沟水电站军代表收到来自水利电力部的电报，要抽调潘家铮到成都赴乌江渡参加工作组。军代表直接把电报交给潘家铮，要他收拾行囊到财务科借款，赶快到成都报到。

潘家铮拿到这封电报，几乎不敢相信是真的。回到那个“积木山房”，拥衾躺倒，不觉泪水溢满眼眶。岁月蹉跎，大好年华抛掷。七年昏梦沉沉，明天真是梦醒的那个黎明吗？

这一夜，潘家铮少有地失眠了。

1　参见《紧水滩水力发电厂志（1956—2005）》，《紧水滩水力发电厂志》编纂委员会编著，中国电力出版社，2008.12，第49—50页。

北京还是没有忘记他，还是想起了他。

想起他的这个人，叫李鹗鼎。

走出大山

李鹗鼎也是刚刚“解放”不久，任水利电力部基建司总工程师。李鹗鼎是民国时期留下来的老水电专家，比潘家铮年长 19 岁。

李鹗鼎负责组建的这个工作组，主要任务是解决贵州乌江渡水电站在建设过程中碰到的一系列技术难题。

1972 年 12 月初，潘家铮离开冕宁，取道西昌，再赴成都，向李鹗鼎报到。

一群中国顶级的水电专家，在这个历史时期走到一起，为深入谷底的中国水电事业起死回生而放手一搏。新的水电大梦被点燃，潘家铮很快进入了角色。

数十名专家聚在成都设计院，龚嘴、南椏河、鱼嘴、映秀湾、龙溪河这些在建或筹建中的水电站需要解决的工程问题纷至沓来；金沙江、大渡河、乌江这些奔流在中国西南国土上的大江大河，一一呈现在潘家铮面前，江水咆哮的声音仿佛就在耳畔。不到半个月时间，潘家铮从成都设计院资料室将这些水电站的技术资料全部借出来，如饥似渴，昼夜研读。

一切，都久违了。

此段时间，潘家铮看完资料，还要到各个在建工地调查研究，工作效率非常之高。1972 年 12 月 15 日，潘家铮只身转赴乌江渡工地。因为乌江渡水电站在工程技术上遇到重大技术难题，面临停工缓建。李鹗鼎主持的工作组，重点解决的就是乌江渡水电站的问题。[1]

1　参见李鹗鼎撰《水电工程施工杂忆》，收入《中国水力发电史料》，1989 年第 1 期。

乌江渡水电站是什么情况，需要集中这样一批专家前来解决问题呢？

位于乌江中游的乌江渡水电站，是乌江上建设的第一座大型水电站。水电站设计坝高165米，装机容量为60万千瓦。乌江渡水电站1970年开始施工准备。刚开始意气风发，急于求成，施工管理极度混乱。1972年春天抢浇大坝，到1973年初质量检查时发现，浇筑下去的3000立方米混凝土全部不合格，只能全部报废，要全部炸除、重新返工。

更让人担心的是乌江渡水电站岩溶坝基漏水。潘家铮参加的这个工作组就是在这样的情况下成立的。

已经到了1973年元旦，乌江渡水电站工程技术问题的研讨会在工地举行。出乎李鹗鼎的预想，这个旨在解决具体技术问题的研讨会一开就是半个多月，关于乌江渡水电站是续建还是下马，争论异常激烈。

在成都半个月，潘家铮对西南长江水系的水力资源情况熟稔于胸，乌江渡水电站又是继龚嘴水电站之后长江上游地区开工建设的第二座大型水电站，实属来之不易。潘家铮针对主张降低坝高和下马放弃诸种意见，忍都忍不住，研讨会上有一番慷慨陈词，力主在查勘清楚坝下地质情况下按原设计复工。工作组大部分专家和潘家铮的意见不谋而合。在工作组成立之初，带队的李鹗鼎查阅大量资料之后，对处理复杂岩溶坝基的技术问题已经有一个成熟的技术处理方案。[1]

前有李鹗鼎成熟的技术处理方案，后有潘家铮慷慨陈词，与会者莫不重拾信心。争论逐渐平息，研讨会最后变成技术攻关会。乌江渡水电站得以顺利复工。

负责乌江渡水电站设计的是中南设计院。潘家铮提前半个月到达乌江渡施工工地，看到这些长年累月工作在水电工地的设计同行，和全国众多水电工程技术人员一样，在清贫和艰苦的环境中一直坚守内心的水电梦想，甚为感动。潘家铮义无反顾倾力帮助他们，研讨会结束之后结合乌江渡水电站拱

1 参见李鹗鼎撰《水电工程施工杂忆》，收入《中国水力发电史料》，1989年第1期。

坝设计，给同行们讲解国际上最新问世的拱坝设计有限单元法和随机振动理论，参与拱坝设计的应力分析。

乌江渡水电站工地激发起的水电热情还没有完全消退，再一次改变潘家铮人生的机遇已经等在那里。远在北京的水利电力部正在筹划将他借调出来。回到上海过罢春节，借调函已发到了单位。春节过后的 3 月，潘家铮踏上北去的列车，前去北京报到。

他的心情怎么样呢？

京沪铁路沿线的风景是越往北越单调。窗外春寒料峭，这趟开往春天的列车，离真正的春天到来还有一段时间。家事，国事，酿成诗。

八年未作凤城游，重上西山一放眸。
举世都从忙里老，几人肯向死前休。
已无旧雨垂青眼，剩有春风笑白头。
太息故宫桥下水，终年呜咽为谁流。

潘家铮离开磨房沟那样一个小世界是迟早的事情，他被水利电力部对外司“借调”是偶然，也是必然。其时包括李鹗鼎勉力支撑的基建司，水利电力部各个部门均陷入人才奇缺的尴尬境地。

此时，国家有一大批援外项目需要加快建设，其中有许多水电项目。20 世纪 60 年代有几内亚金康水电站、阿尔巴尼亚伐乌代耶水电站、尼泊尔逊科西水电站等，总装机容量 26.37 万千瓦。进入 20 世纪 70 年代有阿尔巴尼亚菲尔泽水电站、几内亚丁基索水电站、刚果（布）布昂扎水电站、布隆迪穆杰雷水电站、赤道几内亚毕科莫水电站、喀麦隆拉格都水电站等，总装机容量 67.34 万千瓦。

单从装机容量看，这些援外水电站都属于中小型水电站，且分布地域甚广，地质条件当然更不一样。最大的援外水电站是阿尔巴尼亚菲尔泽水电站，坝高167米，装机容量50万千瓦。

这些援外水电项目几乎与中国在20世纪60年代第二个水电建设高潮同步。国内的水电建设者雄心勃勃，西北地区黄河上游和西南地区雅砻江、乌江、大渡河，均纳入大水电开发的视野。国外的尼泊尔逊科西水电站、阿尔巴尼亚伐乌代耶水电站已经开工建设。

援外水电项目由水利电力部水电总局负责，可是到1969年9月，水电总局先于八大主力水电勘测设计院解散，但援外项目是下达的硬任务，哪里能够含糊？

1973年初，潘家铮再赴锦屏山。水利电力部对外司要从下边调人充实对外工程项目组。首先草拟名单，最后司长鲁平拍板，决定借调两个人来北京，一个是上海设计院原总工程师马君寿，另一个就是潘家铮。

此时，潘家铮从磨房沟回上海同家人团聚过春节，马君寿则正在赣州一个地区水利局消磨时光。上海设计院的同事们都知道，潘家铮声名在外，墙外已是花香四溢，离开磨房沟不过是迟早的事情。

办理借调的手续很快，从决定人选到两个人接到通知，前后不到一个月时间。1973年3月，马君寿和潘家铮两个历尽劫难的老同事在北京重聚。马君寿、潘家铮二人相差11岁，是浙江大学土木系的校友。想当年，一个德高望重，一个年富力强，可说是上海设计院的技术灵魂。此番重聚京华，两个人都转换为“借调之身”，身份模糊；一个年届六旬，另一个也满脸沧桑，正所谓“剩有春风笑白头”。

水利电力部对外司对两位专家很客气，让他们和大家一起坐在一个大办公室里面，但不管具体工作，只是负责对外司的技术咨询工作，包括水利水电援外项目的规划和设计审查、研究工程设计和施工中的重大技术问题。

直到1978年3月，两个人的工作关系才费尽周折正式调进水利电力部。此时，潘家铮已年过半百，马君寿则年逾花甲。在此之前，两个身份含糊不清的老同事在水利电力部的招待所里度过了不短的5个春秋。

第二章　春天的故事

挂一道帷幕“帘子”

1973年，潘家铮被水利电力部对外司借调到北京工作，旋即就被基建司“转借”而去。基建司让他担任安康水电站复审组水工组组长，赴陕西工地复查。

安康水电站位于汉江上游，距陕西省安康市18千米处，是汉江规划中一座以发电为主，兼顾防洪、航运、养殖、旅游等综合效益的水利枢纽。

1973年，安康水电站还处在地质勘查与坝址选择阶段。选址颇费周折，因为地质情况复杂，几选几改，就是定不下来。

1973年4月底至5月初，水利电力部派工作组到安康工地召开设计复查会议。潘家铮借调到北京之后参加的正是这个设计复查会议。潘家铮负责的水工组在工地上待了有半个多月。

安康水电站的坝轴线直到1975年才最终确定下来。这座将于1990年才投产运行的大型水电站最大坝高128米，坝址的地形、地质情况比较特殊，因此工程布置也显得很有特点，是国内第一座折线形重力坝。

不仅是特殊的坝线布置，安康水电站还将在大坝抗滑稳定、泄洪消能诸方面取得突破性进展。安康水电站所呈现出来的地质、坝工技术的复杂性，还仅仅是摆在中国水电工程师面前的重大难题和挑战之一。

安康水电站审查之后，刚刚起死回生的乌江渡水电站又出了问题。

1973年11月，复工后的乌江渡水电站遇到了一系列技术难题，水利电力部基建司要再度为这座刚刚起死回生的工程“把脉诊病”。潘家铮等人年初即参与其事，即将停工的大坝才得以复工，这一回当然无可推脱。

接到李鹗鼎的命令，潘家铮提前半个月到了乌江渡水电站工地。

乌江渡水电站的问题还是老问题，岩溶地貌中坝基基础稳定是重点。在岩溶地质条件下筑坝，潘家铮也不是第一次遇到，还没有开发的锦屏水电站就到处都是岩溶发育。潘家铮赞同李鹗鼎以帷幕灌浆技术处理地基的想法，但具体实施需要成熟的施工技术，还有一系列非常复杂的计算，同时需要给出充分的理论依据。

在此后的若干水电工程中，潘家铮的创新总让人称奇。每一次创新，大家无不捏着一把汗，每一次技术上的重大创新，又都被冠以“大胆”“富有勇气”加以修饰。其实并不是他有多大的勇气和胆量，实在是他有着扎实的力学理论功底。复杂而纷乱、繁复与庞杂的事情，在他的演算和推理之下，会变得清晰而简捷。他在分析某种技术可能的时候，总要给出一系列的数值运算方法，寻找到解决问题的最佳途径。不是大胆，而是严谨；与其说是有勇气，毋宁说是有热情。

关于帷幕灌浆，潘家铮在 1985 年出版的《工程地质计算和基础处理》一书中辟专节加以讨论，他有明白晓畅的释解。

但说起来复杂。

乌江渡水电站的帷幕灌浆是为了解决大坝基础防渗的问题。大坝落成之后，上游水位抬高，水受大坝阻隔会通过坝基和两岸向下游进行渗流。然而，乌江渡水电站不仅坝高库大，而且处于岩溶地貌，坝基之下遍布岩溶裂隙与孔洞，这样上游水通过坝基和两岸向下游渗流的过程中，会极大地改变原始的水文地质条件，进而产生一系列变化与不利后果。

所谓帷幕灌浆，其基本原理是在基岩钻孔后压入水泥浆，使其在高压下进入基岩裂隙内，凝固后封堵裂隙，形成一道阻水的“幕”，相当于在坝下和两岸挂一道水泥帘子。

乌江渡水电站帷幕灌浆在工艺上取得突破，倾注着潘家铮的心血与智慧，他在著作中不止一次提到过这种工艺，赞不绝口。这无疑是中国的水电设计师与施工工程师完美配合的一个成功范例。[1]

潘家铮这里讲的“水电设计师与施工工程师的完美配合”中的施工工程师，指的是水电第八工程局的谭靖夷和王志仁。有潘家铮的计算推演，进而拍板，谭靖夷和王志仁指挥水电第八工程局创新性地采用帷幕灌浆技术，效果绝佳。

潘家铮与谭靖夷在乌江渡水电站有过如此完美的合作，而更完美的合作将出现在湖南。

东江词韵

已经是 1977 年 11 月了，潘家铮是寻着一阕宋词来到湖南的东江边上的。或者说，因为这一阕词而对东江情有独钟。

这词便是北宋秦观的《踏莎行・郴州旅舍》。

这首词每每让潘家铮击节。他对郴州、甚至秦少游旅居的馆舍心仪已久。早年赴海南东方水电站、广东流溪河水电站工地，在火车上远远看见过八百里洞庭，奈何匆匆过客，远远地连这座三湘古城的轮廓都没大看清。

也就是在这一年，潘家铮年届五旬。尽管还是“借调”之身，可并不影响潘家铮从心底里激发出来的热情。由于电力严重短缺，国内加快水电建设的呼声越来越高，过去涣散、粗放甚至失灵的工程组织与设计显然不能适应形势的发展。各在建水电工程的问题越来越多地显现出来，水利电力部基建司像一个“救火大队”一样在全国在建的水电工地上奔忙。潘家铮被一“借”

1 参见《工程地质计算和基础处理》，潘家铮主编，水利电力出版社，1985. 4，第 410—431 页。

再“借”，忙得不可开交。他忙碌着，心情却十分愉快。他不再彷徨，不再茫然。他有了自己的舞台。

在赴东江水电站的那一年，潘家铮就来过湖南两三趟，被水利电力部基建司“借”来审定湖南凤滩水电站和马迹塘水电站设计方案。

在潘家铮技术生涯中留下印象最为深刻的湖南水电站是东江水电站。

倒不全是因为秦观的词，而是这里有一个非常适合建薄拱坝的好坝址。词中的“雾失楼台，月迷津渡”，词境里配合好坝址，足够激活潘家铮深藏已久的创造热情。

潘家铮主持设计的流溪河拱坝是中国第一座薄拱坝，当初他也是这般激动的。倒不能说他对薄拱坝情有独钟，大坝的地形、地质情况千差万别，根据不同坝基情况设计的坝型，当然不可能千篇一律。设计师需要考量地形地貌、地质条件、施工工期、工程造价等诸多因素，最后选取最优方案。坝型选择并不一定新、奇就最优，是诸种因素综合的最后结果。

1977 年 11 月，孟冬时节，这一年潘家铮非常忙碌，不是被水利电力部基建司借去解决工程技术难题，就是被水电规划院借去做技术咨询或审查设计。这一次东江水电站工程审查就是受水电规划院之邀而去的，他的兴致很高，或者说兴致跟去别的地方显然不一样。

东江水电站有何魅力呢？

湖南有湘江、资江、沅江、澧水四大水系，因湖南地势东、南、西三面高，北面低，水流沿着山谷汇入四水，从南向北流注洞庭湖再进入长江。四大水系的干流都流经平原，干流的水力资源并不丰富，水力资源主要在支流上。

耒水，乃湘江上游一条重要支流，其上源称为“东江”，江水在郴州附近的资兴县东江镇附近一个峡谷穿出。这是一个花岗岩峡谷，呈 V 字形，山势雄奇，花岗岩完整而坚硬，无论是地形条件还是地质条件，都是建造薄拱坝的绝好坝址，任何一个大坝工程师见到这样的坝址都会由衷地兴奋起来。

潘家铮看罢东江水电站坝址的水文地质资料，毫不犹豫地称之为“中国第一好坝址”，堪称绝无仅有。

邀请潘家铮前往审查东江水电站工程的人，是水电规划院的地质工程师刘效黎。刘效黎请潘家铮参与东江水电站的论证，目的非常明确——她和潘家铮要竭力扶持“拱坝方案”。否则，就对不起这样优良的地质条件。

要说这座东江水电站也是命运多舛，从动议修建到 1977 年复建，用了不短的 36 年时间。

早在 1941 年 1 月，国民政府湖南省就提出开发耒水计划，当时叫作“资兴三泷十二浪工程计划”。同年 8 月，由扬子江水利委员会湘桂水道工程处派员赴现场查勘。是年 10 月，《湖南东江三泷十二浪水力查勘报告》被提出。1942 年设立了东江镇水文站，为 1977 年复建的东江水电站初步设计提供了 35 年完整的水文基本资料。

东江水电站再次提上议事日程，已经是 1965 年。1965 年，中南设计院前身武汉水电勘测处开始耒水流域规划；1957 年提出耒水流域规划报告，确定耒水梯级开发方案，分东江—永兴—肥江口三级开发，东江规划方案的蓄水位为 240 米。1958 年选定东江为第一期工程，随即开始初步设计。1958 年 10 月，东江水电站仓促上马，1961 年停工缓建。16 年之后的 1977 年，当时的长沙勘测设计院才再次对东江水电站进行补充初步设计。在停工缓建的 16 年间，东江水电站在高层的讨论中是几起几落，一波三折。时而将原拱坝设计改为重力拱坝；时而因为水电站属于工业项目，粮食问题还未解决，暂时不宜上马；时而又决定复工，甚至已经列入国家“三五”计划草案。省里推到部里，部里下来协调却又没有结果，这样一拖就拖了 16 年之久。[1]

潘家铮随水电规划院前来审定的，就是 1977 年重新做的东江水电站初

1　参见《中国水力发电史（1904—2000）》（第四册）（第一稿），《中国水力发电史》编辑委员会编，中国电力出版社，2007.5，第 475-476 页。

步设计。水电规划院院长和总工程师带队，潘家铮、刘效黎随行。

事实上从启程赴湖南开始，潘家铮一行就感觉到此行重任在肩。为什么呢？东江水电站前前后后30多年的历史他们是清楚的，经历几上几下，有两个重要问题一直困扰着主政者。其一，关于拱坝方案，从1956年第一次规划设计，东江水电站即为拱坝。后来担心技术问题无法解决，改为重力拱坝，毕竟当时在国内还没有建设150米量级高拱坝的经验。潘家铮设计的流溪河薄拱坝，最大坝高也不过74米，其余则数十米到百余米不等。设计者和施工者莫不属意于拱坝方案，不仅是拱坝，而且是双曲薄拱坝。其二，东江水电站筑起150米到170米的高坝，水库将得到80多亿立方米的库容，足以对耒水全部径流量做多年调节，但是要以淹没资兴地区为代价，这一淹没就意味着损失7.3万亩耕地，移民5.35万人。

技术上的担忧、水库淹没损失和移民安置压力，让决策者难下决心。这也是东江水电站在1958年上马又缓建的重要原因。同时，东江水电站缓建之后，湖南省也建了一些水电站和火电站，这些电站装机容量有限，都缺乏足够的调节能力。洪水期水电站大量弃水，枯水期又只能依靠火电站。这样一来，湖南省缺电非常严重。不独湖南，华中各省莫不如此。所以即将兴建的东江水电站对改变这种局面将起多大的作用，决策者清楚，搞水电的人清楚，就是搞火电的专家也清楚，大家均盼望这座能够发挥巨大调峰作用的水电站尽快建成。

东江水电站陷入两难境地。

潘家铮随专家组到达郴州是1977年11月上旬。要力挺东江薄拱坝，并促成东江水电站尽快建成，潘家铮稍稍有些压力。

11月12日，东江水电站初步设计审查会在郴州召开，会议由湖南省主持，水利电力部的工作组参加。潘家铮原以为，只要说服了水电规划院的院长和总工程师，决定坝型是没有问题的。可是出乎他的预料，关于东江水电站的坝型和坝高争论得很厉害。这一争论不得了，东江水电站的审查会议仅讨论环节就持续了 11 天，会期则超过半个月。

本来拱坝方案应该水到渠成，地质条件优良，水工设计可靠，而且又快又省，这有什么问题呢？偏偏没有什么问题就是问题。有人提出：花岗岩虽好，但仍有横向的断层破碎带；尽管已经做了许多计算，坝体中还有较高的拉应力，而中国还没有建过百米级坝高的薄拱坝经验；至于多浇几立方米混凝土，对东江水电站这样的重点工程也不是决定性因素。还有正常蓄水位降低，可以减少水库淹没，诸般如此。潘家铮、刘效黎据理力争，耐心说服。主持会议的领导仍然倾向以稳妥为宜，不发表意见。潘家铮心里焦灼不安，两方意见相持不下。

几个回合下来，潘家铮才渐渐明白，原来东江水电站建设的最终决策权并不在郴州的审定会上，而是在远在长沙的湖南省领导那里。当时潘家铮很不理解，一个水电站的坝型问题，何须劳驾一位省领导操心？后来一想，也就理解了——东江水电站建设需要淹没耕地，开展大规模移民；河流下游是京广铁路交通大动脉，又是涉及郴州市，大坝安危牵动方方面面，省领导挂心牵念也未尝不在情理之中。

这样僵持了 10 多天，不同的意见让水电规划院的院长也坐不住了，一定要到现场查看，到底这个断层是什么样子，到底建拱坝有没有把握。关于降低蓄水位，工作组经过考察，淹没区主要在海拔 270 米以下，即便降低 10 米，减少的淹没范围也非常有限，而对水库库容效益则损失巨大。一来二去，潘家铮按捺不住，在会议上发表自己的意见时很激动，他说："如果我们真的没有把握和胆量在东江修建拱坝，干脆暂时别建了。把工作停一停，让子孙们来建，不要糟蹋了一个难得的好坝址，成为日后前来参观的外国人的笑柄。"

潘家铮这样说，自知会得罪不少人，也可能会感动不少人。因为他的发言至少代表了来自水利电力部专家组大部分专家的意见，这样的意见显然是审慎的。接下来他不遗余力地说服持不同意见的同志，反复说明在完整坚硬的花岗岩地基上修建拱坝的好处，貌似单薄的拱坝其实要比重力坝拥有大得多的安全度。果然他的坚持真是感动了与会的同志们，更感动了远在长沙运筹帷幄的首长。不久就传来省领导的意见：“既然专家们有信心修拱坝，就搞拱坝吧。要好好干，不许出任何问题。”

柳暗花明，10 多天的努力终于争取出一个明朗的结果。潘家铮将《初步设计审查纪要》一挥而就，一座 157 米的薄拱坝就此定了终身。

《初步设计审查纪要》于 1977 年 12 月 27 日由湖南省报请国家基本建设委员会、水利电力部，直到 1978 年 1 月 11 日再由水电规划院报批国家基本建设委员会。1978 年 6 月 8 日，国家建设委员会批复，批准东江水电工程的设计，同意《初步设计审查纪要》。

1978 年，东江水电站复工，负责建设的是水电第八工程局，施工负责人又是老搭档谭靖夷。两人在流溪河上合作建造中国第一座双曲拱坝的时候，潘家铮才 27 岁，谭靖夷长潘家铮 6 岁多，也不过 34 岁。开工之日，两个人站在东江水电站坝址处，他们又要合作建造中国第一座百米级双曲薄拱坝。

时光荏苒，弹指之间 20 多年过去，两人看东江峡谷中烟云横荡，不禁感慨系之。潘家铮给谭靖夷讲了这东江水电站 30 多年的来龙去脉，讲到这座双曲薄拱坝方案的来之不易。

谭靖夷拍着潘家铮的肩膀说：“很好，你们能够设计出中国第一流漂亮的双曲薄拱坝，我保证能够建造起中国第一流漂亮的双曲薄拱坝。”

两人说到激动处，两双手紧紧握在一起。

东江大坝坝基开挖采用“三向预裂爆破技术”，挖出的基岩令谭靖夷这样的施工者都兴奋，真像潘家铮所言，这是“中国第一好坝址”。在剪切波波速测试的时候，建基面的岩石波速达到 5000 米每秒以上。测定波速如果达到 600 米每秒以上已经是坚硬岩石，东江水电站基岩的坚硬程度要超过其数倍。

数年之后，东江水电站并网发电并安全运行。作为第一座百米级双曲薄拱坝，它对丰富中国大坝工程师经验、增强信心的作用是不言而喻的。之后，102 米高的紧水滩双曲拱坝、162 米高的东风双曲拱坝，乃至后来 240 米高的二滩双曲拱坝相继建成。

科学的春天

1978 年 3 月，潘家铮正式调任水电规划院担任副总工程师。当月，还有一个对日后中国历史进程有深远影响的事件，那就是全国科学大会。潘家铮正式调任北京，与这一事件并不是简单的时间上的偶合，而是有着深刻联系。1978 年的春天，是一个拥抱科学的季节。

1977 年 5 月，中共中央决定召开全国科学大会，通知下发、遴选代表的时候，潘家铮的工作关系还在浙江，待大会召开的时候，他才正式调入水利电力部。潘家铮深深地感到此次大会的巨大影响，在民间日常生活中，知识分子和科技人员的地位日益提升，崇尚知识、崇拜知识分子蔚成风气。

1979 年 2 月 23 日，水利电力部撤销，成立水利部和电力工业部。这个月，李锐复出任电力工业部副部长。李锐回到老本行，一上任即建议和推动重建水力发电建设总局（简称水电总局）。4 月 16 日，水电总局恢复，局长为张铁铮，总工程师为张昌龄，潘家铮任副总工程师。

下放和撤销的八大水电勘测设计院经过重组之后在 1978 年和 1979 年相继恢复，潘家铮之前所在的上海设计院经过重组在杭州成立华东设计院。

中国水力发电事业经过一番大刀阔斧的整顿与重建，规划、科研、勘测、设计、施工、经营体制逐步走上正轨，陕西安康、湖南东江、浙江紧水滩、青海龙羊峡等一批大中型水电站相继开工或进场做施工准备；湖北葛洲坝、贵州乌江渡、湖南凤滩、吉林白山、广西大化等在建大中型水电站加快建设或投产发电。[1]

潘家铮年富力强，在 1978 年荣任水电规划院副总工程师，随后擢升总工程师，可谓重任在肩。刚刚解决了身份问题，紧接着就给压了这样一副担子，实在出乎潘家铮自己的预想。

为什么出乎意料呢？

1973 年春，潘家铮以技术咨询专家的身份借调入京，技术经历虽然非常丰富，技术员、工程师、工程组组长、设计代表组组长、设计总工程师，在之前的锦屏水电工程指挥部，算是进入“领导班子”，也不过是勘测设计办公室副主任。尽管他一直身处工程技术第一线，好像离水电规划院的副总工程师还差很多。

20 世纪 80 年代前期，中国的水电专家的技术背景，大致由三部分构成：第一部分，是黄育贤、张昌龄、张光斗、徐治时、马君寿、李鹗鼎这一批民国时期留学欧美或者有美国水电专业实习经历的老专家；第二部分，是罗西北等从国内选送赴苏联学习水电归国的技术专家；第三部分，就是 20 世纪 50 年代国内水利水电专科大学或其他大学水电专业毕业的工程技术人员。潘家铮既无欧美留学、实习背景，也无留苏进修经历，靠着在实践中钻研和探索很快成长起来。像潘家铮这样的专家还有一些，比如朱伯芳、谭靖夷等，但为数并不多。世俗一些讲，怎么也轮不到他来做副总工程师的。

但另一方面，1973 年以借调之名抽调回水利电力部担任技术咨询工作的专家中，潘家铮既有丰富的具体工程实践经验，又是中国坝工科学的重要奠基者之一，可谓是影响甚广；更主要的是他最年轻，年富力强，担任这个副总工程师，也在情理之中。反过来讲，水电规划院的副总工程师以处理具体工程的具体技术问题为主，这倒正好对了潘家铮的胃口。

消息传开，上海设计院的同事，还有新安江、锦屏等水电站工地一起

1　参见《中国水力发电史（1904—2000）》（第一册）（第一稿），《中国水力发电史》编辑委员会编，中国电力出版社，2007.5，第 202–205 页。

工作过的朋友们都非常激动，来信祝贺者有之，来京相晤者有之；也有当年一同落难的朋友，“一朝被蛇咬，十年怕井绳”，劝他急流勇退，莫要再吃苦头。

朋友一番提醒，当然有道理。潘家铮沉吟、犹豫，最后以诗答友：

莫道人情大可哀，严冬历尽喜春回。
登台休听莫须有，解组便歌归去来。
不惧庙堂车再覆，最怜云水梦成灰。
尘寰未必盘桓久，原作昙花一度开。

年过半百，壮心未酬，十年时光空掷。“不惧庙堂车再覆，最怜云水梦成灰”，弥漫于云水山河间的“水电梦”做了将近三十年，这怕是最后的机会。“尘寰未必盘桓久，原作昙花一度开”，也真是知天命之语。答诗谦逊平和，全无一丝慷慨气象，但谁都能看得出，作者是将事业置于个人恩怨得失之上了。

1973 年借调北京，潘家铮事实上已经参与到了全国水电建设的宏观决策，他随着“救火队长”李鹗鼎赴乌江、登白山、进风滩，审定龙羊峡，考察葛洲坝，扶持东江薄拱坝，根除陈村顽症，每每有令人信服的证论和卓越的决策。1975 年，潘家铮的名字再一次出现在水力发电专业刊物上面，他关于抗滑稳定、拱坝试载法、混凝土温控、大坝扬压力和封闭式排水等研究论文被同行频繁引用，视为一时创新理论和经典计算方法。尤其是对于萦绕心头几十年的滑坡研究，他与青年学者孙君实合作，取得突破性进展，开发计算机软件、采用寻优原理分析任意滑坡稳定问题，提出“潘家铮—孙君实算法”。

1978 年全国科学大会召开之后，潘家铮被授予“水利电力部科技先进工作者”称号。从 1978 年开始，他一年之中几乎有三分之一的时间出差在外，或主持工程论证，或考察规划水电站坝址，或深入到电站建设工地。

潘家铮获得了更为广阔的施展才华的空间，他迎来了人生的第二个春天。

入选中国科学院学部委员

如果说1978年3月召开的全国科学大会呼唤来的是科学的春天，那么两年之后的1980年3月召开的中国科协第二次全国代表大会，则吹响了向科学进军的号角。

中国科协第二次全国代表大会的召开，距离第一次全国代表大会的召开，相隔整整20年。这一次会议在党的十一届三中全会之后召开，其意义自不待言。潘家铮作为代表参加了这次大会。

中国科协第二次全国代表大会之后，潘家铮被遴选为中国科学院学部委员。

如果说1978年3月潘家铮正式调入水利电力部就被任命为水电规划院副总工程师多少有些意外，那么1980年被遴选为中国科学院学部委员则让他感到来自国家的肯定与信任。

1980年，潘家铮当选为中国科学院院士（学部委员）

中国科学院成立于1949年，中国科学院学部则成立于1955年6月，其时潘家铮正在流溪河上兴致勃勃建造中国第一座薄拱坝。他的老师钱令希、汪胡桢，还有他的学术引路人之一的蔡方荫先生入选首届学部委员。1955年的学部委员经过严格遴选，自然科学方面的学部委员有172人，两年之后再增补18人，这样自然科学的学部委员增加至190人。

1979年，经国务院批准，中国科学院准备恢复停顿多年的学部活动，立即着手增补新的学部委员，筹备第四次学部委员大会。

1980年春，中国科学院召开学部委员大会，到会84名学部委员，讨论学部的性质、任务、章程和机构，同时着手选举、增补学部委员工作。经过半年多反复酝酿和评审，最终由学部委员会议选出376人作为正式候选人。1980年11月26日，学部委员采用差额选举和无记名投票的方法，选出283人。中国科学院学部委员总数达到400人。

潘家铮作为电力工业部推荐的参评人选，被遴选为中国科学院院士（学部委员）。

潘家铮所属的中国科学院技术科学部，除张光斗、黄文熙、严恺、汪胡桢等老一代水利水电专家外，新入选的有清华大学水利系教授、泥沙运行及河床演变专家钱宁，水利水电科学院土力学及土坝、地基抗震专家汪闻韶。钱宁生于1922年，长潘家铮5岁；汪闻韶生于1919年，长潘家铮8岁。潘家铮在这个领域的学部委员中是最年轻的。

显然在电力工业部考虑推荐学部委员人选之时，潘家铮无疑是作为中国水电领域最优秀专家上报推荐的，这个人选在水电行业当无争议。

曲折前行的中国水电事业再次迈开了步伐，还有很长的路要走。征程漫漫，作为科学家和工程师的潘家铮也将日渐显示出他对中国水电事业发展的意义和作用。

1981年5月11日，中国科学院第四次学部委员大会在北京召开。

当年的老学部委员大多年过七旬，有的已是耄耋老者，睽违21年之后，老友重逢，感慨、祝贺、怀念，说坎坷，话未来。新入选的学部委员为能进入中国最高学术机构而兴奋不已，同时感到责任重大。还算年轻的潘家铮面对此种情景，多愁善感之下会产生多少岁月沧桑的感慨！

入选中国科学院学部委员，在潘家铮的学术和工程技术生涯中当然是一个举足轻重的节点。但当时他和许多新入选的学部委员一样，其实并没有感到怎么特别。这是因为：其一，当年遴选学部委员的事情，当事人根本无从知晓，人选推荐、材料准备、资格审查远没有如今这么复杂，当事人知道入选要等到名单公布之后；其二，当时的学部委员，除了在本人工资额度之上增加 100 元“车马费”，好像也没有其他了不得的待遇。[1]

20 世纪 80 年代，潘家铮住在北京六铺炕的筒子楼里

三十载矢志不渝

1985 年 10 月，潘家铮担任水利电力部总工程师。是年，潘家铮 58 岁。

这一年，潘家铮被任命为国务院学位委员会委员，又当选为中国水力发电工程学会副理事长、中国水利学会副理事长、中国大坝委员会副主席。

就在这个时候，他郑重地向水利电力部党组提出，重新审查他的入党问题，提交入党申请。

当时担任水利电力部部长的是钱正英。面对潘家铮的入党要求，钱正英非常感慨。她在潘家铮所著《春梦秋云录》的序言中讲：

---

1 参见《在人生道路上——师昌绪自传》，师昌绪著，科学出版社，2011.6，第 194 页。

280 年左右，但只是找到了一个正确

这以后，潘家铮再一次要求入党。我们查阅了他的入党申请过程，真是历尽坎坷，百折不回。过去，他曾多次受到错误的批判，虽经拨乱反正，但他的入党申请仍被搁置。到了 20 世纪 80 年代中期，他的名誉完全恢复，地位也有了，工作也顺利了，而潘家铮同志仍坚持要求审查他的入党问题。经过史大桢和娄溥礼两位同志认真研究，并负责介绍，终于实现了他的愿望。我认识到，他不仅是一位工程师、一位学者，还是一位立志献身的革命者。

潘家铮早在新安江水电站工地的时候，二十多岁，风华正茂，意气风发，担任设计副总工程师、总工程师，第一次写了入党申请书，当时水电总局的主要领导也非常关心他的入党问题。可惜在当时特殊情形之下，这种关心没有起到作用。正如钱正英所述，潘家铮的入党申请，确是“历尽坎坷”，但“百折不回”。在此后漫长而曲折的岁月里，潘家铮的入党愿望与他的科学追求一样执着，初心不改，矢志不渝。

需要说明的是，他的两位入党介绍人史大桢、娄溥礼，跟潘家铮一样，曾经担任水利电力部的总工程师。两位总工程师给另外一位总工程师当入党介绍人，当是奇观。

从二十多岁开始申请入党，到 58 岁终于实现，潘家铮非常兴奋和激动。他在《春梦秋云录》中谈起这一节，入党问题解决之后，满怀喜悦写信给当年的老领导。老领导很快复笺表示祝贺：你在事业上头角早露，在政治上大器晚成。言多勖勉，关怀备至。

第三章　龙羊峡上缚苍龙

西北设计院的防汛报告

中国科学院第四次学部委员大会前两个月，1981 年 3 月，来自西北设计院的一份防汛报告放在潘家铮办公桌上，远在青海的龙羊峡水电站告急。

1981 年 3 月，电力工业部在江西南昌召开全国水电工程防汛工作会议，部署 1981 年度全国水电系统防汛工作。当年，龙羊峡水电站是全国在建的最大水电站，被列为防汛、度汛的重点工程。潘家铮任水电总局副总工程师，分管龙羊峡水电站工程，防汛的任务就落在他的头上。

这是潘家铮任水电总局副总工程师以后参与的第一次工程抢险，龙羊峡水电站工程抢险，对他这个副总工程师而言，具有开篇意义。这一经历应视作他统揽全国水电全局，更加深入认识中国水电发展的开始。

龙羊峡水电站位于黄河上游青海省海南藏族自治州共和县境内。龙羊峡水电站修在峡谷的进口处，将要形成一个库容 247 亿立方米、最大坝高 175 米、发电装机容量 128 万千瓦的大型水电站，还是一座可以实现多年调节的大型水库，是黄河上游开发的“龙头”。

龙羊峡水电站于 1979 年实现截流，围堰像一个瓶塞一样堵在峡口。1981 年近万名建设者正在围堰保护之下清理基坑，175 米高的重力拱坝浇筑在即，工程正处于关键时期。

中国科学院第四次学部委员大会召开期间，潘家铮一直关注龙羊峡水电站的防汛准备工作。也恰恰是这个时候，一位姓王的工程师受西北设计院派遣，前来水电总局呈送龙羊峡水电站的防汛报告并做汇报。

王工程师带来的汇报材料非常详细，涉及大坝枢纽工程防洪设计文件、导流工程施工现状、龙羊峡历史洪水统计与分析，以及遭遇特大洪水发生溃堰后果，还有一系列的措施和建议。

潘家铮仔细翻阅西北设计院的汇报材料，心就逐渐沉了下来。

龙羊峡水电站的防汛设计如下：峡谷筑有上下围堰，还有一条宽 15 米、高 16 米、长 661 米的导流隧洞。整个导流隧洞的岩石情况特别好，岩石是花岗闪长岩。大河截流之后，河水就通过导流隧洞引向下游。为确保工程安全度汛，在围堰的左岸岩石基础上开有一条可以通过 280 立方米每秒流量水流、10.5 米宽的非常溢洪道。

围堰、导流隧洞、非常溢洪道，在防汛报告中被称为导流“三大件”。“三大件”的设计标准、设计规范，按 20 年一遇洪水设计，50 年一遇洪水校核。

龙羊峡 1954 年设立水文站和气象站，有二十多年的水文、气象数据。其中最大的实测流量为唐乃亥水文站 1967 年 7 月 17 日测得的 3520 立方米每秒。龙羊峡水电站在防洪硬件上来讲，应该是没有问题的。或者说，有“三大件”做保证，龙羊峡水电站安全度汛当万无一失。

龙羊峡水电站的围堰不同于一般水电工程，在这样一条北方大河上筑坝，围堰高达 54 米。围堰围出干燥区，才可以正常做大坝坝基开挖，进行坝体建设。54 米围堰在当时全国已建和在建的水电站围堰工程中是一个不俗的高度。高度还在其次，它又是一座国内当时少见的混凝土心墙堆石坝，堆石料为施工开挖产生的渣石料。

按照设计标准，龙羊峡围堰工程为 50 年一遇洪水校核，也就是说洪水逼近堰顶，那个时候围堰上游将形成 11 亿立方米的大库。一旦达到这个设计极限值，将远远超过导流隧洞的下泄量，不得不启用非常溢洪道来分泄多余出来的流量，这个流量将达到 700 立方米每秒。每秒钟 700 吨的水体持续下泄，围堰由堆石构成的坡脚将受到巨大冲刷。围堰在这种情况下能否安然无恙，实在是有疑问的。一旦围堰溃决，11 亿立方米的洪水将夺路而走，大坝施工场地毫无悬念将被横扫一空，号称“青海粮仓”的贵德等五个县也将片甲无存。然后，洪水再直扑刘家峡水库，兰州将是一片泽国，接着是银川、包头，波及沃野千里的河套平原……这幅图景实在令人不敢想象。灾害将是空前的，简直就是一场大浩劫、大灾难！

什么都怕万一。50 年一遇洪水尚如此，万一遇到超过 50 年一遇的超标准洪水呢？万一雪上加霜再发生地震呢？万一坝址上游不稳定的滑坡体崩塌呢？

参加中国科学院第四次学部委员大会的潘家铮心绪不宁。在参会之前，他将情况向水电总局和电力工业部领导如实汇报。水电总局组成潘家铮为组长的工作组前往龙羊峡水电站，协调青海、甘肃两省，做好防大汛的准备。

“钦差大臣”两赴龙羊峡

这时候已经进入 6 月，每年 7 月即主汛期。一般情况下，龙羊峡水电站度过 7 月主汛期，8 月、9 月的副汛期应该不成问题。

潘家铮带着工作组来到龙羊峡水电站工地，察看围堰、导流隧洞、非常溢洪道，还有上游的不稳定滑坡体，根据可能发生的“万一”提出处理措施。水电第四工程局当然也积极配合，听取潘家铮等专家的意见，将围堰加高 3 米，在围堰下游坡脚处浇筑混凝土护板，加固非常溢洪道边墙，还在滑坡地段和导流隧洞洞口增设若干监测仪器，再降低刘家峡水库汛期限制水位。

1981 年，潘家铮（右二）在龙羊峡水电站工地指导抗洪（一）

潘家铮来到龙羊峡水电站，虽然水电第四工程局积极配合，但是明显感到一线施工单位并不情愿买他们的账。大坝浇筑在即，工期分分秒秒千金难买。而这些来自部里的“钦差大臣”却在“边边角角”上指手画脚：一会儿检查质量，一会儿排除隐患；一会儿要加高这个，一会儿又要加固那个。甚至连现场办公室在专家眼里都不合格，要掀掉重新浇上混凝土板。他们嘴上不说，心里抵触。

是啊，潘家铮说的是万一发生特大洪水，若万一不发生特大洪水呢？穷忙活一通，耽误了工期谁来负责？

有现场工作经验的潘家铮当然理解，也同时一口咬定不放松标准，包括加高围堰到设计高程在内的六大项加固措施都是硬性要求，丝毫不能含糊。

水电第四工程局也意识到防汛对整个工程的重要性，工作组来了不久即成立了防汛指挥部。不过包括加高围堰在内的防洪措施，直到 7 月 24 日才开始实施。防汛指挥部组织 6500 多名职工，分三班倒连夜加固围堰，用了 8 天时间基本完成防汛用石料和钢筋笼组成的上游围堰梯级保护工程。这个保护工程从围堰坡脚到堰顶共 18 层、高 19 米、长 80 米，还是有相当的工程量。

一系列防汛工程措施在一个多月之后将起到至关重要的作用。龙羊峡抗洪抢险结束之后，潘家铮非常庆幸，他说："事实证明，在灾祸面前，有没有准备，后果大不一样。未雨绸缪是何等重要啊！"

8 月 8 日，以潘家铮为组长的电力工业部工作组再赴龙羊峡，工作组对工程防护及非常情况下的防护标准和措施再度提出具体要求。

1981 年，潘家铮（左三）在龙羊峡水电站工地指导抗洪（二）

安顿好水电第四工程局这一头，工作组再去协调青海、甘肃两省的地方政府。跟工程一线施工单位打交道已经让他们感到为难，跟两省政府打交道，又是另外一重为难。为难什么？如果洪灾说得轻了，不会引起足够重视；如果把问题说过了头，一旦传扬出去，谣言这个"黑寡妇"会从中作祟，引起大众误会和社会混乱。问题的关键点在于"特大洪水"的预设。"特大洪水"又由距离地表十几千米上空的大气环流决定，天知道它什么时候来，会不会来？

8 月 17 日，电力工业部工作组会同西北设计院院长王宝基、水电第四工程局副局长赵振民等向青海省政府汇报龙羊峡工程防汛情况。

潘家铮一行还是将问题的严重性提到应有的高度。青海省政府听取汇报之后，会场上一片寂静。是啊，如果万一发生大洪水，青海德贵等五县将面临灭顶之灾，对于青海省的农业而言，相当于抠掉了眼珠子。会后形成《关于龙羊峡工程防汛情况汇报会纪要》，建议由电力工业部所属有关单位和青海、甘肃两省有关负责同志组成“非常防汛指挥部”。

关于“非常防汛指挥部”，当时是这样商定的：如果黄河上游发生超过 10 年一遇的洪水时，即流量 3580 立方米每秒，即进入非常防汛；当洪水继续上涨，由电力工业部和青海、甘肃两省共同成立“非常防汛指挥部”，成员到达现场，从物资、技术、组织上做好充分准备。

非常防汛指挥部组长为电力工业部副部长李鹗鼎，副组长为青海、甘肃两省的领导。

好在 7 月主汛期安然无恙，顺利度过，大家都松了一口气，再撑过 8 月和 9 月两个副汛期，1981 年的防汛抗洪就胜利在望，未来龙羊峡上 175 米高坝矗立，孽龙再凶，也无计可施。

本来就不敢松懈，老天爷偏偏就不让你那么轻松。

墨菲定律

电力工业部工作组刚离开龙羊峡，8 月中旬之后，情势急转直下。

怕什么，来什么。潘家铮在他的回忆录里感慨，这是“墨菲定律”应验了。

墨菲定律是什么呢？墨菲定律又称为“穆菲定律”“莫非定律”，被称为 20 世纪西方文化的三大发现之一。这个定律有很多条，比如“任何可能出错的事必定会出错”，也就是说任何一个事件，只要具有大于零的概率，就不能假设它不会发生。潘家铮用中国的一句俗语来表述叫“说曹操，曹操就到”。

潘家铮之前对墨菲定律并不怎么认同，这一回他是真正服气了。

来自气象部门和龙羊峡各水文站的资料让所有人的心都提到了嗓子眼上。“说曹操，曹操就到”已经令人紧张，这一回来的不是一个“曹操”，而是几个“曹操”！

气象部门的资料如下：7 月中旬以后，特别是 8 月中旬到 9 月中旬，来自东欧上空的冷空气比常年偏东和明显增强，而且长期稳定在乌拉尔山上空。在北纬 60 度以南地区，西面巴尔喀什湖上空的冷空气和南面印度洋低压也比平常偏强，东面西太平洋副热带高压较常年偏西和偏北。强盛的西南暖湿气流与来自新疆的西北冷空气持续地在黄河上游交锋，致使雨量长期停滞在中国西部地区，造成黄河上游长时间阴雨连绵。北方一直干旱少雨，而这个副热带高压接触带却连续降雨，黄河上游从 8 月 16 日到 9 月 12 日连续 28 天阴雨。

秋雨连绵，青海高原寒云笼罩。来自龙羊峡各水文站的资料更让人读着心惊肉跳。黄河上游几个雨量站从 8 月 16 日到 9 月 12 日的降雨量大大超过了历年最高值。

特大洪水这个幽灵终于还是出现了，大洪水直扑龙羊峡水电站而来，水位直逼堰顶。

此时防汛组织工作显示出重要的作用。9 月 6 日，水电第四工程局向电力工业部发电告急，催促电力工业部和青海、甘肃两省按照 8 月 17 日《关于龙羊峡工程防汛情况汇报会纪要》精神迅速启动非常防汛指挥部。水电第四工程局全局动员，投入抗洪抢险。

超过 200 年一遇的大洪水来袭，国家重点工程龙羊峡水电站告急。这个从未进入新闻媒体视野的地名，频频出现在中央人民广播电台《全国新闻联播》和《新闻和报纸摘要》节目，尤其是黄河中下游省份，都密切关注着龙羊峡汛情发展。仲秋时节，庄稼正在完成最后的灌浆，如果洪水来袭，毁掉的将是丰收的希望。这一年，全国农村联产承包责任制全面推行，黄河沿岸数省的庄稼长得出奇地好。

9 月 6 日，龙羊峡水电站工地告急电报一封接一封飞到电力工业部，飞到水电总局。当天正是星期天，电力工业部的工作节奏却要比平常还要快一些。电力工业部党组召开会议研究龙羊峡工程防汛形势，会议由副部长李鹗鼎主持，非常防汛指挥部的工作正式启动。李鹗鼎身患冠心病和糖尿病，原本只能半天上班、半天休息，但是老部长已经顾不得许多。9 月 8 日，李鹗鼎一行六人赶往青海，和青海省副省长等非常防汛指挥部成员到达工地。一行人直接到围堰了解抗洪情况，马上部署工作。

紧接着，国务院听取电力工业部关于龙羊峡水电站汛情汇报。情况紧急之下，中央决定由电力工业部部长李鹏亲自前往龙羊峡水电站坐镇指挥。12 日凌晨，李鹏带领第二批工作组直飞西宁。[1]

潘家铮随李鹏带领的第二批工作组前往龙羊峡水电站。

飞机从北京起飞，掠过华北平原，进入西北地区。进入青海境内，气象和水文情形大不一样。在飞机上潘家铮心里还在嘀咕那个“墨菲定律”，这个并无精确算法支撑的定律怎么就这样灵验？[2]

洪水来势汹汹，摆在面前的只有两种选择。第一种选择是趁洪水未达到高峰，主动破堰，这样可以保证下游不至于有太大的损失。围堰在修筑的时候，就预留有爆破孔，炸堰放水并不困难。军事上讲就是放弃阵地，全身而退。但数年在艰苦环境下开辟的龙羊峡水电站工程成果将丧失大半，工期势

1 参见《李鹗鼎纪念文集》，《李鹗鼎纪念文集》编辑委员会编，中国电力出版社，2004.12，第 13—15 页。

2 参见《春梦秋云录——浮生散记》（第二版），潘家铮著，中国水利水电出版社，2000.12，第 351 页。

必大大延长。另外一种选择，则是加高、加固围堰，与洪水决一胜负。既保龙羊峡施工现场，又要保下游安全，是两全之策。但这要冒很大风险，一旦溃堰决口，10 亿吨级的洪水瞬间下泄，后果那将是灾难性的。

龙羊峡围堰每加高 1 米，库容就要增加 1 亿立方米。先期已经加高 3 米，这就意味着已经将库容扩大了 3 亿立方米，这样龙羊峡水库就可放得下 15.3 亿立方米水体。但下游的刘家峡水库只能装得下 13 亿立方米水体。如果龙羊峡围堰在这么高水位垮下来，不仅青海贵德等五县将遭灭顶之灾，刘家峡水库也装不下这么多洪水，只能加大放洪流量。但是黄河兰州河段最大只能通过 5600 立方米每秒的洪峰，即便这样水面也已经和兰州市区的黄河铁路桥齐平。如果再加大泄洪量，洪水入兰州市区，繁华的西部重镇将是一片泽国。下游宁夏、内蒙古和包兰铁路则更加危险。[1]

李鹏前来坐镇，面临的也是这两难的选择。潘家铮作为先期防汛工作组组长前来龙羊峡工地检查，从导流工程的实际情况，到几个月来大家思想与物质的准备来看，他对与洪水一决高下心里还是有底的。所以，他倾向于后一种选择。

潘家铮从李鹏的讲话和严肃的神情中，看得出从中央到电力工业部，都承受着巨大压力。情势严峻之下无论是采用哪一种方式，与洪水进行一场殊死搏斗都是不可避免的。

死守龙羊峡

第二批工作组出发之前的 9 月 11 日，国务院就命令一定要死守龙羊峡水电

1　参见《李鹗鼎纪念文集》，《李鹗鼎纪念文集》编辑委员会编，中国电力出版社，2004.12，第 15 页。

站，确保下游安全。这是一道死命令，没有其他选择。说实话到底守得住守不住，守到什么程度，龙羊峡导流工程能不能经得起超标准洪水考验，谁都心里没有底。万一守不住，溃堰决口的后果就不堪设想了，所有人都不轻松。

李鹏率领的第二批工作组到达西宁，再换乘汽车，到达龙羊峡抗洪抢险工地已经是 9 月 12 日 18 时 30 分。李鹗鼎简单汇报抗洪抢险的情况，最后总结说："这几天是前哨战，真正的决战将是在今后一星期之内。"李鹗鼎拖着病体已经在工地上坚持了四天了。

大洪水的确还没有到来。即便如此，黄河上游洪峰流量已经达到 5450 立方米每秒，远远超过 100 年一遇洪水流量 5190 立方米每秒。潘家铮一行到达现场的当天，洪水就给了所有人一个下马威，堰前水位涨了 2.6 米，达到高程 2486.3 米。按照这个速度，涨到设计堰顶高程 2497 米仅需要五天时间。气象部门传来消息，未来三天之内，黄河上游还有 30 毫米到 50 毫米降水。也就是说，堰前水位上涨的速度还可能加快。[1]

简单听取汇报之后，潘家铮急不可待地来到围堰察看。与大江大河打了三十多年交道，潘家铮仍然吃惊。此时，黄河也似乎在刻意强调着它与其他江河的不同，刻意强调它的险恶。潘家铮脑海里陡然冒出的是李白的那句诗："黄河之水天上来，奔流到海不复回。"只见眼前的黄河水漫无涯际，仿佛从天边、从乌云深处源源不断地滚滚而来。围堰前已经形成一个云水苍茫的大库，大水汇集之下，在进水塔那里卷起一个巨大的漩涡，河水啸叫着卷入导流隧洞。若是平常情况，5 层楼高的导流隧洞完全可以将几百立方米每秒的河水不显山、不露水地导流到下游，其实就是人工开凿的另外一条河流。然而现在河水流量比平常猛增六七倍，导流隧洞也是满负荷运行。

前一个月还热火朝天的基坑，此刻显得冷冷清清，人员和设备都已撤出。所有人员几乎都集中在堰顶，人头攒动，人山人海，水电第四工程局简直全

1　参见《李鹗鼎纪念文集》，《李鹗鼎纪念文集》编辑委员会编，中国电力出版社，2004.12，第 15 页。

员动员，来的还有解放军，甚至连炊事员都上来了。他们用黄泥、草袋一层又一层铺放，加固围堰，一副决战前夕的紧张景象。

晚上，非常防汛指挥部召开紧急会议，李鹏在听取完汇报之后，已经是凌晨两点多。会议之后，他给中央发出第一份电报。电报内容为两项：其一，非常防汛指挥部正在加高加固围堰，决心守住围堰迎战特大洪水的到来；其二，请示中央，加大刘家峡水库的放洪量，争取三天时间。

9 月 13 日这一天，情况突然变得严峻起来。水位继续上涨，唯一通向大坝的左岸上游公路很快被淹没，工地大型设备撤出基坑。考虑"万一"需要，李鹏决定留下两台大型设备与围堰共存亡。

9 月 13 日 17 时，黄河上游唐乃亥水文站出现最高洪峰，数值为 5570 立方米每秒，堰前水位高程达到 2491 米，之后有一点停滞和缓慢下降。根据这个洪峰情况，9 月 14 日上午进行仔细分析，设计院提出了几个推断结果：最坏的情况是堰前水位高程到 2500.4 米，中等情况是 2498 米，较好的情况是 2496.5 米，还有一个最好的情况是 2495 米。这个推断还没有拿出来，装在口袋里。14 日开始，黄河上游只有局部降雨，副高压有南退迹象，大家脸上开始出现一点笑容。

9 月 13 日 17 时 30 分，国务院副总理直接给李鹏打电话，下达国务院第二个紧急通知，决定围堰加高加固 4 米，青海贵德等五县转移疏散，必要时强行撤走。责成青海、甘肃全力以赴，黄河兰州河段放洪流量加大到 5500 立方米每秒。

李鹏将国务院指示精神归纳为"四保"：一保龙羊峡，二保刘家峡，三保下游，四保包兰铁路。

9 月 13 日，国务院向青海、甘肃、宁夏、内蒙古四省（区）人民政府和水电第四工程局发出紧急通知，并且于翌日早晨通过中央人民广播电台全文播出。[1]

1　参见《李鹗鼎纪念文集》，《李鹗鼎纪念文集》编辑委员会编，中国电力出版社，2004.12，第 16 页。

13 日深夜，实际到了 14 日凌晨，非常防汛指挥部的会议室还灯火通明，负责进水口一带的水电第四工程局副总工程师张津生报告，非常溢洪道缺口大量渗水，这就意味着已经出现了管涌。

管涌是个什么玩意？大祸害。具体到大坝建筑而言，坝身或坝基内的土壤颗粒被渗流带走的现象称为管涌。土壤颗粒被渗水一点一点带走，形成空隙，渗水便有了“流窜作案”的空间。渗流的小水本来就憋着一股“劲”，流窜途中土壤颗粒被一再带走，小水积大水，大水变涌流，建筑物顿时就漏成个筛子。管涌时间一长，非常溢洪道就危在旦夕。

设计中的非常溢洪道，是在万不得已的情况下才启用的。现在就到了万不得已的时候了。会议室里一片沉默，前来汇报的张津生已经在抢险点上几天几夜没有睡觉，一双布满血丝的眼睛盯着潘家铮。潘家铮后来写文章描述，张津生一身疲惫，形象看着像一个“济公”。[1]

大家都看潘家铮。

非常溢洪道启用不启用，何时启用？当然潘家铮这个副总工程师的意见很重要。在 6 月来龙羊峡水电站检查工作，为防汛做的六大项防汛措施中，他就为非常溢洪道加固了边墙，还有加装围堰坡脚的浇筑混凝土护板。

启用非常溢洪道，最担心的就是近千立方米每秒流量的下泄洪水冲刷围堰坡脚。虽有预防措施，但这个措施行不行？潘家铮环视大家一圈，仿佛他这个副总工程师就是那一块厚厚的混凝土护板本身。他咬咬牙：“丑媳妇终要见公婆，早些过水也好，可以看看冲刷情况。”

现在洪峰未到，泄流量不会超过设计泄洪量，也是考察预防措施的最佳时机。如若待洪峰到来才启用，一旦出现问题，连补救的时间都没有。李鹏同意让非常溢洪道封堵缺口自动溃决，同时下令准备大量钢筋石笼和混凝土块，堆在围堰坡脚平台，万一围堰坡脚出现险情，可用钢筋石笼和混凝土块抛投

---

1 参见《春梦秋云录——浮生散记》（第二版），潘家铮著，中国水利水电出版社，2000.12，第 381 页。

封堵。

9 月 14 日，上坝公路交通完全断绝，此后几天只能从两岸陡坡三百多个台阶运输，抢险用的铁架等诸种材料都靠人背下去。清晨 2 时 40 分，不出之前所料，非常溢洪道上的黄土质临时挡水坝被大水冲决。这个土坝的体量也不小，高达 3 米多。前一日黄土坝体与混凝土面的结合部位发生渗漏，接着管涌，接着溃决。非常溢洪道泄流量达到 200 多立方米每秒，虽未达到设计流量，但冲击力仍然相当之大，围堰坡脚顿时淘出一个巨大的圆弧形冲刷坑，冲刷坑越冲越大。

潘家铮守在围堰边眼睁睁看着洪水将围堰坡脚一点点“吃”了下去，焦急地看着下泄洪水冲刷的情况。这时候预先浇筑在围堰坡脚平台的那块混凝土护板由于下方被洪水淘空，轰的一声坍塌下去。也正如预先设计的那样，巨大的混凝土护板如同有人在遥控操纵，恰好盖在冲刷坑边坡上。洪水从 50 多米高处还在往下倾泻，一股又一股大水不是流下来的，简直是砸下来的、轰下来的，犹如庞大的固体事物倾倒下来。可这一回它们算是遇到了对手，一下子砸在厚实的混凝土护板上面，好一阵“瘟头瘟脑”。

非常溢洪道启用之后，围堰相当于三面临水。上游来洪不断逼近堰顶，左侧导流隧洞泄水，右侧非常溢洪道高水头泄洪，兵临城下，岌岌可危。由非常溢洪道下泄的洪水转而攻击护板另一侧，巨大的回水将护板撞击得訇然作响，与导流隧洞喷溅而出的河水轰鸣相应和，龙羊峡整条山谷如滚雷荡过，声音连绵不绝。

下游冲刷能不能不再扩大，非常溢洪道边墙能不能保住？就此，两位部长想了很多办法，并亲自到冲刷的最前线了解情况，把水电第四工程局副局长刘海伦放在那里，要求守住下游出口这条弧线。采用抛投钢筋石笼和混凝土四面体的措施，每个钢筋石笼重达数吨，每一个混凝土四面体也有几吨重。每天洪水冲多少，钢筋石笼与混凝土四面体就抛多少，坚持守住不放，最后洪水实在无计可施，暂时“温顺”不少。

刘海伦一直在非常溢洪道下游出水口位置眼皮不眨般地坚守了24小时，从9月15日到16日，洪水徒然在脚下咆哮怒吼。潘家铮调来非常溢洪道的全部原始资料，看到其设计并没有什么可担心的，就深信刘海伦是一定能够守得住的。

数年之后，潘家铮再到龙羊峡水电站检查工作，却没有看见刘海伦，其他人说刘海伦正在西宁住院。潘家铮前往西宁看望，看着刘海伦躺在病榻之上，潘家铮心里阵阵隐痛。他清楚地知道，一座水电站建成，水轮机运转起来的那一瞬间，其间凝聚着水电工作者多少辛劳，多少人付出青春、付出健康，甚至付出生命。刘海伦的身体疾患显然是这场旷世抗洪斗争中落下的。[1]

当年参加龙羊峡抗洪抢险的人员共达15000余人，刘海伦只是其中一员。

“三大件”

潘家铮最担心的还是龙羊峡水电站的“三大件”。“三大件”中，非常溢洪道和围堰随大坝浇筑完成之后将被拆除，导流隧洞则将作为电站的泄洪建筑物之一被保留继续发挥作用。“三大件”又是拦，又是泄，相辅相成，哪一个出了问题都决定着抗洪抢险的成败。

李鹏和李鹗鼎让潘家铮密切注意这“三大件”动态，将此“三大件”在洪水来临时的情况及时报告，以备非常防汛指挥部作出决策。

潘家铮当初最担心非常溢洪道。非常溢洪道曾经险象环生，幸好预先加固了混凝土边墙，又在围堰坡脚平台浇筑了混凝土护板，加上刘海伦带领队伍在那里殊死抢险，再加上审阅后的原始设计资料并无问题，这个非常溢

1 参见潘家铮撰《龙羊峡上战狂洪》，收入《春梦秋云录——浮生散记》（第二版），潘家铮著，中国水利水电出版社，2000.12，第381–382页。

洪道可以放下心来了。

非常溢洪道这一头放下心来，导流隧洞的情况又让潘家铮忧心忡忡。

导流隧洞高 16 米、宽 15 米、长 661 米，可以宽宽松松地放入一幢 5 层楼房。潘家铮在阅读原始设计资料时发现，这个花费 3 个月即全部贯通的庞然巨洞，在施工的时候却留下了一些缺陷，洞内有 500 多米顶拱没有衬砌，这让潘家铮很担心。因为导流隧洞设计最大流量是 3450 立方米每秒，而眼下洪水逼近，为减轻围堰压力，已经超负荷地达到 4000 立方米每秒。洪流巨大的冲击力猛烈地击向河床和岸坡，导致下游岸坡垮塌，岸坡和山体上的碎石不时跃向河道，烟腾雾起，浪跳尘飞，十几里外都可以听得到水石相激发出的轰鸣。

超设计流量下泄会引起什么后果？下泄水流速度太快，如果导流隧洞底板难以承受水的冲击被掀起，再加上没有衬砌的洞顶发生大方量塌方而堵塞隧洞，后果将不堪设想。

潘家铮在分析导流隧洞地质和施工资料之后，向非常防汛指挥部提出可以让其超设计流量下泄。于是导流隧洞长龙飞出，浊流滚滚，昼夜不停下泄了整整 16 天。这 16 天内潘家铮经常到洞口观察、监测洪流下泄的流态。好在导流隧洞非常争气，16 天里没有发生任何问题。

至于围堰需要及时加高加固的问题，围堰已经从海拔 2497 米，升高到 2501 米。刚开始加高围堰的材料是由黄土加草袋夯实构成，在迎水面铺设帆布挡水。非常溢洪道上的 8 米黄土坝发生管涌被冲决之后，非常防汛指挥部决定立即返工刚刚加高了 4 米的围堰土坝，将原来的土坝改为跟围堰一样的混凝土心墙堆石坝。这个紧急任务落实在抢险一线的基建工程兵部队头上，他们连夜突击 15 个小时，把原来的黄土、草袋拔除，直到露出围堰顶部的混凝土面，再浇筑混凝土心墙，与原来的心墙连成一个整体，两侧再堆石筑高。然后，再在下游坡面浇筑混凝土，以防止洪水翻坝造成冲刷。这样加固后的围堰足以抵御 500 年一遇的大洪水。

但问题在于导流隧洞超负荷运行，也只能下泄洪水的 70%，还有 30% 的洪水被挡在堰前，导致水位节节攀升，洪水逼近堰顶高程，不断对堰体加大压力，堰体的心墙十分单薄，能不能承受这样大的压力？洪水会不会从混凝土心墙的裂缝、接缝中渗流而破坏堰体？这就需要密切监视堰顶变形和渗流情况，可是监视也仅仅是监视，一旦发现大量渗水或变形再发出警报，根本措手不及。

水电第四工程局毕竟是一支有着十分丰富筑坝经验的队伍，长期与黄河上游的河水打交道，仿佛摸得清这条北方大河的脾气。在修筑这条临时围堰的时候，堰体内部埋有大量仪器。虽然洪水来袭导致这些仪器大半损毁，毕竟还有一小半可以正常工作，能够给出一些不可或缺的实时监测数据。潘家铮心头重负也卸去一大半——有了这些数据就如同大夫掌握了病人身体内部的准确化验报告。

水电第四工程局送来实时监测数据，潘家铮如获至宝，组织人马夜以继日计算、分析，这样对龙羊峡心墙堆石围堰的心墙、接缝及整个堰体的工作状态有了基本估计——这座国内很少采用的心墙堆石堰体根本不会被洪水冲垮，不仅目前安全无恙，即便水齐堰顶也没有问题。有了围堰内部精确实时监测数据，哪里出了问题就可以对症下药，能够集中力量抢险。潘家铮根据自己的计算与分析，给非常防汛指挥部所有成员保证：围堰不会垮！

龙羊峡的抗洪斗争是一盘大棋。龙羊峡水电站的“三大件”会不会出问题，不独关乎抗洪抢险的成败，也牵动着黄河上下游青海、甘肃乃至宁夏、内蒙古各省（自治区）党政军民的心。

龙羊峡水电站紧张抢险，库区上游从 9 月 9 日开始已经动员了三次大的搬迁，第一次按 50 年一遇洪水位 2488 米高程组织搬迁。第一次组织迁移 360 户，共 2358 人。9 月 11 日再按洪水位 2497 米高程进行紧急搬迁，再搬迁 257 户，计 3300 人。9 月 15 日晚上，按洪水位 2505 米高程组织紧急撤退，又迁移 132 户，计 802 人。[1]

上游库区大部分为牧区，人口居住分散，迁移过程中宁夏、内蒙古自治区党委一把手亲自坐镇，人员撤离迁移比较顺利，但情况也非常复杂。

其实搬迁人口的重点在库区下游。龙羊峡库区下游峡谷和川地相间，从龙羊峡到寺沟峡出口、进入刘家峡共 270.25 千米，中间有四个大川地，涉及青海省的贵德、尖扎、化隆、循化、民和五个县和甘肃省新成立的积石山县。从 9 月 11 日开始动员撤退，到 9 月 14 日晚，四天时间全部完成，转移到了安全地带，留少数基层干部、民兵及一部分青壮年留守值勤，待命撤退。

一切措施都按最坏的情况来做准备。

根据西北设计院的垮坝计算，围堰一旦溃决，将发生 38700 立方米每秒洪峰，2 小时洪水就到离坝最近的贵德县，13.3 小时进入刘家峡，青海这五个县最精华的平川地将全部被毁。

最后青海落实的搬迁人数是 92 个大队，279 个生产队，7175 户，其中回族 12004 人、撒拉族 3103 人、藏族 7240 人、土族 6458 人、汉族 11158 人，转移粮食 2258.2 万千克，牲畜 124702 头。

搬迁工作组织有序，老乡们离开自家老屋之前，房屋被打扫得干干净净，房梁上挂的辣椒、窗前的花都一样不少带走。

最后的较量

潘家铮这个副总工程师，一直担当着总参谋长的角色。

“三大件”不会出问题，单等与最大洪峰决一雌雄。

1　参见《李鹗鼎纪念文集》，《李鹗鼎纪念文集》编辑委员会编，中国电力出版社，2004.12，第 17–19 页。

潘家铮用特大比例尺绘制出每日雨量、来水量、泄水量及堰前水位的过程。他把这个过程曲线图贴在墙上，一有空就站在那里琢磨，一站就是半个小时。几条过程曲线交缠相伴，都在一点儿、一点儿上扬。李鹗鼎看他这样，跟他开玩笑："你真是恨不得把这些曲线扳下来！"

扳当然扳不下来，但大家看到潘家铮在观察数据过程线的时候，严肃的神情渐渐平和。几个数据在9月17日下午出现了微妙的变化，他估计洪水进入库区的流量和出库流量将达到平衡，龙羊峡库区的水位不再是一个不可预知的数值了，一丝喜悦和欣慰现在脸上。

果然，9月18日22时，最高水位高程达到2494.78米，堰前水位距离堰顶还有6.22米。潘家铮在次日凌晨2时发现，这个水位一直没什么变化，他的一颗心彻底放了下来。这就意味着来水与泄水趋于平衡，洪水破堰的可能性微乎其微。

还不能高兴得太早，情况仍让人揪心。2494.78米水位持续了14个多小时，大水仍然凶猛异常，导流隧洞进水口超量下泄的洪水拧起巨大的漩涡，摇撼、震荡、纠缠，进水结构与洪水来回拼杀，进入隧洞的洪水冲刷着底板和拱顶，啸叫轰响，一如往常；堰前的洪水困兽犹斗，徘徊逡巡，在寻找哪怕万分之一的突破可能。潘家铮事后想，在那10多个小时的僵持过程中，设计、施工过程中的任何一点疏忽，都会给洪水以可乘之机，一切都会功亏一篑。

"三大件"与洪水在抗衡、在僵持；上万抢险大军各就各位、奋力拼杀；各种抢险设备、材料早已准备就绪，随时投入这场恶战。

9月17日，在坝前将要出现最高洪水位的前夕，非常防汛指挥部召开了紧急会议，有青海、甘肃两省负责同志参加，检查了前一阶段的工作。李鹏作出了防汛斗争开始向好的方向发展的估计，同时提出，但是不能麻痹，要仔细检查，迎接最高洪水位的考验。

9月19日12时，僵持12小时之后，堰前水位终于开始下落，下落了1厘米。潘家铮欣喜万分。

9 月 11 日告急，12 日李鹗鼎带队前往抢险指挥，12 日凌晨潘家铮随李鹏赴龙羊峡水电站，到 19 日水落 1 厘米，一万多名抗洪抢险大军昼夜不息，多少人彻夜不眠，换来这来之不易的 1 厘米。

接着，有 2 厘米的水位下降。然后，3 厘米水位下降……5 厘米、10 厘米。老天爷 28 天黑云封脸，此时已经无计可施，兵败如山倒。高天之上，乌云正慢慢被风吹散。

大水消退，大家仍然不敢掉以轻心。有抗洪经验的人都知道，很多堤防不是垮在涨水过程，而是垮在退水过程。

龙羊峡上游库区是个湖泊沉积地区，两岸山势很高，但大多是土山，历史上就是大滑坡地段，在蓄水过程中就曾局部崩坍过。沿龙羊峡坝址往上数，就有二号滑坡、农场滑坡、龙羊滑坡、龙西滑坡、磨房滑坡、查纳滑坡、茶西滑坡、汪什科滑坡。西北设计院、成都地质学院等单位组织了一个滑坡观测的科研组织机构，已经工作了几年，在滑坡体中埋设了大量的仪器，有边坡钻孔，有位移计监测，有观测点记录，每天巡回检查，积累了大量的资料，他们得出了结论：这次蓄水和退水过程，只有高程 2530 米以下局部的边坡崩溃，预计不会发生大的异常情况。

如果龙羊峡上游出现滑坡崩塌险情，在坝面抗洪的人将无处可躲。潘家铮要求技术人员密切关注滑坡情况，并对上游滑坡进行了大量计算。潘家铮在 20 世纪 70 年代援外过程中，对滑坡和浪涌都做过精细的研究，对大型滑坡很有经验。

9 月 19 日，堰前水位下降，李鹏、李鹗鼎乘坐直升机，察看了龙羊峡上游，考察有没有将来紧急分洪的地段，如果以后还有这样大的洪水，能否抵挡，削减洪峰。

19 日晚，龙羊峡水电站工地会议灯火通明，李鹏再次召开非常防汛指挥部会议。出席会议的人个个疲惫不堪，但比较前几日的紧急会议，气氛明显轻松和欣慰。

按照程序照例分析雨情、水情和工情，检查和布置各部门抗洪抢险准备工作。最后的程序是讨论目前抗洪抢险处于什么样的形势。

会议室外，上万抗洪抢险大军仍然枕戈待旦，准备应对随时出现的险情。

有同志说，胜利虽有一定把握，但仍不宜宣布得过早，不然会陷入被动并且影响斗志。

潘家铮憋不住，他已经在那张过程曲线图前研究了整整一天一夜，十多天的雨情、水情和泄洪量告诉他，洪水再强也是强弩之末，抗洪抢险必胜无疑。他站起来说："形势已经如此明朗，龙羊峡的抗洪斗争已经毫无疑问取得了决定性胜利，为什么还不宣布，让中央放心，让下游人民放心，让全国人民放心？！"

这时候，从两位部长到非常防汛指挥部的工程技术专家都睡眠很少，体能已经逼近极限值，每一个人的嗓子都变了音儿，恨不得找一个地方沉沉睡上个十天半月。潘家铮也不例外，他说话的时候，一口绍兴嗓音的普通话，经过近十天的煎熬，变成一副尖声尖气的女高音。话音未落，会议室里哄笑一片。

李鹏也少见地笑起来。潘家铮这么一说，大家都觉得有理。李鹏正式宣布："龙羊峡的抗洪斗争已经取得了决定性的胜利……"一语未终，掌声雷动，大家非常亢奋，泪湿双眸，潘家铮低首摘下眼镜，慢慢揩去溢出眼眶的泪水。[1]

---

1 参见《李鹗鼎纪念文集》，《李鹗鼎纪念文集》编辑委员会编，中国电力出版社，2004.12；另见潘家铮撰《龙羊峡上战狂洪》，收入《春梦秋云录——浮生散记》（第二版），潘家铮著，中国水利水电出版社，2000.12，第 384–386 页。

第四章　江河情怀

江河情怀之红水河

红水河水电梯级开发是20世纪80年代中国水电建设的重点工程，潘家铮从担任水电规划院总工程师开始即参与其事，为红水河水电梯级开发倾注了大量心血。

红水河开发规划是20世纪80年代第一个获得国务院批准的河流开发规划，红水河也是改革开放之后第一条大规模按照规划开发的大江大河。早在20世纪70年代中期潘家铮被借调水利电力部对外司期间，红水河梯级开发就已经开始。

世界水力资源储量以中国为最。中国水力资源又富集于版图西部，布局并不均衡。从这个意义上讲，中国的水力资源虽是世界之最，但是科学规划、有序开发水力资源，对于中国水电的健康有序发展显得至关重要。

中国水电的江河规划刚开始学的是苏联经验。1954年，苏联专家帮助中国写出一本《技术经济调查报告规程》，系统介绍苏联河流水电规划经验。借鉴苏联的经验，20世纪50年代中国先后对黄河、长江、珠江、黑龙江、汉江、沅水等大江大河展开规划，其中《黄河综合利用规划技术经济报告》和《黑龙江上游综合利用规划》是两份相对成熟的规划报告。

如果没有科学的规划，水电开发将一片混乱。对中国这一水力资源分布并不均衡的大国尤其如此，而完成规划任务注定是一个漫长的过程。

红水河的规划先后进行过4次。1957年，规划6级开发；1958年到

1960 年，再次规划推荐 5 级开发；1960 年到 20 世纪 70 年代，对红水河再行勘测规划，提出 12 级开发方案；直到 1978 年党的十一届三中全会之后，红水河被水利电力部确定为全国十大水电基地之一，1980 年红水河规划才最后尘埃落定，确定为 10 级开发方案，即为天生桥一级、天生桥二级、平班、龙滩、岩滩、大化、百龙滩、恶滩、桥巩、大藤峡水电站，其中天生桥一级、天生桥二级、龙滩、岩滩、大化、大藤峡为 6 个主要梯级水电站。

2010 年 8 月，潘家铮（右）在红水河干流梯级开发咨询会上

红水河在水电发展史上有着非常重要地位，可是著名的水文地理专著《水经注》里却没有它的踪迹，行遍天下的徐霞客也没有搞清楚它的来龙去脉。直到 20 世纪 80 年代，水电勘测机构才最终撩开它神秘的面纱。1985 年，在源头勒碑以志，碑文谈古论今，指山点水，文采飞扬，激情四溢，很值得一读。碑文落款为中华人民共和国水利电力部。

红水河的重要性由此可见。

红水河规划河段上起南盘江上的天生桥，下至桂平的大藤峡，全长 1050

千米，总落差达756.5米，可开发水力资源约1100万千瓦。红水河蕴藏的水力资源全国罕见。

20世纪70年代中期，恶滩、大化水电站相继开始施工准备。恶滩水电站是在原有拦河坝基础上进行改建。大化水电站应该是红水河梯级开发的第一座水电站，坝高83.28米，装机容量40万千瓦（二期扩建后达到60万千瓦）。潘家铮也是在这个时候参与进红水河梯级开发中来的。

在大化水电站初步调查勘探阶段，地勘人员经过地面调查和平硐勘探中发现，大化坝址有缓倾角断裂问题，但认为断裂不连续，不影响大坝抗滑稳定。谁知道经过河床二期开挖，竟发现两条缓倾角断裂不仅发育，而且连续。这两条望不见底、看不到头的断层，像两条巨大的“蟒蛇”深藏在河床底下，随时随地可兴风作浪，随时随地将吞噬大坝。这一发现使专家和技术人员胆战心惊。

当时大化水电站建设采用的还是20世纪50年代时期一以贯之的政治动员、人海战术，截流工程非常顺利，大家干劲冲天，力争实现1981年发电。谁都不愿看到任何阻碍大化水电站工程进展的事情发生，都希望工程顺利施工。

大化工程指挥部迅速呈文上报广西壮族自治区和电力工业部。有关人员急忙给电力工业部李鹗鼎打电话汇报。

李鹗鼎听了非常着急，火速派潘家铮和赵人龙带领工作组到广西处理大化水电站大坝抗滑稳定问题。

专家们身临其境看了大化水电站大坝施工现场，都认为问题严重：两条缓倾角断裂“阴森森”望不到底，大坝左侧已浇筑的8号溢流坝单面悬空耸立，其坝坡下已暴露的基石陡坡高达20多米，挤压强烈已引发了局部塌方；大坝右侧溢流坝部分基础已经开挖后淘空，基坑内险象环生。如果再不处理，继续施工，说不定哪一天已浇筑的坝块基础失稳，要酿成塌天大祸！电力工业部副总工程师赵人龙看后惊叹：“后果不堪设想，弄得不好，全世界都会知道！”

潘家铮一行的工作组在大化水电站待了有10天时间，直到1981年1月28日，工作组才回到南宁，会同广西壮族自治区建设委员会召开大化水电站抗滑稳定分析工作会议。

应该注意到这又是一个春节即将来临，潘家铮几乎每年都以这样的方式送走一年，再迎来一年。

大化坝基面临的情况确实非常严重，但没有严重到不可处理的地步，经过10天考察，潘家铮根据考察和研究结果，心里还是有底的。他在会上给大家吃了一颗定心丸：“大化大坝缓倾角发育、延续，必须进行加固处理，确保大坝安全。表面看处理会耽误工期，但保证了安全，保证了工程质量，时间是可以抢回来的。”

接着，就是岩滩水电站。

潘家铮在岩滩水电站的一番话，日后在水电行业广为传颂。

这已经是1985年的事情了，其时潘家铮正式担任水利电力部总工程师。

1986年5月，潘家铮主持碾压混凝土技术研讨会，他在会上提出，岩滩水电站大坝施工要采用碾压混凝土筑坝技术，并首先将它应用于即将开工的岩滩混凝土围堰中，为三峡工程做技术准备。为此将这项新技术的研究试验列入国家科技重点攻关项目，特拨试验经费80万元。碾压混凝土筑坝技术大多数人只是听过，并没有见过，可谓是一石击水。

碾压混凝土筑坝技术是20世纪70年代国际上兴起的一项新技术。1970年，美国陆军工程兵团和田纳西河流域管理局率先用振动碾压技术进行碾压混凝土筑坝试验，取得预期效果。随后这一技术在美国、日本、巴基斯坦等多地迅速推广，至20世纪80年代达到蓬勃发展阶段。

1983年，潘家铮赴巴西考察水电工程，第一次接触到碾压混凝土筑坝技术，马上就被这个新技术吸引住了，从巴西回来立刻查阅相关资料。碾压混凝土筑坝技术不仅大大简化施工程序，加快施工进度，还可多掺和粉煤灰，减少水泥用量，节约工程投资，是一项施工手段简单、速度快、投资省、效果好的混凝土浇筑新技术，被称为混凝上筑坝技术的 次革命。

就在岩滩水电站开工的同时，还在建设中的福建水口水电站在中国率先采用碾压混凝土筑坝技术，还处于试验阶段。水口水电站的成功探索并不意味着岩滩水电站敢用。

如果按常规方法浇筑混凝土，可谓轻车熟路，只是进度得推迟一年。投资尽管增加许多，毕竟是稳妥的方案。用碾压混凝土筑坝对国家有利、对工程有利，对设计和施工人员来说，却意味着要付出更大努力和艰辛，将要一次又一次反复进行试验，直到有了成功的把握。否则，稍有差池就是坝毁人亡，设计师和总工程师要负刑事责任的。

疑问就来了。1985 年 5 月，岩滩碾压混凝土筑坝技术讨论会在岩滩水电站工地召开，潘家铮主持会议。会上有人质疑，提出了美国柳溪大坝应用碾压混凝土筑坝出现的漏水情况，不少人信心不足。为此，国内 60 多名专家云集岩滩水电站进行研讨。潘家铮最后总结："美国的柳溪大坝漏水并没有普遍意义。我们的试验已有成功经验，只要级配合理、碾压密实、严格检查，完全可以推广。你们大胆干，出了问题我去坐牢，出了成绩我为你们请功。"[1]

碾压混凝土试验小组一次又一次地进行研究试验，得出配合比、浇筑面积及层厚、施工方法、温度控制、防雨、防渗等各种理想成果。经过两年多的反复试验，试验人员终于把握了碾压混凝土的特性和填筑规律，心里有数了。

高 40 米到 52.3 米、长 656 米的岩滩碾压混凝土围堰终于建成，这个围堰工程有着不容辩驳的说服力和示范性。1986 年召开的碾压混凝土技术研讨会，最终确定岩滩水电站的围堰不设横纵缝、全断面碾压、薄层连续施

1 参见《不可遏止的上升》，张社人著，广西民族出版社，1993.7，第 76 页。

工的方案。1987 年岩滩水电站开始基坑开挖，1988 年 5 月提前 29 天竣工。工程每天混凝土浇筑量 8189.8 立方米，最大日浇筑上升 1.53 米，最大月浇筑上升 25.3 米，这是传统的分仓混凝土浇筑方法难以望其项背的速度。更重要的是用碾压混凝土筑坝技术，根据不同堰体高度，掺入粉煤灰高达 70% 到 77%，共节省水泥 2.1 万吨。

岩滩围堰成功之后，设计人员在增加设计力量的基础上更加紧了试验。他们在高坝上选定 10 个坝段采用碾压混凝土筑坝技术，浇筑量达 35.8 万立方米。这 10 个坝段的混凝土中，内层是碾压混凝土，四周用常规混凝土作外层，设计施工人员给它取了一个富丽堂皇的名字，叫作“金包银”。

当时，世界各国 100 米以上的碾压混凝土高坝中，包括岩滩水电站在内仅 5 座。碾压混凝土筑坝技术不仅使工期缩短 1 年，还节约了投资 1470 万元，每立方米混凝土仅用水泥 55 千克，处于世界先进水平。岩滩水电站碾压混凝土围堰和高坝的设计及建成，促进了中国碾压混凝土筑坝技术的发展。围堰和高坝工程先后获得全国优秀工程设计银质奖，围堰快速施工获得国家科学技术进步奖三等奖。

岩滩水电站取得巨大成功，而潘家铮的那句“你们大胆干，出了问题我去坐牢，出了成绩我为你们请功”的话，也永久驻扎在岩滩水电站建设者的心里头。

潘家铮在红水河规划中的龙滩水电站倾注了大量心血。

龙滩水电站是红水河规划中的骨干工程，与红水河 10 级开发的其他水电站一样，其勘测、设计也是从 20 世纪 50 年代即开始，因为是一座超大型的骨干工程，这座水电站所经历的波折要比红水河上的其他水电站大得多。

早在 20 世纪 60 年代，龙滩水电站逐渐在崇山峻岭间开始构思，争议便接踵而来。争议的关键在于龙滩水电站的蓄水位高低，牵涉到广东、广西和贵州三省（区）的利益。

龙滩水电站遇到这样的争议是一场持久的博弈，不独国内水电界关注，国际水电界也十分关注。水位升高，利益倾向下游的两广，一免水灾，二增电量，好处无穷。但这样一来就苦了上游的贵州，要端掉贵州的“金盘子”罗甸县；水位若下降，保住了贵州的宝地，却要降低下游的防洪标准，又要减少电站装机容量，造成水力资源浪费。

1984 年 5 月，美国田纳西河流域管理局董事长弗里曼率团考察红水河开发，重点是龙滩水电站，考察之后到南宁总结。弗里曼在总结中说：“龙滩水电站开发条件优越，增高水位之下每千瓦发电投资仅 300 美元，十分难得，要在美国早就开发了。田纳西已建有核电站，每千瓦投资 2000 美元，现在要拆掉机组变卖，我劝中国不要买；中国正在大力建设，资金并不充裕，有这样便宜的水电站怎么能不尽早开发？”

之后，法国、加拿大、澳大利亚的水电专家也在龙滩考察之后发出同样的呼吁。

龙滩水电站的蓄水位与坝高之争，几起几落，一度甚至有动议坝高高度只能建一个装机容量 60 万千瓦的径流式水电站。

终于在 1985 年 5 月，水利电力部主持召开《红水河龙滩水电站开发可行性研究报告》审查会议，同意中南设计院提出的正常蓄水位 400 米方案。

1988 年 6 月，能源部协调广东、广西、贵州三省（区），签订《关于合资建设龙滩水电站意向书》。关于龙滩水电站的正常蓄水位选择达成一致意见：龙滩水电站按正常蓄水位 400 米设计，375 米建设。协议签订，争议不再。

1988 年，经过一番比选，在面板堆石坝和重力坝之间，龙滩水电站选定重力坝枢纽布置。

1990 年 8 月，由潘家铮主持的红水河龙滩水电站初步设计审查会议在能源部召开。龙滩水电站的初步设计有别于此前其他水电站，初步设计的同时还要拿出切实可行的环境保护和库区移民方案，还有库区水位上升时关于贵州罗甸县城的保护性措施。

龙滩水电站命运多舛，在争议和曲折中催生出新的水电建设理念，当是一种进步。

初步设计通过，龙滩水电站还是没有上马。一直到 1994 年，中南设计院为龙滩水电站深入勘测和设计已经拿出了全部家当，甚至将办公楼都抵押给了银行，设计费却迟迟不能到位。潘家铮和许多老一辈水电专家四处奔走，为龙滩水电站尽快上马和解决中南设计院困难而不断呼吁。

潘家铮在 20 世纪 70 年代就与中南设计院的同志们结下了深厚的友谊，中南设计院和龙滩水电站的困境，他当然不能不放在心上。

1994 年，在龙滩大坝招标设计工作会议上，潘家铮有一个将近 1 小时的讲话，他非常动情：

龙滩工程从一开始规划，经过坝址坝型选择，选定重力坝方案，确定蓄水位，决定部分采用 RCC（碾压混凝土），到改用全地下厂房方案并全面采用 RCC，以及直到目前要开始搞招标设计，经历了漫长的过程，几乎可以编一部“龙滩史”。我也一直和中南设计院同志一起参与其事，我深为工程的不断进展而高兴。但到了今天，心境也有些紧张，毕竟龙滩工程是一座 200 米以上的高坝，采用 RCC 修建不仅国内未有，在国际上也是空前的，而且这座高坝不是修在小溪、小沟上，是修在红水河上，有 420 万到 450 万千瓦装机容量、160 亿到 270 亿立方米库容，关系太重大了。到长沙看了中南设计院准备的文件，听了专家们的发言和讨论，很有启发，也放了一点心……[1]

但是，龙滩水电站一直到 1996 年还没有动静。龙滩水电站一次又一次“通天”上报国家相关部门，直到国务院那里。奈何国家经济正处于低潮，银根紧缩，龙滩水电站一次又一次在叹息声中从计划安排中划掉。一度甚至有人动议放弃龙滩水电站，先安排投入少、周期短的工程。

1 参见潘家铮撰《潘家铮同志在龙滩大坝编标咨询会议上的讲话摘录》，收入《红水河》，1994 年第 2 期。

潘家铮闻讯坐不住了，提笔连夜为龙滩水电站写下一篇短文《为摘取红水河上的水电明珠而奋斗》，大声疾呼。潘家铮这样为一个工程尽快上马专门著文呼吁的，除了龙滩水电站之外，就是三峡工程。

一直到2001年的7月1日，龙滩水电站终于开工；第一台机组发电，则等到2007年；全部机组并网，实现输电广东，已经是2009年的事情了，其时潘家铮已年逾古稀。

龙滩水电站开工之日，潘家铮从北京寄来贺词，“好事多磨，大器终成，春风浩荡，一鸣惊人”，是一笔一画的小篆。不了解的人可能以为题字也就是题字，赞叹老头儿字写得如此漂亮。了解这个过程的人，一定会有另外一种理解，百感交集。

龙滩这一巨型水电站从开工到第一台机组发电，只用了六年时间；到全部机组投入使用，只用了九年时间，被誉为“龙滩速度”。后来潘家铮率中国工程院谭靖夷、王三一等院士为龙滩水电站提供技术咨询。大家才发现，年过七旬的潘家铮已是满头银丝。当年，他前来主持龙滩水电站设计审查会的时候，一头乌发梳得纹丝不乱。

岁月真是一种磨损人的东西，但磨损人的却不仅仅是岁月。

龙滩水电站在开工之前6个月，作为业主的龙滩水电开发有限公司对工程提出一些优化方案，针对这些优化方案，各方面争论不休，一时定不下来。开工前夕，召开“龙滩工程导流标准及导流方案优化讨论会”，会议由潘家铮来主持。他听取来自各家的观点意见，综合分析各种风险，包括风险发生的概率，以及带来的后果。潘家铮总结说：“导流标准的选择是个风险性决策。根据龙滩工程和红水河的具体情况，专家们一致认为现在选用的优化方案标准是合适的，我们就负这个责吧！”

除了龙滩水电站的导流标准及导流方案，还有机组增容、导流洞型等诸多优化方案，潘家铮主持专家会商，逐个专题去研究，逐个问题去解决，就地拍板，全体工程人员很快达成共识，大刀阔斧地去开展工作。

钱正英曾感慨，凡涉工程拍板的事情，往往是摇头容易点头难，点头是要冒刑事责任风险的。

潘家铮就是这样的一位敢于直面问题、敢于拍板的总工程师。

江河情怀之雅砻江

较之红水河梯级开发，潘家铮参与二滩水电站建设的时间要早一些。二滩水电站于 1991 年 9 月 14 日正式开工。潘家铮撰文称，二滩水电站开工建设，当是“中国水电建设史上的新篇章”。他热情洋溢地写道：

二滩水电站的兴建吹响了开发大西南水力资源的号角。中国西南的巍巍高山和茫茫大川，蕴藏着独步全球的水力资源，但千百年来沉睡不醒。中华人民共和国成立后虽然做了巨大努力，可是开发得实在是太少了，一直是捧着金饭碗要饭，严重制约了国民经济的发展和人民生活水平的提高。现在装机容量 330 万千瓦的二滩水电站开工了，开发雅砻江的战鼓擂响了，继之而来的将是雅砻江上的其他梯级，将是大渡河、乌江、金沙江、澜沧江的大开发。在今后一段时间内，五个巨大的水电基地将逐步形成，它们不但将满足西南地区的电力需要，而且将实现人们梦寐以求的“西电东送”，供电华中、华南、华东。同时，还将促进全国电网联网，发挥其最大的效益，为祖国的电气化作出不可磨灭的贡献。希望我国、特别是西南地区的有志青年儿女踊跃地投身到这场改天换地的战斗中来。

雅砻江，潘家铮梦绕魂牵 20 多年。

雅砻江大河湾下游开发，成都设计院早在 20 世纪 50 年代就开始了。成都设计院顶住重重压力，1972 年组织 200 名工程技术人员再次进入雅砻江下游渡口市（现攀枝花市）桐子林地区。

成都设计院对雅砻江大河湾下游二滩河段各拟定坝址展开勘探，在二滩、藤桥河口、米筛沱二个坝址间来回比较，推荐二滩为雅砻江下游水电站坝址。成都设计院在 1977 年完成对二滩坝址的勘测，提出高、中、低三种方案。

在勘测二滩水电站的同时，成都设计院还对雅砻江干流进行过一次全面的勘查，在 20 世纪 60 年代成都、上海两设计院勘查基础之上，取得一系列成果。1978 年提出对雅砻江干流梯级开发方案，拟定干流河段 21 个梯级。这是一个多么庞大的规划！ 21 级，落差 2827 米，总装机容量 2360 万千瓦，年发电量 1297.11 亿千瓦时。在这个庞大的规划里，潘家铮他们当年策马翻山越岭 1 个月时间考察的大金河下游河段，有锦屏一级、锦屏二级、官地、二滩、桐子林共 5 级，装机容量 1205 万千瓦，占到全河段的一半以上。[1]

这个庞大的规划，与潘家铮当年的构思不谋而合。

二滩水电站能够在改革开放之初即提到议事日程，但是其实大家都没有意识到这座水电站对整个西南水电开发的意义。实在是因为四川缺电、四川严重缺电，四川省需要一个大型电站来缓解用电紧张。但是，水力资源大省四川却走过一段弯路。

事实上，四川省原来的电力格局中，水电要占到 79.7%，火电占 19%。但是由于缺乏超前意识、长期规划意识，更没有可持续发展观念，到了 20 世纪 80 年代末期，四川电力生产构成中，水电仅占 9.3%，火电反而占了大头，占到 77.3%。

“电荒”蔓延，火电不继，地方主政者和中央决策部门回过头来要上马水电。四川的水力资源条件这么好，上马水电站能够改变生产结构，实属迫在眉睫、当务之急。

1 参见《中国水力发电史（1904—2000）》（第三册）（第一稿），《中国水力发电史》编辑委员会编，中国电力出版社，2007.5，第 489 页。

二滩水电站呼之欲出。

潘家铮参与到二滩水电站建设是在1978年，他参加审查二滩水电站的开发方式，水电总局在工程技术上要负总责的，担任水电总局副总工程师的潘家铮一直在技术上主持其事。

在潘家铮眼里，二滩水电站的意义远在缓解四川一省用电矛盾之上。在参与和主持二滩水电站的技术攻关的数年之中，他不止一次说过："二滩水电站的兴建，标志着中国水电开发进入了一个新的时期。"

潘家铮认为，中国独步世界的水力资源主要集中在西南，尤其富集在金沙江及长江支流（雅砻江、大渡河和乌江）上，外围是澜沧江、怒江和红水河及雅鲁藏布江，这一地区堪称水电"大宝库"。要充分利用中国水力资源，非打开这一"大宝库"不可。"大宝库"中的资源虽然丰富，但开发条件之恶劣也是惊人的。

潘家铮说，直到二滩水电站工程开工，中国的水电建设多数还在"大宝库"之外，规划中的三峡工程也仅在大门口。在"大宝库"尤其是核心地区建的水电站规模都称不上巨型。位于雅砻江口的二滩水电站装机容量330万千瓦，建成时为全国第一，即使在三峡工程发电后也列居第二。攻下二滩水电站这个难关，就拉开了全面开发水电"大宝库"的幕布。

二滩水电站不仅是雅砻江21个梯级开发的第一座高坝，而且也是开启中国水电在世纪之交大开发的一把钥匙。

成都设计院的规划中，除了一级开发的中高、中、低三个坝高的方案之外，还有意见认为一级开发在技术上有困难，可以搞梯级开发。这样规划审查的重点首先要确定是一级开发还是梯级开发，需要在备选方案中选出最佳的方案。

最后，确定二滩水电站实施一级开发，并且在高、中、低三个坝高方案中选定高坝方案。高坝方案确定，但坝型选择出现了不同意见。

1978年9月，邓小平访美期间与美国签订《中美科技合作协议》和《中美水力发电技术合作协议书》，二滩水电站即被列为技术交流项目之一。1978 年高坝方案确定，成都设计院提出的是重力拱坝。1979 年，以美国哈扎国际工程咨询公司总裁勒伯为首的咨询团来到中国，他们肯定二滩水电站的选址和高坝方案，而坝型选择则倾向于双曲拱坝。咨询团非常详细地介绍双曲拱坝的建设经验，二滩坝址最具建双曲拱坝的条件，可以将双曲拱坝作为一个方案来研究。

双曲拱坝较之重力拱坝，当然工程量少、工期短，优势明显。就二滩水电站而言，如采用双曲拱坝，仅混凝土浇筑量就可以减少 200 万立方米，工期将大大缩短。只是双曲拱坝对设计和施工水平的要求更高。[1]

1979 年，潘家铮和水电总局专家三赴二滩，对二滩水电站地质、坝线、坝型、枢纽布置、施工导流等重大技术问题深入讨论研究。

经过湖南东江水电站的双曲拱坝之争和对拱坝试载法的深入研究，李鹗鼎和潘家铮当然倾向于双曲拱坝。但是，双曲拱坝方案迟迟不能确定下来。事实上从开始选择一次开发和高坝方案时就有不小的争议。

潘家铮在 2004 年出版的《二滩水电站工程总结》的序言中回忆当时的情况时说："二滩水电站工程的技术难度极高，尤其是那座 240 米高的双曲薄拱坝。中国能不能修建这座大坝，一直存在争议。二滩的开发方式有高、中、低三个坝高方案。有的人认为高坝方案是不可思议的，甚至有权威专家上书中央，断言二滩的坝只能修到百米左右。"

一直到 1982 年底，成都设计院完成《雅砻江二滩水电站可行性研究报告》，仍然在对高坝方案据理力争。[1]

李鹗鼎与潘家铮两位总工程师在 20 世纪 60 年代共同参加雅砻江大开发，对雅砻江的感情不言而喻。

1986 年，水利电力部副部长李鹗鼎以中国大坝委员会主席身份出席在瑞

---

1 参见《中国水力发电史（1904—2000）》（第三册）（第一稿），《中国水力发电史》编辑委员会编，中国电力出版社，2007.5，第 297–298 页、第 498 页。

士洛桑举行的国际大坝会议，他代表水利电力部邀请世界一流的大坝专家到中国来，专门咨询二滩大坝的设计。

名为二滩工程设计特别咨询组的大坝专家们抵达二滩是1986年的2月，从23日到28日共6天时间，这是对二滩大坝设计的一次世界级的检阅。

同年3月，特别咨询组提出咨询报告，肯定二滩是世界上最好的拱坝坝址之一，二滩水电站的初步设计比较成功，拱坝和枢纽布置方案满足二滩水电站极好的开发条件。同时，认为枢纽布置的设计可以再研究和改进。特别咨询组建议减小大坝底宽度，通过优化体型减少拱坝的混凝土量，降低坝肩开挖深度以减少土石方的开挖量，从而节约投资，缩短工期。

这些意见实际上就意味着二滩薄拱坝方案得以通过，而且坝体还有优化改进的余地，也就是说还可以做得更薄、更漂亮。

优化后的二滩拱坝让所有专家都叹为观止。坝底厚度由70.34米减到55.74米，混凝土浇筑量比原设计少了整整70万立方米，坝基土石方开挖量减少35万立方米，工程总投资按当年的物价计减少4.78亿元，工期可缩短1年，水轮机的水头由155米提高到165米，发电机单机容量从50万千瓦增至55万千瓦，总装机容量由300万千瓦增至330万千瓦。

优化后的中国第一双曲薄拱坝，坝高240米，坝体双曲立面呈抛物线形，坝体混凝土量达到409万立方米，最大泄洪量达到23900立方米每秒，单宽泄洪量为世界第一，显然是一个巨型工程。潘家铮在二滩水电站开工典礼的发言中说："二滩水电站的巨大导流隧洞中，可以放进北京的天坛。但坝体却显得轻盈、流畅而矫健，大坝挺立在二滩峡口，奔腾的雅砻江一碧平湖，在瞬间化为电光石火，通过超高压输电线路，跨越大凉山，源源不断地将电能输送到四川盆地。"

二滩水电站采用的是双曲薄拱坝，标志着中国坝工技术一步跨入世界领先水平。二滩双曲薄拱坝的坝高在当时位列世界第三位，但潘家铮说，一座坝的难度不能只看坝高。意大利的瓦依昂拱坝要比二滩拱坝高出 20 多米，但因为建在小溪之上，不久便因水库库岸滑坡而废弃。二滩拱坝则建在烟波浩渺的雅砻江上，要宣泄巨大的洪水，还要抵御强烈的地震，拥有巨大的地下洞室群，综合考虑之下，二滩拱坝的难度在同类工程中首屈一指。

潘家铮说："我相信每一位参观过二滩水电站的人，都会被这座高与天齐的大坝的美丽形象和光洁表面所折服，为泄洪喷出的条条巨龙和产生的波山雾海所震惊。无论从哪一个角度讲，二滩水电站证明中国水电建设从勘测设计到科研施工已达到国际先进水平，为进一步开发高难度巨型水电工程创造了典型条件。"

二滩水电站之后，溪洛渡、小湾、锦屏一级、构皮滩水电站等一大批巨型水电工程和 300 米量级的拱坝出现在长江各支流上。二滩水电站乃奠基之作。

江河情怀之小湾

小湾水电站位于云南南涧县和凤庆县交界的澜沧江干流之上，是澜沧江中下游流域梯级开发的第二梯级，装机容量 420 万千瓦，年平均发电量可达 188.9 亿千瓦时，是澜沧江干流水力资源开发的骨干工程和龙头水库。1991 年由昆明设计院对小湾水电站开展可行性研究的时候，正是全国水电行业最不景气的那一段时间，可行性研究报告于 1992 年 4 月经能源部和云南省在昆明联合审查通过，就杳无音信了。

潘家铮对小湾水电站是寄予厚望的。1991 年，他同李鹗鼎到小湾坝址考察，看到澜沧江上富集的水力资源，看到小湾优良的坝址，确定这是一个修建高拱坝的绝好"点子"。不仅是高拱坝，而且可以修筑当时世界上最高的高拱坝。1991 年 9 月，二滩水电站的 240 米量级的高拱坝开工兴建，小湾水电站再一次让他由衷欢喜，这个“点子”是可以修筑300米量级高拱坝的。[1]

300米量级的高拱坝，“点子”好是一方面，更意味着有许多技术挑战摆在面前，前期需要进行大量的勘探和科研攻关工作。但是，就在这时候，让潘家铮兴奋不已的当时世界第一高拱坝却被迫停留在他和昆明设计院同事们雄心勃勃的想象之中。

一年又一年，一等若干年。一拖再拖，拖延的已经不是一个工程，也不只是一群工程师的梦想，而是奔涌咆哮中白白淌走的宝贵能源！小湾水电站“上马”受阻，整条澜沧江开发将遥遥无期。

2006年4月，潘家铮在小湾水电站坝基浇筑现场

2005年，已是78岁老翁的潘家铮担任小湾水电站工程设计顾问组组长。当时，小湾水电站正在坝肩开挖施工，施工面宽还不到100米，钻机、挖掘机、装载机、出渣车簇拥在施工面上，机器轰鸣，但井然有序。谁都没想到，

1 参见《中国大坝技术发展水平与工程实例》，《中国大坝技术发展水平与工程实例》编委会编，中国水利水电出版社，2007.12，第268页。

而且谁都没法阻拦，潘家铮执意下到工作面看坝基开挖情况。头顶钻机轰鸣，空气里弥漫着岩粉呛人的味道，他全不在意。查看一番，他还久久不愿离开，眯起一双细眼，向上张望，再向上张望。

潘家铮站着的地方，是当时世界第一高拱坝起始的零米线。

昆明设计院的同志们都不能说出老人此时在想什么，但都能够理解潘家铮此时的心情。

第五章 守正与创新

守规矩与吃螃蟹

从 1957 年开始，潘家铮担任流溪河工程副总工程师、新安江工程设计副总工程师，“潘总”这个称呼就一直没有离开过潘家铮。“潘总”在水利界、水电界也是一个广为认可的称呼，潘家铮也愿意大家这样来称呼他。

潘家铮其实有很多头衔，学部委员、院士、各行业和专业学会的理事长、顾问等，但大家仍然称他为“潘总”。大家愿意这样称呼他，不是潘总经理，不全是潘总工程师的含义，而是大家总去找他，他总是伏案工作，总是为难为之事。

对“总工”这一角色潘家铮倒有自己的理解。他在文中写道：

在参与、主持和指导过许多水电工程建设后，我解决问题的能力有所提高，但同时更清楚地认识到像水电站这样复杂的工程建设，必须依靠集体智慧和群众力量。任何个人起的作用，包括在科研方面的努力，都是有限的。

从 20 世纪 80 年代起，我的职务不断变更，从做具体设计变为负责审查和指导，直到最后担任水利电力部的总工程师。就这一行业、这一部门来讲，这已是最高的技术职位了。我经常思考一个问题：这个总工程师的“总”意味着什么呢？是意味着总比人强？总比人知道得多？总比人正确？现实告诉我不存在这样的总工程师。因此，只能是另一种解释：能总结经验教训、能总结别人意见，以及能勇于负总的责任，乐于为年轻一代成长做梯子。[1]

这篇介绍自己几十年科研的心得与甘苦，当然也是写给年轻后学的。这是一位年过花甲的老工程师和老科学家的肺腑之言，也是潘家铮的人生领悟。

潘家铮说，要在水利水电工程上闯新路子，不仅要投入全部心力，还要承担很大风险，没有群众和集体做后盾是不可思议的。

读过这篇文章的人，对这段话的印象特别深，而且这段话被人频繁地引用。这当然体现着总工程师和科学家的谦逊和胸襟。其实这段话体现更多的，还是潘家铮对自己职业的理解与尊重，或者说这是在向自己的职业致敬。

业内人都知道潘家铮是一个敢于创新、善于创新，也勇于负责的总工程师，对此潘家铮有他自己的理解。

潘家铮说，每一项工程的每一项创新，每一项技术的新突破，每蹚出一条新路子，在当时的条件下都具有新意，又都有风险。那时候潘家铮血气方刚，又是设计代表组组长、设计总工程师，创新、突破乃钻研的结果。在一篇文章里，他有一个很有意思的比喻，他说当时的想法是总得有人吃第一只螃蟹。吃螃蟹的主意虽然是他出的，捉螃蟹、煮螃蟹、对螃蟹的试验等，大多都是集体的功劳。他说没有这样一个生龙活虎的集体而孤军奋战，螃蟹是吃不成的，或者要中毒。

从工程第一线锻炼出来的这位总工程师，对“集体”两个字的理解，要比在学院或者实验室里专注于理论研究的科学家更深一层。潘家铮每接手一个工程，每到一地或一单位解决具体技术问题，自己的课堂就带到那里。他的课堂大概除了在特殊时期中断过一段时间之外，就一直持续，他的身影一出现，后面肯定有一个讲座在那里等着他。20 世纪 50 年代上海设计院食堂地下室、新成立的广州设计院的讲堂、新安江工地，60 年代雅砻江边磨房

1 参见潘家铮撰《无限辛酸话科研》，收入《春梦秋云录——浮生散记》（第二版），潘家铮著，中国水利水电出版社，2000.12，第 329 页。

沟简易工棚，70年代乌江渡现场设计简易办公室、喧腾的葛洲坝工地、荒凉的龙羊峡帆布帐篷……足迹所到的地方，潘家铮那一口带有浓重绍兴水乡味的普通话总给大家留下深刻印象。课堂令人开启心智、茅塞顿开、受益匪浅。

潘家铮将自己的研究成果和学习心得毫无保留地及时传授给年轻的工程技术人员，丝毫不吝惜自己的热情。他希望年轻的工程技术人员尽快成长，迅速将书本知识转化为设计、施工技能。潘家铮讲座能坚持几十年，不能不说这里头有他对自己所从事职业的一种理解。最后，他将自己对职业的理解上升为“吃螃蟹”的哲学高度。

并不是每一个人都可以第一个吃到螃蟹。

潘家铮当年的许多“吃螃蟹”之举后来证明是可行的、科学的，被写进工程规范里面。但说起各种各样的规范，潘家铮又有他新的一番解说，甚至显得忧心忡忡。

1992年3月，能源部科技司主持论证《水利水电工程结构可靠度设计统一标准》送审稿，这个规范搞得非常好，水平也很高，其中一些关于结构安全可靠的标准修改，潘家铮也是认可的。

在会前，潘家铮跟能源部科技司副司长郦凤山交流，先肯定修改必要性，而后话锋一转：“老郦你听着，规范这个东西啊，是新技术推广唯一的阻力。为什么说它是阻力？因为规范是设计部门、审查部门用的一个东西。推广新技术，就不符合规范要求，谁都不敢用，谁都反对用。没有规矩不成方圆，规范实际上等于科技立法，不立法不行，无法可依，无章可循。但它还是一个阻力，我们国内的规范和标准常常是五年变一次，十年批准一次，因此新的技术在十年之内休想跟具体施工发生关系。”他说：“老郦啊，这个新出来的技术，在规范面前不能用，就在那里晒太阳，一晒就是十年，这怎么得了？我倒建议把咱们这个规范搞成活页的，成熟一个，装订进去一个。”

郦凤山多年主持水电工程科技攻关，深然其意。事实上在国外的规范里已经有这样做的先例，有些国家的规范只是一个大体的技术导则，具体工程问题还依靠工程师根据现场情况加以解决。他深感国内主持规范制定的部门墨守成规、太过保守，导致许多新技术都无法实施，自己使自己裹足不前。

邴凤山以为，这样尖锐的问题潘家铮只是跟他私下里说一说，这样重的话显然不宜在公开场合讲出来。开幕式上潘家铮讲话，在充分肯定这个标准修改的优点之处，在最后还是说了出来。潘家铮照稿宣讲，这是早已写好的稿子，但听来如鲠在喉，不吐不快。

我再对标准、规范问题说两点意见：其一，对于标准和规范要有一个辩证的看法，一方面，它是过去经验的总结，指导设计的法律，具有严肃性，我们每一位同志都要遵守它，不允许任意违反。另一方面，标准和规范必须不断地更新，不断地吸收新的东西，向前进步。我们每位同志又为更新它作出努力。两个方面是相辅相成的辩证关系。其二，标准和规范不宜定得太多、太琐碎，不能过分地束缚人的思想和手脚，否则还要设计人员干什么呢？规范应该规定一些大的原则、大的方向，应该留下一些活口，让设计人员去发挥他们的聪明才智。很多发达国家没有太多的规范、标准，但是并没有妨碍他们的科技进步，这件事是值得我们深思的。我们目前的规范体系可能还是从苏联的那套体系继承下来的，但是又有所“发扬光大”。我发现我们的每个部门都好心好意地希望能多搞一些标准，多定一些规范，以利于基层的设计工作。但是这样做的工作量非常浩大，效果并不明显。所以我一直主张少一些规范、标准，多一些手册、指南。在这个方面，我觉得在技术上的状况和政治、经济形势也有相似之处，也要改革搞活，同时在方向和原则上加以引导和约束。[1]

潘家铮的创新辩证，可谓切中要害。这篇讲话在当天的会议上引起专家们强烈的共鸣，多少年之后很多专家仍将这篇文章视为潘家铮创新思想的一

1 参见《潘家铮院士文选》，潘家铮著，中国电力出版社，2003.8，第 354-355 页。

篇代表作品。

大背管和氧化镁“风波”

湖北清江三级开发中的隔河岩水电站是国家“八五”计划中的重点工程，也是华中电网调峰的骨干电站。水电站坝高 157 米，装机容量 120 万千瓦，于 20 世纪 80 年代后期开工建设。这个水电站装机容量仅次于葛洲坝水电站，对于清江开发，对于湖北省的重要性当然不言而喻。清江属于长江支流，隔河岩水电站兼具防洪、航运、发电功能。它还是未来三峡工程的示范工程，按照世界银行贷款、国际招标的新体制建设运营，还有许多新技术、新材料的大量运用。

隔河岩水电站枢纽布置为引水式电站，在当时同类型水电站中，引水水头最高——121.5 米，全部采用压力背管引水。这个设计引起的争论特别大，因为当时国内的水电站还没有这么高水头的“大背管”设计。[1]

潘家铮主持隔河岩水电站设计审定会，看过这个设计之后认为这个“大背管”大胆而合理。就在审定会上，有专家持不同意见，要求做 1:1 的试验，还需要加固压力背管。潘家铮认为不必做这样的试验，因为国内已建水电站已经有此项技术的成功运用，虽然水头要低一些，但经过他自己的复核计算，这个“大背管”设计是没有问题的。

潘家铮一言既出，就等于肯定这个方案，但主张进行 1:1 试验的专家仍然坚持自己的意见。最后，坚持做试验的专家要求做备忘录，在备忘录里明确写上“潘家铮不主张做 1:1 试验，坚持不加固，出了问题由潘家铮负责”等语。当时的意见相左到这个地步，但是这个“大背管”设计运行 20 多年，

1 参见刘大中撰《隔河岩水利枢纽》，收入《长江志季刊》，1992 年第 4 期；另见《水电站坝后背管工程技术》，蒋锁红、夏忠、谢小平编著，科学出版社，2007.5，第 58 页。

实践证明没有问题。

有了隔河岩水电站100多米的“大背管”，才有了天生桥二期水电站和三峡工程“大背管”进水的设计。没有潘家铮的坚持，就不会有这样一个示范工程。在技术上、理论计算上没有问题的前提下，潘家铮总是鼓励年轻人创新。

福建水口水电站围堰采用碾压混凝土筑坝技术获得成功，这是福建省第一座引进世界银行贷款、实行国际招标的项目。1990年8月，水口水电站遇到了问题，不能按照世界银行贷款程序完成工期。当时福建省政府都感到棘手万分，因为工期拖延一年，损失就不单单是推迟一年发电的问题，世界银行官员当时也认为这个工程已经无可救药。

这个情况下，潘家铮来了。

当时水口水电站的问题让福建省政府很着急。福建省省长召集工程咨询专家会诊，却没什么效果；问题上报能源部，能源部也着急，每一座水电站对中国水电建设而言，都具有重要意义，可谓分分都是钱，哪里容得遭受如此大的损失？转任能源部总工程师的潘家铮受命而来。

潘家铮到工地了解情况之后，认为水口水电站工期是可以补起来的，不过不能按照传统常规的施工方法。其时正处于高温季节，对混凝土温控极为不利，潘家铮毅然决定将剩下的5个坝段全部采用碾压混凝土筑坝技术，并在混凝土拌和过程中掺入氧化镁。

潘家铮这一决定立即引起轩然大波，国际咨询专家甚至提出书面抗议，但是潘家铮坚持己见，也立下“军令状”，出了问题他一个人负责。他说：“外国专家的经验值得重视，但他们不熟悉中国国情，更不了解中国专家在某些领域中长期研究的成果，最后的决定得由中国人来下。”

话是这么说，潘家铮不是在赌气，他心里有底，他手里莫非握有出奇制胜的法宝不成？

难怪国际咨询专家提出抗议，氧化镁筑坝技术本来就是中国首创。潘家铮对负责咨询的外国专家说：“氧化镁筑坝技术这是中国的专利，中国的技术您不懂，我自己负责。”

首创这一新技术的正是潘家铮的娘家之一——华东设计院。早在20世纪70年代，该院工程师曹泽生即主持开展氧化镁筑坝技术的开发和试验，先后在白山水电站、石塘水电站取得成功，但运用还不是很广泛。曹泽生主持的试验在20世纪80年代初即得到潘家铮的热情鼓励和支持。[1]

从原理上讲，氧化镁筑坝技术就是利用氧化镁所具有的独特延迟性能来补偿混凝土的温度变形，防止温度裂缝，全部或部分地取代传统温控措施，达到快速施工的目的。

使用氧化镁不仅解决了混凝土坝防裂问题，而且简化温控可以实现长浇筑块通仓浇筑、连续浇筑、暑期全天候施工，就可以加快工程进度。因而氧化镁筑坝技术实则是一项快速施工技术，从某种程度讲，这是一项具有颠覆性的新技术。不了解的人以为就是为了抢时间、抢进度地蛮干，难怪能引起如此大的“风波”。

水口水电站若要抢回延误的工期，在当时工地并不具备实现传统温控的条件下，这项技术当是不二选择。

水口水电站5个坝段全部采用氧化镁筑坝技术，暑期24小时不间断施工，浇筑混凝土7.5万立方米，耽误的工期被抢了回来，实际上等于抢回了一座大坝、一座水电工程。水口水电站大坝运行至今，一直安然无恙。

小浪底孔板消能的思考

小浪底水利枢纽孔板消能泄洪洞的设计，潘家铮给予了热情支持。小浪

1 参见《氧化镁混凝土筑坝技术》，曹泽生、徐锦华编著，中国电力出版社，2003.6，第178–196页、第4–7页。

底水利枢组成为全国第一座采用孔板消能的水利水电工程。

孔板消能是怎么回事？还需要从小浪底工程特殊的枢组布置说起。

在黄河水利规划中，小浪底水利枢组处于承上启下控制黄河水沙的关键部位，是黄河干流三门峡以下唯一能够取得较大库容的控制性工程，是黄河规划中七大骨干工程之一。工程开发目标以防洪、减淤为主，兼顾供水、灌溉和发电，蓄清排浑，除害兴利，综合利用。[1]

1996年小浪底水利枢组开工之后，成立由包括李鹗鼎、潘家铮等担任顾问的技术委员会对小浪底枢组工程技术问题展开咨询，前前后后有23项重大技术问题，一一讨论，一一解决。潘家铮是能源部的总工程师，他从一开始就参与了小浪底水利枢组的技术组织工作。

首先是拦河大坝，小浪底水利枢组是国内当时最高的斜心墙堆石坝。

当时与小浪底水利枢组同量级的枢组大坝，要么是重力坝，要么是重力拱坝或拱坝。尤其是在黄河中游末端峡谷中，重力坝与重力拱坝在枢组布置上相对要好处理一些，厂房、泄洪建筑物都有成例可循。但偏偏这样一座具有战略意义的枢组遇到了不同寻常的挑战。

小浪底水利枢组坝址有80多米厚的覆盖层，都是砂砾石。从地质上讲，覆盖层为古河床沉积物，80多米之下才可以达到基岩。如果修筑混凝土重力坝或拱坝，要将这80多米厚的覆盖层全部挖除。但土石坝则不需要，覆盖层可以承受土石坝压力。然而土石坝又有一个问题，修筑土石坝时坝体本身要防渗，所以选择坝型为斜心墙土石坝，心墙要延伸出去，逆流上铺超过1千米并与黄河的河床相接。

坝下深覆盖层防渗也需要做防渗墙，防渗墙由钻机钻切出一个宽1.2米的深槽，再浇筑混凝土。这样小浪底水利枢组就有了当时两个国内第一：国内第一高土石坝，最大坝高154米；国内第一深防渗墙，深入地

1　参见《多级孔板消能泄洪洞的研究与工程实践》，林秀山、沈凤生著，中国水利水电出版社，2003.3，第1–2页。

下 80 多米。

小浪底水利枢组采用的孔板消能布置，准确的命名为“多级孔板消能泄洪洞”。即在泄洪洞中每隔一段距离在隧洞壁嵌入一个孔板，相当于在洞壁加了一道环状阻隔物，即环形凸坎，也称为“孔板环”。多级孔板即在泄洪洞内部设置多道消能孔板，水流经过多次收放，逐步将洪水携带的能量消解到安全范围。

20 世纪 70 年代最初设计小浪底泄洪设施的时候，还不是多级孔板消能结构，当时有许多方案。但论证来论证去，这些方案不是有这样的弊端，就是有那样的毛病。直到 1984 年 4 月，美国柏克德工程公司考察黄河小浪底、龙门工程坝址和三门峡水利枢组之后，对小浪底水利枢组搞过一个中美联合设计，叫作“轮廓设计”，首次提出采用多级孔板消能泄洪结构的设想，即利用导流隧洞改建多级孔板消能泄洪洞的方案。

这个设想提出来，在当时也仅仅是一个设想。但这个设想的优势显而易见，可以减少山体开挖，省工省力。从 1985 年开始，黄河水利委员会一方面组织人员到国外学习，另一方面组织国内的科研单位和高校就孔板消能泄洪洞的重大技术课题进行反复的试验研究，提出 30 多项科研报告和成果，包括到正在建设的甘肃碧口水电站，将排沙洞改建为孔板消能泄洪洞并按比例开展中间试验。试验的结果表明，孔板消能泄洪洞在技术上是安全可靠的，消能效果非常明显，可消解 40% 到 50% 的能量。

这些试验与研究可以用“不厌其烦”来形容，试验达到上万次。除了孔板设计本身的水力学试验，还有山体因洪水冲击震动的数据采集、泄洪洞中布置试验、孔板过流原型观测试验等。孔板凸坎硬缘即孔板消能结构与洪水直接接触的边缘用材，也经过反复试验，刚开始选择氧化铝陶瓷，直到最后才决定用加铬 20% 的高铬铸铁，极大地提高了强度。

各种试验紧张进行，孔板消能泄洪的方案也一再比选优化，先有五级、四级方案，到 1990 年最后设计拿出来之前，由于山体防渗帷幕位置限制等原因，决定将 3 条四级泄洪洞全部改为三级。[1]

潘家铮对这个设计非常赞赏，称之为一个“科学而巧妙”的构思。

一个在国内没有任何经验，在国际上也经验甚少的新技术，用在小浪底水利枢纽这样的大工程上保险不保险？引发争议也是预料中的事情。1990 年由潘家铮来主持小浪底多级孔板消能泄洪审查会，在业内由能源部总工程师为一个工程的具体技术问题主持的会议，当是一个相当高级别的会议，与闻其事的都是水电行业的重量级的专家和学者。

各科研单位和高校根据反复试验数据来说明，孔板消能泄洪方案是可行的；也有专家提出，尽管试验的结果让人信服满意，但毕竟在碧口水电站进行的试验是按比例缩小的试验。碧口水电站的坝高与小浪底水利枢纽的坝高不可同日而言，试验的压力水头要小得多。这个试验结果用在小浪底水利枢纽这样大的工程上可能有问题，是不是搞一个隧洞进行试验，如果有问题还可以补救。如果 3 条隧洞同时上马孔板消能泄洪，万一有什么问题那就糟了。

潘家铮在这个会议最后，全力支持这一“科学而巧妙”的设计。潘家铮不遗余力地支持，对年轻而敢于接受挑战的设计者们给予热情鼓励。事实证明，小浪底多级孔板消能结构不仅独特，而且有效。

1999 年 6 月，1 号导流隧洞改建为孔板消能泄洪洞；次年 6 月，2 号、3 号导流隧洞改建为孔板消能泄洪洞；2000 年 4 月、11 月，1 号泄洪洞分别在 210 米和 234 米库水位下进行两次原型过流观测试验成功；2002 年 7 月，3 号泄洪洞参与黄河调水调沙试验，巨量水体沿孔板洞喷薄而出，如“黄龙”抬头，孔板泄洪洞安然无恙。此后若干年，小浪底水利枢纽的调沙、调水泄洪成为万里黄河上一道定期出现的奇观。

到小浪底水利枢纽工程最后竣工，多级孔板消能泄洪这一方案，经历了

1　参见《小浪底工程——黄河治理开发的重大决策》，治理黄河研究组编著，河南人民出版社，1991.6；另见《多级孔板消能泄洪洞的研究与工程实践》，林秀山、沈凤生著，中国水利水电出版社，2003.3。

整整 15 年时间。

小浪底水利枢纽工程的多级孔板消能泄洪并没有给潘家铮带来多少诗情，老人望一眼小浪底，只是会心一笑，转过头来说了另外一番话。

在水利工程中应不应该与时俱进地不断创新？答案无疑应该是肯定的。所谓创新，包括新思路、新理论、新结构、新材料、新设备、新工艺、新管理等。搞技术创新并尽快用于实践，转化为生产力，代表人类文明的发展和前进方向，影响国家民族的前途，水利建设岂能例外？但任何新技术，既冠名为新，就意味着缺少实践经验和存在一定风险，而大型水工建筑物又不允许失败，如何既保证安全又促进技术进步便成为一对矛盾。

我认为，解决这个矛盾的方针是慎重与积极并举，不可偏废。所谓慎重，就是保持头脑清醒，不做无根据和无相当把握的事。所谓积极，指思想上确信创新和发展是人间正道，满怀热诚地欢迎新事物，采取各种措施为其成熟和采用创造条件。在这个原则下，再根据工程实际情况，区别对待，实事求是论证，就不难作出正确的结论。[1]

这番关于科技创新的思考，由小浪底水利枢纽工程生发出来，这像是自言自语，却不是自言自语。每一项集合着众多智慧与胆识的新技术都会给予潘家铮无限的欣喜。

潘家铮极大极小原理

随着计算机技术普及应用，潘家铮苦苦探索近半个世纪的滑坡问题的研

1 参见《多级孔板消能泄洪洞的研究与工程实践》，林秀山、沈凤生著，中国水利水电出版社，2003.3，潘家铮序言。

究解决也有长足进展。

潘家铮早在20世纪50年代就开始对滑坡问题进行深入研究。他在1949年陈文港实习时第一次领教到岸坡滑动的威力，之后他亲历有黄坛口西山滑坡、新安江左坝边坡滑坡、磨房沟调节池滑坡、阿尔巴尼亚菲尔泽布拉瓦滑坡、龙羊峡查纳滑坡等，他意识到水电工地的滑坡几乎是常态，鲜有例外，或者说有例外也是个别例外，只是规模大小不同罢了。滑坡也绝不仅仅局限于边坡滑动那么简单，属于滑坡问题的现象林林总总，简直充斥于工程的每一个关键部位。因此，水电工程设计中必须考虑到滑坡机理、分析方法和处理措施。

国外早有工程师和科学家注意到了这个关乎大坝工程安全、甚至兴废的滑坡问题。

传统计算滑坡的方法有“瑞典条分法”，这个方法创建于20世纪20年代到40年代。它是将滑动面假定为圆弧，计算中不考虑分条之间的作用力，从而大大简化了计算工作。40年代之后，不少工程师致力于改进这个方法，他们努力的方向大致有两个方面，一方面是探索最危险圆弧的位置，编制图表、曲线，以减少工作量；另一方面是研究滑裂曲面的形状。直到50年代到60年代，国际上地基承载力和土压力作用技术突破，推广相关技术使滑坡分析适用到任何形状的滑面，取得了不少成果。[1]

潘家铮在对滑坡稳定分析中也是从最简单的“瑞典条分法”开始，方法很简单，而且总能得出一个安全系数，后来潘家铮就产生了质疑。这种方法计算中的假定太多；滑动面为什么一定是圆弧？还有诸多疑问。此后，他又看了许多其他的计算法，都不能较彻底地解决问题。[2]

具体工程中的失稳滑坡一次次让潘家铮获得灵感，又一次次让他陷入困

1 参见《建筑物的抗滑稳定和滑坡分析》，潘家铮著，水利出版社，1980.6，第二章、第三章。

2 参见潘家铮撰《无限辛酸话科研》，收入《春梦秋云录——浮生散记》（第二版），潘家铮著，中国水利水电出版社，2000.12，第327页。

境，最终他另辟蹊径，把探讨的问题归纳为两个：其一，边坡滑动失稳时，沿哪个破裂面发生，如何确定这个最危险的面？其二，滑动失稳时，滑体边界上和内部的应力是如何分布的？回答这两个问题的结果，就是国内外学术界公认的“潘家铮极大极小原理”（亦称“潘家铮最大最小原理”），也称为“潘家铮公设”。这个命题提出来，是在20世纪70年代，文章收入1980年出版的《建筑物的抗滑稳定和滑坡分析》。

潘家铮从理论上回答了滑坡分析的问题，这成为指导滑坡极限分析的重要理论准绳。但是回到实际问题上来，这样做的计算量是一件不可思议的事情。

潘家铮曾取均质土坝和直线边坡用最简单的方法加以计算，这两种边坡失稳情况是诸多滑坡中最简单、最直观的失稳案例，他希望从中找出最危险的滑动面所在，进而探索有何规律。即便这样简单的案例，计算起来都甚为繁杂，算稿堆得桌上桌下到处都是，答案依然遥不可及。潘家铮在这个问题上用力近40年，最后连一篇小论文都写不出来。他感慨道：“这是一个以安全度为目标函数的寻求极值问题，要解决它必须有赖于非线性理论和计算技术的发展，靠‘小米加步枪’是攻不下这个堡垒的。”

直到1981年，昆明设计院的孙君实在潘家铮指导之下，两人合作利用模糊数学工具，最后在计算机上实现这一套算法，可以解算任何复杂边坡的稳定问题，自动寻找出最危险滑动面。这就是边坡设计领域著名的“潘家铮—孙君实算法”。[1]

另外一位科学家陈祖煜则敏锐地认识到“潘家铮极大极小原理”的价值所在。在20世纪80年代初，陈祖煜即在《清华大学学报》发表文章，说明这一原理在理论上与塑性力学的上下限定理是一致的。

陈祖煜是中国著名的滑坡问题专家，他看到过许多大大小小的滑坡。

1　参见潘家铮撰《无限辛酸话科研》，收入《春梦秋云录——浮生散记》（第二版），潘家铮著，中国水利水电出版社，2000.12，第326–328页。

有一次他们前往西藏考察一个滑坡灾害，看到原来巨大的岩石大块地滑动下来之后，在瞬间被磨成齑粉，坚硬的岩石变成满眼浮土，这正是对“潘家铮极大极小原理”的最好诠释。

一直到20世纪90年代，计算机技术普及应用，陈祖煜编了一个程序，对边坡不同剪应力方向做了大量计算，发现安全系数的极值确实是存在的。证明的最后结果归零，陈祖煜掷笔长叹——萦绕心头多少年的“潘家铮极大极小原理”，在边坡楔形体稳定分析领域终于通过严格的数学推理得到了证明。

陈祖煜的论文发表在《国际岩石力学和采矿工程学报》上，这是中国科学家首次向国外介绍“潘家铮极大极小原理”的一篇论文，也是向全世界宣布，中国科学家用数学证明了“潘家铮极大极小原理”。

文章发表之后，潘家铮在第一时间就看到了，顿时大喜过望，马上拿起电话打给陈祖煜。陈祖煜很清楚地记得，当时自己正下班骑车回家，忽然手机响起，潘家铮兴奋地说：“非常高兴，非常佩服。”

这是两位科学家智慧相通、心心相印的欢悦。[1]

几十年探索，两句话里面包含了太多的内容。

潘家铮在他的回忆录里写道：陈祖煜同志又从塑性力学上下限定理证明了“潘家铮极大极小原理”，对计算理论和程序做了探讨与改进，并拓展到三维问题，使我国在这一领域中的研究达到国际先进水平。

关于滑坡问题，潘家铮进而感慨道：一个普通的边坡稳定问题要经过两三代人近50年的探索，而且要在数值分析的软硬件技术发展到一定水平后才能初步解决。即使如此，这个解算主要适用于土体边坡问题，对于条件复杂的岩质边坡还有不少疑难问题存在，有很长的路要走。

这是余话。潘家铮跟陈祖煜的余话尚多，不妨一述。

1　参见陈祖煜撰《纪念潘家铮——恩师、挚友》，收入《永远的潘家铮》，中国水力发电工程学会、中国水利水电出版社编，中国水利水电出版社，2013.6，第27–30页。

两个人的交往，应当视作潘家铮与年轻一代科学家之间交往、交流的一个缩影。

其实两个人从 1982 年相识，多年在一起交流的时间加起来也不会超 3 个小时，但潘家铮对陈祖煜却是了解的。最初他主持“水工建筑物设计专用程序包”讨论会，当时陈祖煜刚刚从加拿大留学回来，在这个讨论会上介绍跟摩根斯顿教授改进的边坡稳定分析程序。潘家铮第一次知道陈祖煜对边坡稳定分析方法所作出的重大改进，以及编制具有前沿性的程序，非常高兴。

1992 年，陈祖煜与澳大利亚科学家 Donald 教授合作，在斜条基础上应用数值方法无条件地获得一系列土坡稳定经典问题的闭合解。回国之后，他向潘家铮汇报这些成果，还不等他说完，潘家铮认真地说：“你刚从国外回来，为什么不做一个讲座，系统地介绍这个研究工作？”

陈祖煜反问：“您有时间来听吗？”

潘家铮回答：“有！”

陈祖煜当时在中国水利水电科学研究院岩土力学研究所工作，所谓“学术讲座”在形式上就是同所里同事们在一起开一个小会。开会的那一天，陈祖煜和同事们坐在会议室，哪里知道潘家铮果然如约而至。这个岩土力学研究所里的小型会议马上升格为由院长和院总工程师主持的学术演讲会。会后，潘家铮总结：

我之所以来参加陈祖煜同志的学术报告会，和我的一番经历有关。20 世纪 50 年代初，我在上海设计院工作，被叫到北京来参加一个学习班，说苏联有个叫索科洛夫斯基的教授，提出了一个极限平衡法，把岩土力学里的所有问题都解决了。但是索氏方法后来没有在工程中得到广泛应用，原因是这个纯理论的解析法，只能在几个极为简单的例子中获得闭合解，很难处理实际工程问题。今天，我终于高兴地看到，我们中国科学家使用数值分析方法，可以针对很多实际工程问题无条件地得出这一理论问题的解答了。[1]

陈祖煜是潘家铮喜欢和欣赏的一位年轻后学。其实也不仅仅陈祖煜，与他打过交道的科学技术人员可以列出一个长长的名单。潘家铮去世之后，曾经出版一本潘家铮为青年科学家和技术人员写的序言集——《序海拾珍》，这是一个并不完备的集子，尽管不完备，也已经达到 20 万字。

君子之交，其淡如水。互相欣赏，互相照耀。潘家铮自己在学术上为中国的水利水电建设事业留下一笔丰厚的遗产，同时也烛照、引领着许多后学前行探索的道路，毋宁说也是总工程师胸怀的另外一种体现。

1 参见陈祖煜撰《纪念潘家铮——恩师、挚友》，收入《永远的潘家铮》，中国水力发电工程学会、中国水利水电出版社编，中国水利水电出版社，2013.6，第 28 页；另见《土质边坡稳定分析——原理 · 方法 · 程序》，陈祖煜著，中国水利水电出版社，2003.1，潘家铮序言。

第三篇
三峡之子

对三峡工程贡献最大的人是那些反对者。正是他们的追问、疑问甚至是质问，逼着你把每个问题都弄得更清楚，方案做得更理想、更完整。

——《潘家铮全集》

第一章 从反对者到支持者

三峡初梦

潘家铮的名字与三峡工程分不开。

潘家铮说，“三峡，真是一个引人做梦的地方。”

潘家铮这样说，许多人都这样说。从宜昌上溯即著名的长江三峡，这里遗落着多少人的梦？怕是难以统计。古人的梦，今人的梦，国人的梦，洋人的梦，往昔之梦，未来之梦，……，不一而足。

潘家铮童年时期，即不止一次读过宋玉所作《神女赋》和《高唐赋》。年稍长，又读郦道元的《水经注》。“巴东三峡巫峡长，猿鸣三声泪沾裳”，每读至此，虽未身临其境，也会珠泪潸然。

在潘家铮之前，三峡工程已经是一个非常冗长的故事，说起来多少有些啰唆。但还必须说，不然之后关于三峡工程旷日持久的争论就无法理清。

1918 年，孙中山在上海闭门潜心著书，总结其“奔走国事三十余年”的经验。1919 年 2 月，其用英文撰写的《实业计划》各篇，包括《国际共同发展中国实业计划书——补助世界战后整顿实业之方法》等文章，译成中文在他创办的《建设杂志》上陆续发表。随后，这些文章被汇集为《建国方略》于 1921 年 10 月 10 日正式出版。

《建国方略》首次论述开发三峡水电资源：

自宜昌而上，入峡行，约一百英里而达四川之低地，即地学家所谓红盆地也。此宜昌以上迄于江源一部分河流，两岸岩石束江，使窄且深，平均深有六寻（三十六英尺），最深有至三十寻者。急流而滩石，沿流皆是。

改良此上游一段，当以水闸堰其水，使舟得溯流以行，而又可资其水力。其滩石应行爆开除去。于是水深十尺之航路，下起汉口，上达重庆，可得而致。

孙中山的这段话，也仅仅是对开发三峡水电资源的一个设想。直到1924年，孙中山在广州国立高等师范学校举办讲座，系统讲解他的“三民主义”，共计16讲，其中在“民生主义”里，再一次把扬子江[1]上游开发当作发展民生的重要项目提出来：

像扬子江上游夔峡的水力，更是很大。有人考察由宜昌到万县一带的水力，可以发生三千余万匹马力的电力，像这样大的电力，比现在各国所发生的电力都要大得多。不但可以供给全国火车、电车和各种工厂之用，并且可以用来制造大宗的肥料……让这么大的电力来替代我们做工，那便是很大的生产，中国一定是可以变贫为富的。

孙中山对于扬子江开发的设想可谓宏大。有意思的是，孙中山对于三峡所蕴藏的电力资源的估量竟然与几十年之后三峡水电站的装机容量相差无几。以当时的勘测与勘探水平，这个估计也只能是一个估计，却奇妙地与半个多世纪之后的现实相吻合，不能不说是历史巧合。

1919年，英国工程师波韦尔来扬子江实地考察，并提出《扬子江三峡水电开发意见》；1929年，国民政府水利部部长陈湛恩在《扬子江水道月刊》发表《扬子江最近之情势及整治意见》一文，提出开发扬子江三峡水能电力

1 扬子江，是长江从南京以下至入海口的下游河段的旧称，也代指长江。

的选址、规模、投入、反馈意见，这应该是中国第一个开发三峡水电的初步设计。

中国人对三峡工程的第一次现代构思灵光一闪。

孙中山关于扬子江开发的设想，是新兴的国民政府振兴民族工业和庞大经济计划中的一小部分，从提出来的那一天起，从来就没有停留在口头上。

1944 年，国民政府战时生产局美籍顾问潘绥，建议利用美国贷款，在三峡建设装机容量 1050 万千瓦的水电站，利用廉价的水电生产化肥，化肥出口美国偿还贷款。

同年，正在印度巴克大坝做工程顾问的美国著名的坝工权威萨凡奇来华，潘绥向他介绍自己给国民政府的计划。萨凡奇不顾自己已经 65 岁高龄，在中国工程师的陪同下查勘三峡。其时抗战还未结束，查勘范围只限于西陵峡末端南津关一带的石牌到平善坝河段，之后，他提出《扬子江三峡计划初步报告》，这就是著名的萨凡奇计划。

萨凡奇计划南津关上游约 200 米处建设壅水坝，水库蓄水位 200 米高程，水电站装机容量 1056 万千瓦（后经美国垦务局修正为 1500 万千瓦），单机容量 11 万千瓦。大坝设船闸通航，万吨轮船可以通达重庆，同时还可以充分拦蓄洪水。这个计划可发挥防洪、航运、发电、给水、灌溉、旅游等综合效益。[1]

多年之后，潘家铮对萨凡奇的举动仍然甚是钦佩。

可惜，萨凡奇最终没能够看到三峡工程变为现实。三峡工程前期的勘测与设计在萨凡奇的推动之下，一步步初现轮廓，但战争将这一初现的轮廓击得粉碎。1947 年 5 月，国民政府宣布“三峡工程暂告停顿”。接着，国民政府资源委员会主任委员翁文灏旋函美国垦务局及萨凡奇，称有关三峡计划工作，“因国内经济困难暂停”，并召回在美的中国工程技术人员。[1]

萨凡奇错愕惋惜，连叹“遗憾，遗憾”。

1 参见《国民政府资源委员会研究》，薛毅著，社会科学文献出版社，2005.4，第 250–251 页。

这一年，萨凡奇 68 岁。

三峡工程倾注了萨凡奇老人太多的心血。他根据还在三峡继续勘测的中国工程技术人员传回的地质资料，初步完成了各种拦河坝、电站、船闸等比较布置，各配套工程比较设计，主要设计图样及施工规范、洪水量、水库容量、航运深度、坝顶高度设计等工作。老人还准备在 1947 年 7 月再度来华考察，然而三峡工程“暂缓”，行程只得取消，他失望至极。

民国时期的“三峡梦”在炮声中骤然停止，但遗泽深远。中国第一代水电工程师团队就是在早期三峡工程中锻炼成长起来的。50 多位赴美工作的工程技术人员回国之后，分门别类带回大量水电建设资料，成为新中国水利、水电建设的重要参考。

这些资料，就是潘家铮在钱塘江水电勘测处听说的那些“秘籍”，幸好徐洽时老前辈慷慨大度，让潘家铮负责将萨凡奇来华时留下的 600 多份技术备忘录全部翻晒复制。此时，潘家铮刚刚参加工作，美国 600 多座大坝工程建设的技术备忘录让他眼睛一亮，进而将他带到了新中国水电事业的大门口。

从这个意义上讲，潘家铮跟三峡工程的渊源其实不浅。

开始是一个“反对派”

潘家铮有了关于三峡的梦想是后来的事情。

他刚开始接触到三峡工程，很大程度上还是职务行为，没有一点点梦的意思。有的倒是犹豫、怀疑，甚至某种程度的抵触。1986 年之前关于三峡工程争论的出版物中，暂时还找不到潘家铮的名字。

这并不意味着潘家铮能够超然物外、作壁上观，由三峡工程的“反对派”转变为一个“主上派”，有一个过程。所谓“反对派”“主上派”，只不过是一个标签。但至少说明，潘家铮是审慎的、冷静的。

直到20世纪80年代三峡工程再次提出的时候，潘家铮仍然直言不讳承认自己是一个“反对派”。他在2002年接受央视《大家》栏目采访时，说得更直接。

20世纪五六十年代，我们国家的实力也好，技术水平也好，无论从哪个方面来看，都没有修“三峡工程”的条件，主张“三峡工程”马上上马，这不但是不现实的，而且是非常有害的。因为如果当时仓促上马，不仅工程干不成，而且必然半途而废，还把应该做的事都耽搁了。当然我根本没有深入考虑这件事情，我当时地位很低，也轮不上我去考虑。[1]

潘家铮第一次接触到三峡工程，是在1983年，水利电力部水电总局已更名为水利水电规划设计院（简称水电规划院），潘家铮仍任总工程师。

1983年，潘家铮随水利电力部部长钱正英访问美国、巴西。回国之后，他受命起草向国务院提出尽快开发三峡水资源和核电建议的文件。

这个时候，争论了多少年的三峡工程好像很快就要上马的样子，从水利电力部到长江流域规划办公室（简称长办），从中央领导人到国务院，对于三峡工程兴趣特别浓厚。

党的十一届三中全会召开，国家的工作重心转移，生龙活虎、蒸蒸日上、令人缅想的改革开放大幕徐徐开启。

1979年4月，长办给国务院写报告，要求上马三峡工程。同月，国务院开会讨论三峡工程。6月，200多名专家到三峡地区选择坝址。[1]

一个客观事实是，改革开放的大背景，让三峡工程的实施变成了可能。用潘家铮的话来讲，此时提出三峡工程还是“小心翼翼”的，小心翼翼地将之列为“四化”建设的重大项目。

1　参见《大家·10》，薛继军主编，商务印书馆，2010.7，第128页。

1980年，邓小平赴三峡考察。1982年11月，国家计划委员会（简称国家计委）向中央汇报关于工农业总产值翻两番的规划，谈到三峡工程高、中、低几种方案，邓小平有一句指示，不拖泥带水："我赞成这个低坝方案，看准了就下决心，不要动摇。"有邓小平的指示，三峡工程像窖藏了二十多年的一坛老酒被启封了。[1]

这个低坝方案，就是"150米方案"。150米，指的是三峡工程的正常蓄水位。

关于三峡工程的正常蓄水位，20世纪50年代设计的是235米，因为会淹没重庆，中央领导要求不能超过200米。但随时间推移，移民问题又凸显出来，三峡工程设计坝高几次增减盈缩。1981年还有一个非常低的128米方案（坝顶高程145米），为的就是减少三峡初期投资和移民数量。淹没和移民是减少了，但是无论是搞水利的还是搞水电的，都知道这是对三峡水电资源的一个巨大浪费。防洪库容谈不上，装机容量仅有600万千瓦，他们有一个形象的比喻：这是在足球场上修建了一个羽毛球场。

确定"150米方案"是在1984年。具体指标是，防洪库容140多亿立方米，装机容量1200万千瓦，移民不超过40万人。这个方案比后来七届全国人大五次会议审议通过的最终175米方案113万移民要少近三分之二。1984年，国务院批准这个"150米方案"，要求即刻"三通一平"，做好前期准备工作，同时筹建三峡特别行政区（三峡省），争取在1986年正式开工。[2]

国务院最终确定的这个"150米方案"，长办方面并不满意，水利电力部其实也不满意，他们把这个方案称之为"小裤衩方案"——三峡工程那么大一匹布、一匹绸缎最后缝了一个小裤衩。但长办几十年"迷信"三峡工程，还真有一股子坚韧不拔的劲头。多少年的辛苦总算没有白费，三峡工程终于

1　参见《林一山回忆录》，林一山著，方志出版社，2004.7，第349–351页。

2　参见《梦断长江：三峡工程的决策与论争》，王玮著，广西人民出版社，1993.8，第33–35页。

可以从构思里面走出来了。何况当时的中央领导说，子孙总比我们聪明，如果以后需要，他们会想方设法加高大坝的。

这时候，以李锐为首的“反对派”，还有以林一山为代表的“主上派”，老话重提，剑戟相击，你来我往，不亦乐乎。争论再起，旷日持久，这一争就又是13年。

反对之声来自重庆。1984年11月7日，重庆市向中共中央提出《对长江三峡工程的一些看法和意见》，认为“150米方案”回水末端在重庆以下的洛碛和忠县之间，重庆以下较长一段天然航道没有得到改善，三峡工程修建完后，到了枯水季节万吨船队还不能抵达重庆。而且回水末端泥沙淤积，反而恶化重庆现有的航道和码头条件。据此，重庆方面提出一个“180米方案”。重庆主张的高坝、中坝方案要淹没大量土地和居民区，这样的牺牲换一个三峡工程，他们认为是值得的，可见重庆方面对三峡工程的决心之大。[1]

重庆的意见，代表了大部分拥护上马三峡工程者的心声。

原来的反对者呢？此时更加反对。即便在1984年之前，反对三峡上马的声音一直没有消停过，曾经有过一次争论的小高潮。

20世纪80年代中期，三峡工程上还是不上，早上还是晚上，再一次成为公众瞩目的焦点。

关于三峡工程问题的争论很快被推高，被推出工程技术、河流规划范围，深入到了更为广泛的社会层面。

第一个作出公开回应的，正是邓小平。1986年3月31日，邓小平接见美国《中报》董事长傅朝枢时说：“中国政府所做的一切事情都是为了人民，对于兴建三峡工程这样关系千秋万代的大事，一定会周密考虑，有了一个好处最大、坏处最小的方案时，才会决定开工，决不会草率从事的。”

---

1 参见《长江三峡：半个世纪的论证》，卢跃刚著，中国社会科学出版社，1993.12，第12-13页、第36页。

中共中央于1986年决定对三峡工程进行重新论证，其目的，就是要论证拿出一个“好处最大、坏处最小”的方案。

1985年刚被任命为水利电力部主管水电的总工程师的潘家铮，被任命为三峡工程论证领导小组副组长兼技术总负责人。

在这样的背景下，潘家铮被推到了前台。

主持重新论证

1986年，潘家铮虚60岁，一个甲子。

1986年6月，中共中央、国务院下达15号文件《关于长江三峡工程论证有关问题的通知》，责成水利电力部负责重新组织三峡工程的论证工作。钱正英任论证领导小组组长，陆佑楣、潘家铮任副组长，潘家铮同时兼任技术总负责人，论证领导小组还有史大桢、杨振怀、娄溥礼、陈赓仪、黄友若等12名成员。

重新论证工作，其组织的严密与细致程度在中国工程建设史上不仅空前，也将绝后。

国务院15号文件将工程决策分为三个层次。第一层次，水利电力部负责组织论证，提供决策依据；第二层次，由国务院组织三峡工程审查委员会审查重新提出的可行性报告，提请中央和国务院批准；第三层次，提请全国人民代表大会审议通过。

具体到水利电力部的论证领导小组，国务院15号文件明确指出，论证“要注意吸收有不同观点的专家参加，发扬技术民主，充分展开讨论”。文件说得非常明白，要充分听取反对意见，科学论证，更要民主论证。

水利电力部领导认为：要完成中央交下的任务，做好重新论证工作，一要依靠各界的监督指导，二要依靠专家的研究分析。

在监督指导方面，论证领导小组商请全国人大财经委员会、全国政协经济建设组、国务院经济技术社会发展研究中心、中国科学院、中国科学技术协会、财政部、交通部、机械电子部、四川省、湖北省、国务院三峡地区经济开发办分室等单位推荐人选，选聘为特邀顾问，共 21 位。

潘家铮在《三峡工程论证始末》一文中称，特邀顾问“都是德高望重，经历丰富，负责或负责过重要部门或全国性科技组织的领导，并带有广泛的代表性”，这个说法的确是实情。

具体论证工作由专家组承担。

首先确定论证专题，共计地质地震、枢纽建筑物、水文、泥沙、生态环境、施工、机电、投资估算、移民、防洪、发电、航运、综合规划与水位、综合经济评价等 14 个方面，相应成立 14 个专家组。

应该说明的是，这 14 个专家组是在 1984 年国家计委、国家科委组织的全体专家基础上组成的，再聘请各专家组顾问、组长和专家，这些专家来自国务院所属 17 个部门、单位，中国科学院所属 12 个院所，28 所高等院校和 8 个省市专业部门有各种专长的专家，共计 412 位。

选择专家时，既考虑了德高望重的老专家，也考虑了一些作出卓越贡献的中青年专家，同时还吸收了有关部门和地方的代表以及有各类不同意见的代表，每个专家组的成员都具有较为广泛的代表性。

专家组后面还有来自高等院校及设计、勘测、科研等单位的数千技术人员，承担试验、勘测、调查、计算、研究任务，以支持专家组开展工作。除此之外，国家科委还组织相关的科技攻关项目。

论证工作从 1986 年 6 月正式开始，历时 2 年多，论证领导小组经过 10 次会议讨论，于 1989 年 1 月最终通过长江水利委员会重新编制的正常蓄水位 175 米的《长江三峡水利枢纽可行性研究报告（审议稿）》，重新论证工作画上了圆满的句号。

如果按照大事记的表述方式，重新论证工作似乎只能落下这样一条简单的记载。简单的记载远不能记述论证过程的艰难。一切都出乎潘家铮的意料。

1986 年之前，潘家铮还对三峡工程有所疑虑。作为一个严肃的科学家和实践经验丰富的大坝工程师，他的忧虑当然不同于所谓“主上派”或者“反对派”。对三峡工程的态度，他自己是这样来总结的：“长期以来，我是一直赞同李锐反对三峡工程意见的，只是没有他那么坚决。”

为什么没有李锐那样坚决呢？因为潘家铮在 20 世纪 80 年代初期参与解决葛洲坝工程的重大技术问题，对葛洲坝工程建设过程中所遇到的曲折和困难非常清楚，但是最后工程还是建成了。所以潘家铮在 80 年代初关于三峡工程争论中虽然是一个旁观者，却并不意味着他不关心三峡工程。

潘家铮从来就不是一个轻易被说服的人，或者说并不是一个盲从的人。

比方，潘家铮对“主上派”一味强调的三峡工程建成之后的防洪作用有不同意见，在 1986 年 6 月他在回答《科学报》记者提问时这样说：

> 由于长江特大洪水的峰和量过大，单纯依靠一种措施难以奏效，必须把三峡水库、荆江大堤加固加高，设置临时分洪区，加强预报调度和各种非工程措施结合起来才能较好解决问题。强调一点否定其他是不妥当的。所以我反对夸大三峡工程的防洪作用，也反对把它的作用说得一无是处，甚至说成比不建更坏。事实上，三峡工程在川江发生的特大洪水要威胁下游荆江大堤时，确实能够发挥作用，将流量削减到 8 万立方米以下，保证大堤安全，避免产生不堪设想的后果，减少或避免利用荆江分洪区（分洪一次的损失也是惨重的），这一作用非其他措施所能替代。[1]

1　参见《长江三峡工程争鸣集：总论》，中国科学院成都图书馆编，成都科技出版社，1987.1，第 168–169 页。

这时候，潘家铮脑子里已经树立一个思想，就是认定中国人能够在长江上修坝，既然能修葛洲坝工程，那么三峡工程在技术上就没有什么不可逾越的，长江并没有那么可怕。

这是一个工程师经过实践之后，从技术层面树立起来的信心。

潘家铮对三峡工程总的态度是：

早在 20 世纪 50 年代，建设三峡工程的计划就被提出。那时我是反对的，因为不仅这种计划脱离当时国家现实，而且其指导思想也不完全正确，大量技术问题都没有搞清，甚至还没有认识到。如果在那时兴建三峡工程，恐怕真将成为一场灾难。

时间已过去三十多年，现在的情况有了极大变化。国家已确实需要三峡工程，国力也容许兴建三峡工程，三峡工程建设的方案已趋于现实合理，指导思想已正确，各项技术、社会问题已进行了深入研究，还有了在长江上建坝的宝贵经验和人才。在这种条件下，我认为三峡工程应该提上议事日程。修建三峡工程在技术上不存在难以逾越的障碍，决不会变成“后患无穷”“贻害子孙”的祸害。在进一步理清重大问题，提出鉴定意见后，应该进行有魄力的决策了。我反对把三峡工程的论证无限期延长，是否兴建三峡对国家电力发展、电站布局、防洪决策、通航规划都有巨大影响，拖延不决是十分不利的。

三峡工程有其不利的一面，即规模很大，投资和移民集中，收效期也较长，但它的“后劲”很大，每装一台机组就相当于完成一座 50 万到 60 万千瓦的大水电站。在工期方面，如能提早进行准备和导流，则从国家集中进行投资、主体工程全面施工直到第一批机组发电的期限 5 年到 6 年；如果国家经过通盘考虑认为不能修三峡工程，我们也无意见，当然就必须修建一批火电和相应的煤矿、铁道（或核电站）来代替，水利电力部也正在进行这种研究论证工作，但我认为这样做是不经济、不合理，从长远利益来讲是不利的。[1]

潘家铮对三峡工程的这个态度，还基于1982年的“150米方案”。

但潘家铮对三峡工程的基本态度和看法，多少年都没有改变过。

因为潘家铮特殊的身份——水利电力部总工程师、中国科学院学部委员，头一次对三峡工程的公开表态就显得特别显眼，被划到“主上派”阵营里是很自然的事情。

潘家铮的这番言论，坦诚而理性，平心静气，这其实也是争论之初的平和气氛，远不到剑拔弩张的地步。

潘家铮对三峡工程还是有疑虑和忧心的。一是移民，二是泥沙，再加一条——建设资金。

因为“在技术上能建”和“工程应不应该建”是两码事。首先，三峡工程毕竟不同于葛洲坝工程。三峡工程是高坝工程，动迁上百万移民。其次，那么多泥沙要淤积在坝前，问题要比葛洲坝工程复杂得多。

泥沙问题，不独是“反对派”说得很厉害，就是“主上派”中的专家也不止一次提出来。

随着论证的深入，潘家铮心里的阴云逐渐消除。因为在论证的过程中，14个专家组的后面，都有庞大的试验团队支持工作。任何一项论证必须有大量的试验和试验数据、实地勘测数据来支撑。移民问题、泥沙问题是可以解决的。

再就是建设资金。担任水利电力部总工程师后，潘家铮正在主持规划全国十二大水电基地，好多在建和筹建的水电站资金缺口很大，如果三峡工程上马，其他水电工程势必要让路。

1986年10月，潘家铮陪同国务院副总理李鹏前往埃及考察阿斯旺高坝，

---

1 参见《长江三峡工程争鸣集：总论》，中国科学院成都图书馆编，成都科技出版社，1987.1，第168–169页。

在飞机上他向李鹏提出这个问题。李鹏告诉他说，三峡工程是专项资金，有其专门筹集渠道，有三峡工程就有这笔钱，没有三峡工程就没有这笔钱。关于工程投资的担忧顿时冰释。[1]

更重要的是，结合水利电力部正在搞的全国十二大水电基地规划，潘家铮胸中已经有一个庞大的“西电东送”设想。

三峡水电站发电效益大，地理位置适中，在中国能源建设中占有十分重要的战略地位，并在促进全国联合电力系统形成和长江上游开发中发挥作用。三峡水电站正处于“西电东送”的中间地带，可以起到电能远送的电压支撑作用。如果三峡工程不上，长江上游支流水电群就难以形成，梦寐以求的“西电东送”大电网就难以落实。[1]

所以，潘家铮在论证开始未久即转而支持三峡工程上马。

在三峡工程问题上，潘家铮经历过这样一个由反对者到支持者的变化过程。

潘家铮希望能够像其他工程的可行性论证那样，通过客观务实的讨论来统一认识，三峡工程是应该上马的时候了。

谁对三峡的贡献最大？是反对者

潘家铮想得有点简单了。

论证还没有开始，交锋便已经开始。

关于论证小组的组织与论证程序，在“反对派”那里不是百家争鸣，而是“一家百鸣”，争论的焦点，远溢出工程技术范畴。他们认为，如此组织

---

1 参见《春梦秋云录——浮生散记》（第二版），潘家铮著，中国水利水电出版社，2000.12，第 387 页、第 364 页。

形式和论证程序，难以实现真正的民主化和科学化。理由是，水利电力部这个领导小组，其正副组长和全部成员都是主张上三峡工程的水利电力部正副部长、正副总工程师，以及长办和三峡工程开发总公司筹建处的负责人；领导小组下设的14个专家组中，有10个专家组组长是水利电力部所属单位负责人，其余4个专家组，虽请了外单位的专家任组长，副组长也有水利电力部的同志担任；尽管请了不少外单位的专家，但领导者是水利电力部。言外之意，重新论证不过是水利电力部在那里“自我论证”，“只能代表水利电力部的‘一家之言’”。李锐则言辞更加尖锐，他说这种组织形式“易于贯彻长官意志，易于形成‘独尊儒术，罢黜百家’的局面”。[1]

按照论证程序，首要任务就是初步选出一个各专题都可以接受的水位。

为什么先要初选出一个各专题都可以接受的水位？就水利工程而言，水位的选择至关重要。三峡工程是一个巨型工程，不同水位方案的投入产出相差甚大。综合各方面意见，国家计委和国家科委在组织论证后，已经把各方面意见归纳成一级开发、正常蓄水位150米、160米、170米、180米；一级开发、分期建设和两级开发等几种方案。

各个方案的侧重点不同，其工程规模、投资、淹没和移民数量、对生态与环境的影响、某些技术问题解决的难易程度各不相同，工程的作用、效益也大不相同。如果对每一个方案都平行论证，工作量浩大，而且也无实际意义，并不是每一个方案都能比较协调地满足既定目标。如果不优选出一个可参照的代表方案，各专题的论证将无法开展，也不可能找出不上或者晚上三峡工程情况下可以替代的方案。初选一个水位方案对各专题进行深入研究论证，并找出其内在的联系与矛盾，这种论证方法在程序上是合乎逻辑的。当然，这个初选方案并非定论，随着讨论的深入，可以再作调整。

这也遭到反对。经济学家千家驹认为这种方法“非常可笑”，他说：“打

1　参见《风雨三峡梦——三峡工程七十年大纪实》，金小明著，四川人民出版社，1992.9，第143页。

个譬喻来说，如果我们讨论机关干部应不应该穿西装，就应该以穿西装与穿中山装或其他服装来比较利害得失，而不应该讨论西装的双排扣或单排扣的问题。如果单讨论西装的双排扣或单排扣，那么无论是前者或后者，其前提都是穿西装。但水利电力部的论证正是这样，国务院要其讨论的是三峡工程应不应该上，早上还是缓上？但水利电力部的论证却是三峡工程是上坝高150米还是185米”。他指责先选出水位实际等于已经肯定三峡工程要上，就好比尚未论证已经作出了结论。[1]

这样的质疑被带到论证会场，作为技术总负责人的潘家铮自然需要有足够的耐心，他请异议者提出自己合理的论证程序，但质疑者只是说不科学，至于怎么更科学，没有下文。

诸般如此的指责，几乎贯穿于论证的全过程。

潘家铮在《世纪圆梦与终生遗憾》一文中如是描述论证的过程：

更出意外的是这次论证的气氛似乎比20世纪50年代更充满火药味。首先依然营垒分明，针锋相对，遣词用语极为尖刻。你说三峡工程对防洪有不可替代作用，他说只会加剧洪灾。你说三峡工程能极大提高通航能力，他说将导致长江断航。你说三峡工程对生态环境利大于弊，他说对生态环境是一场灾难。你说所需资金国家可以负担，他说将引起物价飞涨经济崩溃。你说备战不影响工程建设，他说垮坝将使下游三江五湖人民尽成鱼鳖……。其次，意见定型后听不进也不屑于听解释与答辩。一些人在上午发表一通高论，下午等对方作答辩时却逛街去了。这种不正常现象马上被旁听的记者发现了，记者们称之为“聋子对话”，有的还形象地描摹成“题诗一首，扬长而去”。还有个别人则在发言和写文章中抱怨论证工作不民主，暗箱操作，持不同意见者受排挤，甚至认为三峡工程是一些领导好大喜功、树碑立传、违反民心、

---

1 参见《风雨三峡梦——三峡工程七十年大纪实》，全小明著，四川人民出版社，1992.9，第144页。

一意孤行要搞的，等等。作为论证工作的负责人之一，我在这里必须澄清一句：这是无中生有的事，但这种误导极易产生共鸣，一个工程的论证发展到如此对立程度，是我始料不及的。[1]

论证会上，有时候会出现更为尴尬的场面。

某次潘家铮主持一个专题组讨论，讨论会上已经你来我往唇枪舌剑一番，讨论结束潘家铮最后总结："我来归纳一下方才发言的要点……"

话音未落，一位老先生就呵斥道："不要你归纳！"

潘家铮顿时噤声不语。

那位德高望重的先生发言后即转身离开会场，他不愿听对方的反驳或者说明。另外一位老先生马上断然跟进："不用听，所有的解释都是陈腔滥调！"

更有甚者，一位老先生居然提出用气功降雨来替代三峡工程，说是气功大师"空中取水"功夫完全可以把降雨云团挡住，让暴雨降到长江险段外别的什么地方去，根本用不着建一座大坝来防洪。顿时招来许多科学家的嘲笑与挖苦。[2]

潘家铮心里特别苦恼，甚至恼火，但又无可奈何。

据中国水力发电工程学会（简称水电学会）张博庭回忆，1991 年他随潘家铮赴美国参加国际大坝会议，曾听过潘家铮的一番教诲。潘家铮看他说话做事快人快语，锋芒外露，就对他说："你是学力学的，知道力学上有个最小势能原理。你把自己的位置放得越低，你就越稳定，你遭遇的阻力也就越小。"潘家铮进而说："其实，社会、人生也一样，适用于最小势能原理。"

所谓最小势能原理，指的是当一个体系的势能最小时，系统会处于稳定、

---

1 参见《春梦秋云录——浮生散记》（第二版），潘家铮著，中国水利水电出版社，2000.12，第 372 页。

2 参见卢跃刚撰《长江三峡：中国的史诗》，收入《中国作家》，1992 年第 6 期。

平衡状态。潘家铮夫子自道，这也是他对自己性格与人生体悟的一个数理表达。他不习惯这种剑拔弩张的倾轧与攻讦，从来不会跟人发生正面冲突。

潘家铮（右二）赴美国参加国际大坝会议

从潘家铮内心来讲，是十分重视反对者意见的，若不然也不会在论证过程中留下一句影响甚大的名言：谁对三峡工程贡献最大？是三峡工程的反对者。

潘家铮主持和参加过许许多多大型工程的论证，没有哪一个工程是全部赞同的，尤其是在大型工程的技术方案决策中，反对的声音弥足珍贵，设计者常常可在反对的声音中获得新的思路，让工作做得更合理、更优化、更严密。在以往许多工程的决策中，潘家铮本人恰恰就扮演过重要的反对者的角色。

事实上，没有反对和质疑的声音，论证工作不会做到细致和严密。地质地震、水文水位、移民搬迁、生态环境等莫不如此。

潘家铮一直担心泥沙问题。甚至好多“主上派”都对泥沙淤积疑虑甚多，比方说水库建成之后要因泥沙淤积变成“驼背长江”的说法，这也是三峡工程争论的焦点之一。

长江每年携带的泥沙有5亿多吨，蓄水之后水流变缓，泥沙可能在库区沉积下来，造成库容减小，影响水库运行寿命。另外，泥沙淤积也可能引起水库水位抬高，给水库两岸带来洪水隐患。因此，有一种估计，三峡工程建成之后10年之内就可能危及重庆港；还有反对意见认为水库形成之后，水库末端泥沙淤积是否会碍航？坝前泥沙如何冲刷？泥沙被大坝拦住之后，是否会造成下游清水冲淘河床，进而造成深切，甚至还有人说可能导致上海滩的塌陷。

长江科学院河流研究所所长陈子湘讲过这样一个故事：[1]

在专家组指导之下，清华大学、武汉水利电力学院、交通部天津水运工程科学研究所、中国水利水电科学研究院、南京水利科学研究院、长江科学院等单位集中全国泥沙专业的精要力量，分别做了12个大型泥沙物理模型试验。其中就争论较多的10年之内淤积泥沙危及重庆港的意见就做了4个。方法不一样，结论却一致：重庆河段泥沙情况清楚，问题可以解决。

经过反复调查、试验和计算，专家组于1988年2月写出专题论证报告，32位专家全部签字确认。

但这个结论有的专家还是“不放心”，甚至“不相信”，理由也很充分：模型试验是把复杂纷呈的现象概率化与平均化，与实际情况差距过大。

有这样的反对意见，论证领导小组当然不能不慎重，因为事关解决三峡库区会不会在10年之内危及重庆港的焦点问题，必须拿出让人信服的试验方法和数据。

泥沙组组长是著名的水力学和河流动力学专家林秉南，中国科学院学部委员，也是国际著名的泥沙问题专家，从1984年开始就担任国际泥沙研究与培训中心顾问委员会主席。要证明结论的正确性，先要证明试验方法的正确性。要说服别人，先需要说服自己。他提请有关部门提供丹江口水库自1977

1　参见《百年三峡——三峡工程1919—1992年新闻选集》，国务院三峡工程建设委员会编，长江出版社，2005.6，第261−263页。

年 2 月以来的泥沙、水文和地理资料，责成长江科学院做模型试验，模拟丹江口水库 1977 年 2 月到 1990 年 4 月 13 日期间泥沙淤积情况，然后与实际发生的数据相对照。假如能重演天然情况，就证明泥沙的物理模型试验是可靠的，如不能重复，那就有问题了。这简直就是一道令人惊心的大题目。

明确的结论已经有了，专家一致签字通过，现在又要自我验证，有这个必要吗？万一试验失败，不啻自打耳光。其他六个权威机构做出来的试验结果也将打上问号，更重要的是如果专家们签字认可的专题报告也有了问题，那么这个影响就太大了。

陈子湘牵头的这项“自我验证”模型试验还是开始了，一直进行到 1990 年 10 月，不多不少整整 400 天。三峡坝区物理模型试验基地位于九万方科研基地，长江科学院的试验人员食不甘味整整待了 400 天。所谓试验基地，实际上就是用钢结构搭起的大棚，总共 4 个试验大厅，也就是 4 个大棚，每一个有几个电影院那么大，长度超过 1 千米。

专门为三峡工程做的这样的试验室，在世界上也是少有的。全国的泥沙专家都关注着这里的试验。

答案即将揭晓，连北京的林秉南也坐不住了。其时，老先生已经年过七旬，提前几天来到武汉，察看试验情况。

1990 年 10 月 16 日，在长江科学院 3 楼会议室，十几位科学家屏声敛息，等待答案最后揭晓，也就是将试验数据与丹江口水库十余年的泥沙水文数据进行比对。

会场上，林秉南的助手手里拿着长江水利委员会水文局刚从现场测回来的实际数据，与陈子湘手里拿着的 40 多个数据相对照。报一个，就对照在计算机里核算一番。等核算完最后一个数据，助手面露笑容在林秉南耳边讲几个字，70 岁的林秉南顿时容光焕发，情不自禁鼓起掌来，会议室里随之一片欢呼雀跃。

4 个月后，泥沙论证报告在北京得到审议通过。报告的核心结论共 12

个字："情况已经清楚，问题可以解决"。

陈子湘说，这12个字共耗时400天，花费1100万元，一个字的代价是将近100万元人民币。

有这样的试验和数据，潘家铮作为论证主持者，更能够松一口气。

根据多数研究计算，三峡水库蓄水之后，泥沙要影响到重庆港，这个时间在几十年之后，不会是几年或者10年以后。

问坝阿斯旺

三峡工程争论波及海外。

潘家铮担任三峡工程论证领导小组副组长兼技术总负责人，除了审核各专家组的技术报告之外，亲自参加事关三峡工程论证的具体事宜之一，便是考察埃及阿斯旺高坝工程。

关于三峡工程的争论中，"反对派"手里一张证明三峡工程不能上的重要王牌，那就是矗立在尼罗河上的埃及阿斯旺高坝。

阿斯旺高坝建成之后，各国人士对其褒贬不一，它的利弊得失在20世纪60年代以来一度成为世界范围内争论的焦点。中外反对三峡工程的人士都喜欢用埃及阿斯旺高坝的失败教训来证明三峡工程不可上。

尼罗河和中国的长江一样，孕育了辉煌而灿烂的古文明。尼罗河虽然是世界上最长的河流，但是其流量又远不能跟长江相比，全年流量仅为长江年径流量的8.7%。

任何一条河流都有两张面孔，一方面博大而温婉，另一方面又暴戾复乖张。尼罗河也不例外，丰水年份遇到特大洪水，破堤决口，平原尽成泽国；枯水年份则旱魃为虐，颗粒无收。同世界上所有农业发达地区一样，这也恰恰是兴修水利的最充分理由。何况这种靠天吃饭的传统耕作已经无法养活越来越多的人口。

20 世纪初，英国殖民者即在现在的阿斯旺高坝处修过一座低坝，被称为老阿斯旺水坝。这个低坝因坝低库小，曾有过两次加高，终究起到作用还是很小。直到 60 年代，埃及政府在苏联支持下，历时 10 年，耗资 15 亿美元，终于修建成了阿斯旺高坝。[1]

为了修建这一工程，埃及政府不惜花费巨资，迁建著名的阿布辛贝神庙，迁移 9 万埃及农民和苏丹努比亚牧民。

阿斯旺高坝工程与三峡工程显然有许许多多不同点，单就水库而言，前者可以拦蓄尼罗河两年的水量，是一座多年调节水库，防洪能力非常显著，而三峡水库则是河道型水库，只能实现季节性调节。

但这座坝从规划开始就出现了不同意见，遭到多方面的反对，后来发展成无休止的争论，从国内向国际延伸。阿斯旺高坝在很多人心目中是一座只起坏作用、没有一点益处的荒唐工程、灾难工程。在许多国家里，当争论某座水利工程当否修建时，阿斯旺高坝常被引为失败的例证。

正处在争论中的三峡工程也不例外。

在这样的背景之下，刚开始主持重新论证的潘家铮有了一次埃及之行。

1986 年 10 月 3 日，水利电力部副部长史大桢、总工程师潘家铮和长办主任魏廷琤一行抵达埃及开罗，为即将到访的国务院副总理李鹏打前站，他们用 3 天时间研究阅读有关资料，整理出向埃及提出的询问内容。

李鹏此行出访的目的非常单纯，就是要考察阿斯旺高坝到底是成功还是失败，是利大于弊还是弊大于利，对这一问题的评估确实是决策者考虑三峡工程的一个重要因素。所以中央派出主管三峡工程论证的李鹏亲赴埃及考察。

中国代表团归国，三位专家撰文陈述此行考察所得。这个报告是一份技术性很强的考察报告，内容甚为详细。

---

1 参见《梦断长江：三峡工程的决策与论争》，王玮著，广西人民出版社，1993.8，第 205–206 页。

在1986年12月22日到30日召开的水利电力部三峡工程论证领导小组第三次（扩大）会议上，由潘家铮宣读此报告。

三位专家对阿斯旺高坝的考察报告和结论，在国内三峡工程的“反对派”中间引起了强烈反弹。他们认为报告只谈了阿斯旺高坝的优点和一般的副作用，而对宏观失误所造成的水量不足和库尾碍航这两项重要情况没有提到，这种有意的疏忽或隐瞒，只是为了给三峡工程上马造舆论。[1]

其实，潘家铮等人在报告里何尝没有提到过这个宏观决策失误？潘家铮等人的报告“总看法”的第四条谈的即是“关于阿斯旺高坝的功过为什么会在全世界引起这么长期和热烈的争论”，看来要改变这些人士的看法是困难的。

不管怎么说，尼罗河不是长江，阿斯旺高坝也不是三峡工程。

考察报告从水库淤积和对通航的影响、河床下切与海岸线退缩、水库淹没、移民和古迹迁建问题、生态环境问题、水库诱发地震问题等方面，对比阿斯旺高坝与三峡工程的不同。潘家铮在《千秋功罪话水坝》谈到阿斯旺高坝与三峡工程的不同时说：

继阿斯旺高坝以后，成为全球议论热点的水利工程无疑就是被一些人称为“世界上最大的坟墓”的中国长江三峡水利枢纽工程了。

长江和尼罗河就长度而言是相近的，都是世界上最著名的大河。但流域面积和水量有天壤之别。长江流域居住着4亿人民，是中国经济发达的精华地区。长江多年平均入海径流量近1万亿立方米，为尼罗河的10倍以上。同样，长江的年输沙量也远大于尼罗河。长江的水旱灾害也一样频繁和严重，但是想像治理尼罗河一样建个大水库一举解决长江的问题是办不到的。在人口稠密地区修建高坝大库引起的问题也更多些。总之，三峡工程的规模、库

1 参见《再论三峡工程的宏观决策》，田方、林发棠主编，湖南科技出版社，1989.9，第182—187页。

容系数、效益和副作用与阿斯旺高坝是很不相同的。

当然，两者也有相似之处，即两个工程都是整治世界上著名大河的骨干工程，都是两国几代人民（特别是政治家和工程师）的梦想，都为无数志士仁人前仆后继地研究呼吁了几十年，都经历过冗长和痛苦的论证和准备期，都蒙上了恶名成为国内乃至全球的指责对象。三峡工程的规模更为宏伟，在技术上、经济上、社会上的问题更为复杂，分歧看法也就更大，争论历时也就更长。如果说阿斯旺高坝的论证研究可以写成一厚本书的话，那么有关三峡工程的历史就可以写得像《史记》一样长了，而将论证、设计中的资料都出版，那篇幅就将超过“二十四史”了。[1]

更大的差别在于，阿斯旺高坝的争论是在建坝之后，三峡工程的争论是在建坝之前。对于三峡工程而言，是大幸运。

或者说，是20世纪80年代的改革开放、思想解放的社会氛围给三峡工程带来的大幸运。

再一次被叫停

伏虎降龙事已终，秋云春梦两无踪。
余生愿借江郎笔，撞响人间醒世钟。

这是潘家铮写于1989年8月的一首诗。一望而知，诗里弥漫着失望心情。

当然事关三峡，事关三峡工程。“余生愿借江郎笔，撞响人间醒世钟”，长达两年零八个月的三峡工程重新论证结束。论证虽不圆满，但较前两次的

1　参见《千秋功罪话水坝》，潘家铮著，清华大学出版社，2000.5，第160–161页。

论证要进步许多。可是论证刚刚结束，三峡工程再一次被叫停。两年多的论证，技术资料汗牛充栋，再一次被封存进三峡工程的历史档案之中。

潘家铮这一年 62 岁。持续几十年的喧哗与争论还在耳边，抬眼望自己已经迈入人生的孟冬季节。也不全是年龄的关系，这两年多时间，他大概从来没有感到如此疲惫、郁闷，甚至焦灼和迷惑。从 1973 年借调北京开始，十多年来他参加、主持审定过许许多多、大大小小的工程，没有哪一个工程像三峡工程这样，在工程技术之外还有如此众多的争论、争议，甚至营垒分明的对抗。作为技术主持人，他需要将 14 个专家组的论证、试验结果汇总起来，同时充分考虑到不同的意见，周旋其中，左右平衡，疲惫不堪。虽有“江郎才尽”的自嘲，但是他不甘心，所以才有“余生愿借”之句。

潘家铮写作这首诗的缘起，还要从头说起。

尽管是三峡工程这样一个巨型、特大型工程，但经历 20 世纪 50 年代、80 年代初和 80 年代中后期前前后后三次、历时三十多年的论证，无论从哪一个角度讲，时间都不短了。最后一次论证历时两年零八个月，规模之大，参与人数之多，争论持续时间之长，在世界工程建设史上怕也绝无仅有。但总的来说，两年多的论证工作还是扎实的。

1987 年 4 月，三峡工程论证领导小组召开第四次（扩大）会议审议通过初选方案，其概括内容为“一次开发，一次建成，分期蓄水，连续移民”，具体指标为：坝顶高程 185 米，最终正常蓄水位 175 米，初期运用水位 156 米。移民搬迁安置不间断进行，20 年移完。此次会议，拟将此方案作为进一步深入论证工作的初选方案。

接着，12 月 17 日至 22 日，三峡工程论证领导小组召开第五次（扩大）会议，审议通过地质地震、水文、机电设备三个专题论证报告。

1988 年 1 月 26 日至 28 日，三峡工程论证领导小组召开第六次（扩大）会议，审议通过枢纽建筑物、施工、投资估算三个专题论证报告。2 月 23 日到 3 月 1 日，召开第七次（扩大）会议，审议通过移民、生态与环境、泥沙三个专题论证报告。4 月 22 日到 30 日召开第八次（扩大）会议，审议通过防洪、电力系统、航运三个专题论证报告。11 月 21 日到 31 日召开第九次（扩大）会议，审议通过综合规划与水位、综合经济评价两个专题论证报告。

潘家铮代表论证领导小组总结：三峡工程对中国“四化”建设是必要的；工程在技术上可行，经济上合理；建比不建好，早建比晚建有利；建议早作决策。

到三峡工程论证领导小组第九次（扩大）会议，14 个专题小组论证报告全部通过审议。

1989 年 1 月 17 日，长江水利委员会完成重新编制的正常蓄水位 175 米的《长江三峡水利枢纽可行性报告（审议稿）》。2 月 27 日到 3 月 7 日，三峡工程论证领导小组召开第十次会议，审议并原则上通过长江水利委员会编制的这个报告。至此，三峡工程重新论证全部结束。[1]

必须提到的是，几乎与三峡工程重新论证工作平行进行的，还有加拿大咨询集团的三峡工程论证工作。

水利电力部组织三峡工程论证的同时，国务院就三峡工程曾向美国、加拿大等国和世界银行表示，中国政府欢迎他们在三峡工程的技术和资金方面进行合作，并收到他们各种合作方式的建议。为利用外资，同时也为引进技术和互相验证，1986 年 5 月经国务院批准，对外经济贸易部代表中国政府与加拿大政府签订协议，由加拿大国际开发署提供赠款，加拿大最有经验的两个政府水电机构和三个私营公司组成咨询集团，负责按国际通用标准与国内平行地编制可行性研究报告。中、加、世界银行三方组成指导委员会，并由世界银行推荐和协商，在国际范围内（包括我国）聘请 13 位知名专家组成国际咨询专家组，参与指导和监督。

潘家铮是这个国际咨询专家组的首席专家。

1　参见《百年三峡：三峡工程 1919—1992 年新闻选集》，国务院三峡工程建设委员会编，长江出版社，2005.6，第 405-413 页。

从1986年7月开始，加拿大咨询集团对正常蓄水位150米到180米的各种方案所涉及的技术、经济、社会、环境等问题，对建三峡工程和不建三峡工程替代方案问题等进行全面研究，提出可行性研究报告，经过国际咨询专家组和项目指导委员会审查通过，一并上报。

加拿大的可行性研究报告总的结论是：三峡工程效益巨大，技术、经济和财务方面都是可行的，建议早日兴建。报告认为三峡工程设计所依据的基本资料，包括水文、泥沙、地质等资料是充分和可靠的，符合国际标准，满足了可行性研究的需要；工程选择三斗坪坝址是恰当的，地区地震活动轻微，库岸稳定，不会影响大坝和水库安全；工程在环境影响方面也是可行的，不会使环境遭受大的危害，泥沙问题是可以解决的。这些都与国内的研究结论一致。他们推荐坝顶高程是185米，也与国内论证相同。与国内的结论不同之处主要是：加方推荐正常蓄水位为160米，比国内的175米低，理由是这个水位的经济效益最大，移民的人数较少，涉及的社会问题也较少。

加方的枢纽布置与国内的方案基本相同，但建议采用更大的机组，单机容量76.1万千瓦，装机22台，并认为不需要设垂直升船机，认为升船机在技术上虽然是可行的，但不能证实在经济上是合理的。工程投资按1987年年初价格为246亿元（不包括输变电工程）。由于移民人数的减少、发电容量的降低和取消升船机等原因，比国内估算数少52亿元。[1]

加方方案从经济效益来考虑，是合理的。但这个结论有两个问题：一是此方案在防洪上有超蓄问题；二是不能满足航运部门的万吨级船队直达重庆港的要求，库区和航运部门难以接受。

中西文化不同，水利建设的观念也显示出不同。

加方重新论证的结果，除了部分不同之外，跟中方重新论证的结果并不

1　参见《能源部水电总工程师潘家铮关于三峡工程论证情况的汇报》，收入《中国水利年鉴（1991）》，《中国水利年鉴》编辑委员会编，水利电力出版社，1992.5，第85—86页。

矛盾：三峡工程可建。

再回过头来说重新论证最后的结果。

从确定正常蓄水位 175 米方案为论证初选方案，1987 年通过 3 个报告，到 1988 年通过 11 个报告，1989 年 2 月最后作出可行性报告审议稿，历时也近两年时间。每一次会议，最短的是通过枢纽建筑物、施工、投资估算论证报告，历时 3 天；除此之外的每一次会议的会期都特别长，多则达到 10 天。决定会期短长的因素中，论证内容多寡是一方面，争论的激烈程度也是一方面。

论证的结果是 403 名专家签字赞同，9 位专家反对或弃权，论证报告有 9 位专家共 10 人次没有签字。也就是三峡工程论证著名的“403:9”的来由。

需要说明的是，在论证过程中有 4 位专家去世，因此他们也没有签字，但没有计入未签字专家人数。

几次会议下来，潘家铮已经逐渐适应了会场上种种意想不到的情况，因为与会场之外的激烈争论、质疑、质问比起来，会场之内的争论显得小巫见大巫，见怪不惊了。

会场外，来自“反对派”的舆论攻势让“主上派”始料不及，两派人马言论激烈，雄辩滔滔，针锋相对。重新论证接近尾声，“主上派”与“反对派”的争论也到了几乎白热化的程度。

论证领导小组在组织论证的过程中，每一次论证小组会议的发言均汇编成册，从 1986 年到 1988 第九次会议论证结束，共汇集了七大册《对建设三峡工程的不同意见文章选编》（简称《选编》），供专家们参考。《选编》如书名宣示，“反对派”和“主上派”的文章和发言都收集在其中。这些意见由中国科学院成都图书馆、中国科学院三峡工程科研领导小组办公室编写为《长江三峡工程争鸣集》，分《总论》和《专论》两册，于 1987 年 1 月正式出版，并向社会公开发行。

为了体现论证的公开透明，每一次论证会都向记者开放，实际上各种意见和论证会的实况，都没有关在会议室里。倒也奇怪，论证会彻底开放，又有每一次会议发言的《选编》，也许是过程太过透明，反倒没有可猎取富有轰动效应的新闻线索，关于论证会的新闻报道显得倒有些沉寂。

论证一开始，双方虽然互不相让，谁都说服不了谁，但气氛还真有一种公开、透明的味道，都摆在桌面上，像一场组织有序的辩论会。

三峡工程的“反对派”似乎并不满足于此，要让自己的声音更为强烈。1987年4月，三峡工程确定175米初选方案，各专家组按照这个初选方案对自己的专题进行论证。这一年的11月，国家计委经济研究所副所长田方等编出了《论三峡工程的宏观决策》，这是第一次汇集“反对派”的意见与公众见面。

《论三峡工程的宏观决策》所要表达的观点非常明确，其编者在“总论”部分《从三个层次的总体战略上论证三峡工程》中言道：我们认为，对三峡工程不仅要从它本身，包括水文、泥沙、淹没、地质、地震、生态、水工、机电等科学技术问题和发电、防洪、航运等综合效益进行系统论证；而且要把它放在以下三个层次的总体战略上进行综合论证。这就是：一要放在长江全流域综合治理开发的总体上；二要放在国家整个能源决策总体上；三要放在全国经济、社会发展战略总体上。决不能单纯地就三峡论三峡。总之，三峡工程的论证应立足于缓上，甚至不上。

应该说，此书中的作者都是中国乃至世界知名的专家学者，谈的问题都没有超出三峡工程建设的范围。

论证工作行将结束，1988年10月《三峡工程的论证与决策》正式出版，编者为上海发展战略研究会，主编为重耳，显然是一个化名。

这本书是针对《论三峡工程的宏观决策》一书而来，该书的撰稿者大多是直接参加三峡工程研究、勘测和设计的专家，其中多数是这项工程所涉专业的知名学者，不少还参加了三峡工程的论证工作。显然本书的撰稿者讨论的问题就不那么“宏观”，他们来自三峡工程勘测、设计、研究的第一线，有长期调查研究和科学实验作后盾，除回答涉密问题谈得比较简略之外，其他文章都是有骨头有肉，论说均有详细的勘测、试验数据支撑，因此底气十足。

史大桢、潘家铮、魏廷琤三位前往阿斯旺高坝考察的专家合写的《向阿斯旺借鉴什么》收入其中。

针对《论三峡工程的宏观决策》“从三个层次的总体战略上论证三峡工程”，主编重耳强调：

三峡工程该不该上，一是取决于工程本身的综合效益究竟有多大？花大力气将它开发出来，将对国家作出何种贡献，对经济和社会发展将起到何种作用？二是取决于我国现阶段的经济和技术发展水平，能否啃得动这块硬骨头？三是取决于三峡工程尽早上马的选择是不是在总体战略上的优化选择？

争论还远不止这两本书。“反对派”与“主上派”针锋相对，一本书刚刚出来，又一本书马上跟上。争论升级之中，争论已经远远溢出工程本身，远远超出论证工作的技术范畴。上纲上线，情绪化特别厉害。

潘家铮后来回忆说，在一些人看来，“三峡工程成为一块奇妙的试金石”，“三峡工程变成了一块奇妙的鉴定一个人有没有大脑和良心的试金石”。[1]

也就是这个时候，三峡工程再度搁浅。

1989 年 4 月 4 日，国务院副总理、国务院三峡工程审查委员会主任姚依林回答荷兰记者提问时回答：“三峡工程现在有争议。主张建三峡工程的人是有道理的，反对上三峡工程的人也是有道理的，因此这个问题还需要经过详细的论证。我认为三峡工程在今后五年之内是上不去的。在现在的治理整顿期间的计划以及将来‘八五’计划都不会有大规模上三峡工程的计划。因此

1 参见《春梦秋云录——浮生散记》（第二版），潘家铮著，中国水利水电出版社，2000.12，第 374 页。

现在不必花很大的精力去争论。将来如果要上三峡工程，肯定是要经过人大批准的。所以我建议现在这个问题不必继续讨论。”

国务院此番表态，距离论证工作结束还不到一个月。

春梦秋云两无踪。三峡工程的命运再一次像三峡的峰峦一样被笼罩在一片浓重的大雾之中，不见了踪影。

第二章 愿将残生献三峡

世纪梦圆

三峡工程并没有像潘家铮想象得那么悲观。

如同三峡工程被打入“冷宫”一样出人意料，时过一年，三峡工程的决策有了转机，论证领导小组接到通知，国务院准备听取有关三峡工程论证的全面汇报。论证程序依然按1986年国务院15号文件的要求进行。

1990年7月6日，国务院召集“三峡工程论证汇报会”。这是一次向国家决策层的汇报。

参加会议的有党中央、国务院、全国人大、全国政协、各民主党派，以及湖北、四川等省市的负责同志共175人。

参加汇报的除论证领导小组成员外，还有105位各方面的专家。

在会前，中共中央总书记江泽民会见参加会议的全体人员。早在1989年7月21日至24日，江泽民就视察了三峡坝址、葛洲坝工程、荆江大堤和荆江工程以及长江科学院三峡水库模型试验区。

在汇报会上，潘家铮代表论证领导小组作《关于三峡工程论证情况的汇报》。75位专家、教授、学者和各方面人士在大会上发言或提交书面意见，反映各自意见。

国务院副总理姚依林总结肯定论证工作的科学性、民主性和可靠性，认为比以往任何其他工程的论证工作更深入细致，确认长江水利委员会提交的《长江三峡工程可行性研究报告》可以组织审查。

这个汇报会开了整整9天。

8月22日，国务院办公厅下发国办发〔1990〕578号文件，正式成立三峡工程审查委员会，主任邹家华，副主任王丙乾、宋健、陈俊生，委员杨振怀等25人。

三峡工程经历两年多论证之后，这是一次非常严格的审查。审查委员会由4位国务院副总理挂帅，22个局、委、院的负责同志参加，还聘请有165位专家。这165位专家中大部分没有参加过重新论证工作。审查分10个专题，对《长江三峡工程可行性研究报告》先是预审，然后集体审查，历时10个月。

对《长江三峡工程可行性研究报告》的审查，等于是再一次论证。这个过程对针锋相对的论证双方都是一种煎熬。潘家铮所能做的只有等待。

在等待的这段时间之内，他写了两篇广有影响的文章：《三峡梦》和《我与三峡》。

其实，从1986年开始第二次论证，一直到三峡工程被推到风口浪尖之上，并没有多少人光顾过三峡坝址。不能说反对上三峡工程的人对三峡工程了解片面，至少对工程了解不可能很全面。

20世纪90年代，潘家铮在北京寓所

审查《长江三峡工程可行性研究报告》的同时，沉寂的三峡工程坝址处开始热闹起来，迎来一批又一批前来考察、视察的部委领导以及采访的各路新闻记者。

半年多时间，考察者纷至沓来，三斗坪上车来船往，节奏不可谓不紧凑。之所以不惮其烦将考察之事记录下来，是因为与潘家铮那一篇《三峡梦》有关系。

组织考察，如此密集，都围绕审查《长江三峡工程可行性研究报告》进行。听取汇报是一回事，阅读资料是一回事，实地考察又是一回事。但是如何将枯燥的数据表达与技术术语让考察者一目了然，长办陪同考察的工作人员颇动过一番脑筋。正好潘家铮的《三峡梦》发表，又被许多报刊转载，于是长办的人便将转载《三峡梦》的报刊买来许多，放在轮船上当资料让大家随手取来阅读，许多人读得津津有味，潘家铮的《三峡梦》把三峡工程的来龙去脉和争论过程交代得很清楚。

后来长办的同志跟潘家铮开玩笑说："您的那一篇万字散文，直抵汗牛充栋的技术资料，可谓举重若轻，真是为三峡工程的上马立下了大功。"

潘家铮笑而不答。

潘家铮清楚，这篇文章虽说有一点作用，但关于三峡工程旷日持久的论证最终尘埃落定，一己之力实在绵薄，这座跨世纪的工程，注定要倾注更多人的心血和智慧。

国务院对《长江三峡工程可行性研究报告》的审查进行了半年之久，于1991年8月3日结束，审查委员会委员全体签字。

审查的结果，一致同意《长江三峡工程可行性研究报告》提出的基本结论："兴建三峡工程效益是巨大的，特别对防御长江荆江河段的洪水灾害是十分必要的、迫切的；技术上是可行的，经济上是合理的；我国国力是能够承担的，资金是可以筹措的；无论从发挥三峡工程巨大的综合效益，还是从投资费用和移民工作的需要来看，早建比晚建都要有利。"

审查意见随即上报国务院，建议党中央、国务院予以批准并提请全国人大审议。

到此为止，三峡工程论证的进展，实际上还是按1986年决定重新论证规定的程序在推进。在程序上并无差池，只是过程有些复杂而且曲折。

1992年3月16日，国务院总理李鹏向七届全国人大五次会议提交《国务院关于提请审议长江三峡工程的议案》。

百年三峡梦，“三峡史诗”直到此时才掀开它第一个章节。

从国务院审查工作结束到提请全国人大审议这半年多时间，潘家铮忙碌的身影不断出现在关于三峡工程和其他技术性会议上。年过六旬的科学家兼工程师，他的智慧与经验正处于黄金时期，多重身份集于一身：中国科学院学部委员、国务院学位委员会委员、能源部总工程师、三峡工程论证领导小组副组长兼技术总负责人、中国大坝委员会主席、河海大学和清华大学双聘教授。毫无疑问，三峡工程在他的心目中占有相当重要的位置，尽管三峡工程并不是晚年潘家铮技术生涯的全部。

潘家铮曾对前来采访的作家卢跃刚称，三峡工程在他的心目中并不是一个最理想的工程。他心里最理想的工程是什么？他没有回答。[1]

但潘家铮在《春梦秋云录》中收录一篇《世纪圆梦与终生遗憾》的文章，其中最后一节文字说到他的终生遗憾，可视作是对这个问题的解答：

中国的西部，尤其是大西南富集了得天独厚的水能资源。三峡水电站装机容量1820万千瓦，可谓世界之冠，可是和中国整个水电蕴藏量相比仅是个零头。在云、贵、川（渝），加上西藏，还可划进广西，奔流着金沙江、雅砻江、大渡河、乌江、怒江等八大江河，不计它的源头部分，经勘查规划的可开发水能资源达2.5亿千瓦以上，发电量达1万亿千瓦时以上，相当于年产5亿吨原煤或2.5亿吨原油而且永不枯竭（除非太阳熄灭）的大煤矿、大油田。

1　参见卢跃刚撰《长江三峡：中国的史诗》，收入《中国作家》，1992年第6期，第10—44页。

中国是能源紧张国家，石油、天然气尤其短缺。为什么不尽早开发这取之不尽用之不竭的清洁能源？为什么不利用丰水期十分低廉甚至被丢弃的水电来制造氢能、人造石油？数十年来水电界人士奔走呼号岂仅为一座三峡工程，他们的理想是尽量开发水电宝藏输向东方，让祖国有坚实的能源基础。开发三峡工程，仅是一场序幕。[1]

1992 年 3 月 21 日到 4 月 3 日，潘家铮出现在七届全国人大五次会议的讨论会上。人大代表将分组深入审议三峡工程议案，三峡工程论证领导小组除了要准备相关资料供代表查阅之外，他们分别被派到各组介绍三峡工程和接受质询。

为全国人大代表全面地介绍三峡工程，对潘家铮而言并不是什么难事。潘家铮记得，当他数次反复深入介绍关于三峡工程的情况之后，著名越剧演员袁雪芬激动地说：过去对三峡工程不了解，有很多误会，现在知道这是为全国人民和子孙后代办的好事，党和政府组织专家们做了如此长期详尽的工作，我要行使人民代表的权力，投下庄严的一票。

1992 年 4 月 3 日，七届全国人大五次会议对兴建三峡工程议案投票表决。2633 名代表投下自己庄严的一票，投票结果 1767 票赞成，177 票反对，664 票弃权，25 人未按表决器。

赞成票刚刚超过三分之二。全国人大常委会委员长万里宣布：赞成票超过半数，三峡工程议案通过！

等在会场的潘家铮没有说话，雷动掌声似乎对他没有什么触动，好像脑子出现了一瞬间的空白。谁都看不出他的内心波澜，他感觉自己的眼眶有些湿润。

在三峡工程议案提交全国人大之前，论证领导小组还有一整套三峡工程

1　参见《春梦秋云录——浮生散记》（第二版），潘家铮著，中国水利水电出版社，2000.12，第 383–384 页。

议案被全国人大否决的应对材料，潘家铮这个论证技术负责人，口袋里放着一份三峡工程议案被否决之后的发言稿。尽管这个发言稿充满苦涩，但必须有。此刻，这个发言稿用不着了。

会场外，许多人热泪纵横。

三峡工程从1919年第一次出现在孙中山的《建国方略》中，到1992年4月3日，已经走过了73年的时间。

如果说在对兴建三峡工程决议表决之前，三峡工程的构思还局限在论证的范围内，表决之后它的设计轮廓第一次清晰地呈现在全国人民面前：

三峡工程坝址位于长江干流中游西陵峡的三斗坪，距上游葛洲坝工程38千米。它兼具防洪、发电、航运、供水、旅游等综合经济效益和社会效益。水库总库容393亿立方米，调洪可削减的洪峰流量达2.79万立方米每秒到3.30万立方米每秒，为世界之最。三峡工程将极大地改善长江中下游防洪条件，特别是可使荆江河段防洪标准由不足十年一遇提高到百年一遇，保护荆江河段1500万人口和1.53万平方千米耕地。即使遇到千年一遇，即1870年那样的特大洪水来袭，配合临时分洪措施，也可避免荆江大堤溃决，确保江汉平原尤其是武汉市的安全。

三峡水电站的坝后式电站安装26台单机装机容量70万千瓦的水轮发电机组，装机容量1820万千瓦。2009年建成之后，在地下电站又安装了6台70万千瓦机组，装机容量420万千瓦；在电源电站安装了2台5万千瓦机组，装机容量10万千瓦，总装机容量达2250万千瓦，远远超过位居世界第二的巴西伊泰普水电站。三峡水电站年平均发电量847亿千瓦时（2009年建成之后，年平均发电量1000亿千瓦时），为世界上规模最大的水电站。三峡水电站位于中国腹地，地理位置优越，与华北、华中、华南、华东、川东的负荷中心均在500千米到1000千米之内，水电站将以500千伏交流输电线向华中和川东送电，以±500千伏直流向华东和广东送电，并将与华北和华南联网。

2010 年 9 月，潘家铮（前排左一）赴三峡地下电站施工现场

三峡水库回水至西南重镇重庆市，它将改善航运里程 660 千米，并降低船舶运营成本，使重庆至宜昌航道通行的船队吨位由 3000 吨级提高到万吨级，单向通过能力由 1000 万吨提高到 5000 万吨。

三峡工程采用“一级开发、一次建成、分期蓄水、连续移民”的建设方案，建设总工期为 17 年，分为 3 个阶段进行。1993 年到 1997 年施工准备阶段为一期工程，以大江截流为标志；1998 年到 2003 年为二期工程，施工时间 6 年，以实现第一批机组发电和永久船闸通航为标志；2004 年到 2009 年为三期工程，施工时间为 6 年，以实现全部机组发电和枢纽工程完工为标志。

国家批准的静态投资按 1993 年 5 月不变价格为 900.90 亿元，其中枢纽工程为 500.90 亿元，库区移民为 400 亿元。动态增加值是在对每年价差和支付利息预测的基础上，分年核定价差指数，经国务院三峡工程建设委员会、国家计委批准后，隔年结算。按 1994 年预计，工程建设期 17 年的动态总投资 2039 亿元。

七届全国人大五次会议表决通过兴建三峡工程决议，在此后 20 多年一直是一个热议的话题。肯定者认为这是民主进步的结果，反对者认为有近三分之一的人反对或弃权，此乃民意所向，三峡工程问题多多。2003 年 5 月，三峡工程二期工程结束，首台机组投入运行，潘家铮接受中央电视台《面对面》栏目采访，他这样回答主持人关于三峡工程从论证到全国人大通过时的心情。

王志：在论证报告上有 9 位专家没有签字，这个事对您来说有压力吗？

潘家铮：没有什么压力，有 412 位专家做工作，有 9 位不同意，十个指头也不是同样长，你怎么能够做到舆论一律呢？

王志：1992 年通过的时候，还有三分之一的票是流失的，有 177 票反对，还有 600 多票弃权？

潘家铮：对，但是从法律上讲，只要一票多，超过一票就应该通过。至于弃权有什么奇怪的呢？大家对这个三峡工程不够了解，我也不能够投赞成票，也不能投反对票，我投弃权票，这正是人大代表负责的一种表现，他对三峡工程不了解，他听赞成的人讲也有道理，听反对的人讲也有道理。那我怎么办？我就投弃权票，这是负责。

王志：从道理上来说，从法律上来说是这样的，多一票就应该通过，但是实际上对您的心理没有影响吗？那么多人没投赞成票……

潘家铮：没有什么影响，我反对这个全票通过，……，应该有一定的反对票，这个才是正常的，而且我们还可以从这个反对票里面来分析，从正面上吸取他的意见。

王志：我记得您说过一句话，贡献最大的就是反对者，现在这个观念有改变吗？

潘家铮：没有改变，原来我们的论证工作、设计工作，有些地方就是做得不深、不够细，他提出这个问题，这个要你答复，这个要你解释，这个他有不同意见，你不能不解释，不能不答复。[1]

1　参见《面对面·精彩版》，中国电视台《面对面》节目组编，吉林人民出版社，2004.1，第 301—302 页。

胸有丘壑，一派坦然。

经过漫长的等待，三峡工程的论证终于在20世纪最后的十年尘埃落定，梦想在西陵峡江之上徘徊了七十多年，终于等到了梦圆的那一天。

表决当天，潘家铮回到家里倒头睡去。

漫长的7年，时间仿佛就挤压浓缩在了今天，让潘家铮感到前所未有的疲倦，他真是累了。

一夜无梦。

出任技术委员会主任

七届全国人大五次会议表决通过兴建三峡工程的决议，国务院迅速组织实施。

1993年1月，国务院三峡工程建设委员会（简称国务院三峡建委）成立，这是三峡工程建设的最高决策机构。这个委员会的历届主任均由国务院总理亲自担任，副主任由国务院副总理及相关负责同志担任，成员则由国务院有关部委和重庆市、湖北省负责同志组成。下设机构有国务院三峡工程建设委员会办公室，负责处理国务院三峡建委的日常工作；国务院三峡库区移民开发局，负责三峡库区移民政策、规划、计划的制定和监督实施；中国长江三峡工程开发总公司（简称三峡总公司），作为建设和经营三峡工程的业主单位，承担从投资、建设运营到还贷的全部责任。

一项工程由国务院总理亲自挂帅，这在新中国建设史上是从来没有过的。而具体到三峡工程本身，则要复杂得多。

三峡水利枢纽是世界上已建和在建的最大水利水电工程，诸多复杂的技术问题丛生林立，重大技术难题需要逐个解决，施工的组织和工程质量关乎三峡工程成败。工程开工之前，虽然已经过长期的试验和论证，一些原则性的问题得到解决或明确，但毕竟是处于初步设计阶段，还有许多限制，不可能把所有具体问题都研究透彻。

有鉴于此，国务院三峡工程初步设计审查委员会在批准初步设计的同时，决定责成设计部门编制 8 个单项技术设计，包括 4 座主要建筑物——大坝、厂房、永久船闸和升船机，还有机电、二期围堰、建筑物监测和泥沙专题。其后，国务院三峡建委又决定授权三峡总公司负责组织审查各单项技术设计。其中上下游泥沙问题牵涉面较广，由国务院三峡建委负责审查。

三峡工程技术设计的特殊性在于，它是在施工准备工作已经开始，急待提出招标设计情况下突击进行的，有些问题还要补充做试验研究，任务特别紧急，困难当然也很多。在这种情况下，三峡总公司觉得有必要成立技术委员会，统揽整个工程的技术审查工作。

潘家铮刚刚卸下三峡工程论证领导小组技术总负责人的担子，再一次被推到三峡总公司技术委员会主任的位置上。他从三峡工程论证的技术主持人，变成直接建设者。

在此之前，潘家铮不止一次前往三斗坪工地现场指导工作。

1993 年 2 月 1 日，初春时节，北方大地还残雪覆盖，三峡工地的“四通一平”刚刚启动了十多个项目，三斗坪江畔寒风阵阵，葛洲坝工程局的施工队伍正在进场，工地上显得热火朝天。潘家铮到达施工现场一一踏勘，每到一个项目部，都要铺开图纸，详细询问具体工程量、控制工期、施工方案和进展情况，对每一个细节都刨根问底。

1993 年，因为年龄原因，66 岁的潘家铮从总工程师岗位退下来，转任电力工业部技术顾问。但三峡工程施工进展情况，时时牵动着他的心。

毕竟这是全国人民关注的一个大工程，你们呼唤了这么多年，别人说上不得，你们说上得，现在开工在即，哪里允许有任何疏漏。这是要向全国人民交代的。

1994 年 2 月，又是一个春寒料峭的初春。2 月 28 日到 3 月 3 日，三峡总公司在三斗坪召开三峡技术设计审查工作会议，会上聘请严恺、张光斗、杨贤溢、李鹗鼎、罗西北为技术委员会顾问（后来又增加林秉南），潘家铮任技术委员会主任。

这个技术委员会是三峡工程建设史上自重新论证以来，第三次大规模组织起来的专家机构。下设8个专家组，技术委员会委员担任各专家组负责人，聘请来自国内水利水电各部门，以及机械部、交通部、中国科学院和中国船舶工业总公司等各专业157名著名专家，共同组成专家组进行工作。

这个机构被人形象地称为三峡工程的“总参谋部”，潘家铮自然是总参谋长。这副担子真是不轻，反过来说，责任也相应非常之大。一旦出问题，潘家铮要负主要技术责任。

技术委员会不仅负责审查三峡工程各项具体的设计，而且还要咨询、指导解决重大的技术问题。时间紧迫，日程安排自然十分密集。审查进程主要是按照技术设计的进度安排，由项目负责人和专家组组长组织专家进行专题审查。

潘家铮仿佛忘记了自己是一位年近七旬的老人，对三峡工程的工作义无反顾，全身心投入。1994年2月到6月，审定各专题的设计大纲，前前后后共召开了18次会议；1994年6月到12月，对技术设计中的关键问题、主要坝体布置方案、结构尺寸和与之相关的科研问题与设计单位沟通研究讨论，此一阶段共开了28次会议，其中包括共同赴三斗坪现场调查考察。[1]

1994年12月14日，长江三峡工程开工典礼大会在三峡大坝坝址——湖北省宜昌市三斗坪举行。国务院总理李鹏在长江三峡工程开工典礼大会上宣布，当今世界上最大的水利枢纽工程——长江三峡工程正式开工。

富有诗人气质的潘家铮也在开工典礼现场，但他并没有感觉到诗情涌动。

1　参见李永立整理《潘家铮院士简历及主要技术活动年表》，收入《中国大坝技术发展水平与工程实例》，《中国大坝技术发展水平与工程实例》编委会编，中国水利水电出版社，2007.12，附录页。

灵感蛰伏冬眠，炼句赋诗全无兴趣。技术设计审查告一段落，还有更为复杂的审查等在后面。

正如一期工程不显山不露水，连长江自已也没有感到有什么异样一样，开工之前的一切审查虽然紧张，却都显得很平静，但挑战还在后面。因为，开工信号枪一响，开弓没有回头箭。来自全国的施工队伍隆隆开进，齐聚三斗坪，这时候许多遗留问题、新出现的技术问题、复杂的计算问题很快显现出来了。

工程开工之后不到一个月，1995 年 1 月 1 日，技术委员会即开始审查各专题组提出的设计报告，每个专家组分别进行 5 到 7 次专题审查会、交流讨论会、终审会议，到 1997 年大江截流之前，技术委员会在不到两年的时间里共召开了 64 次会议，对厂房、机电、二期围堰、建筑物监测等单项工程设计已经完成终审，前前后后共有 5000 多人次参加审查会议。

审查本身就是一项精益求精的大工程。此一系列审查过程中，争论贯穿始终，虽不至于像重新论证时的营垒分明，但其激烈程度跟重新论证时比起来，其实也差不到哪里去。唯一的区别大概就是外行人根本听不懂这些人在争论什么事情。

因此，潘家铮在 1995 年 1 月 11 日召开的长江三峡工程技术设计审查会议上，对技术设计审查工作任务作如是表述：

我们这次审查会议的任务很重，难度很大。因为，第一，如果说初步设计主要是确定工程的规模、总体布置和解决一些原则性问题，必要时在以后还有回旋余地的话，技术设计就要确定具体的方案和施工要求，包括许多细节已没有回旋余地。设计好坏、审查结论是否正确，都要立刻受到实践考验。第二，三峡工程是当今世界上最大的水利水电工程，牵动着全国人民的心，也引起全世界人民的关注，我们只能做好，不能做坏。而且正因为工程规模太大，在三峡工程中不允许做没有把握的事，不允许冒大的风险，同样也不允许保守落后，否则都将会给工程带来严重后果，给国家、人民带来巨大损失甚至严重的政治影响。第三，由于历史原因，三峡工程初步设计中还遗留一些问题要在技术设计阶段研究解决，而技术设计与准备工程几乎是同时进行的，时间极为紧促，任务极为艰巨，这就给设计、试验、科研单位带来极大的困难，同样也增加了审查工作的难度。[1]

潘家铮强调，这一次审查是对技术设计全面的研究和讨论，该确定的确定，该决策的决策，该修改的修改，尽量明确下来。但工程实在太大，问题实在太复杂，如果确有少数问题仍不能确定，需要补做工作，也要实事求是提出来。有些问题可以做原则审定，但指出存在的问题和解决方向，责成设计单位在审查后补充做工作，或采取专题报告方式报批解决，或授权设计单位比较确定，尽快补好课。

正如潘家铮所料，技术审查很快就遇到了问题。

说起三斗坪这个坝址，很有意思。三斗坪是经过几十年的勘测，在20世纪70年代就确定下来的。原来萨凡奇选择的南津关坝址，后来勘查人员在钻探的时候，发现这里喀斯特地貌发育。提起钻头来，岩样里甚至有一只螃蟹，而且还是活螃蟹。南津关坝址并不理想。[2]

经过漫长的论证，坝址最终确定三斗坪。这里的地质情况非常好，有问题也是局部的事情。这个局部就恰恰出现在1号到5号坝段。1号到5号坝段是左岸厂房区。用最先进的手段查明，下面的基岩存在不利的缓倾角软弱结构面。因为布置坝后厂房，大坝下游又有较深的开挖形成的临空面，影响坝基稳定。这样就存在一个坝段深层抗滑稳定的问题。所以，设计方案必须调整。

---

1 参见潘家铮撰《在长江三峡工程技术设计审查会议上的讲话》，收入《潘家铮院士文选》，潘家铮著，中国电力出版社，2003.8，第311–312页。

2 参见《刘广润院士文集》，宋翠华编，中国地质大学出版社，2010.4，第108页。

分析大坝沿着这组结构面的抗滑稳定的安全系数，又是一项十分繁复的工作，专家组调动国内多家设计单位、科研院校进行平行计算，但是计算的结果十分分散，导致争论不休，设计调整方案迟迟不能落实。

这时候，当时还是中国水利水电科学研究院研究员的中国科学院院士陈祖煜参加进来。他发现其中第 3 号坝段一个给出的偏低安全系数很有代表性，是用 SARMA 程序获得的。恰好，陈祖煜在与澳大利亚唐纳德教授的合作研究中发现，SARMA 程序忽略了条间力方向两种可能性的缺陷，他将研究成果发表在《加拿大岩土工程学报》上。论文有相应的判据和计算方法，纠正了这个程序的缺陷。第 3 号坝段这个偏低的安全系数显然是因为 SARMA 程序中被忽略的那一个条间力，导致计算的错误。

陈祖煜向潘家铮报告了自己的这个发现。潘家铮对陈祖煜为代表的新一代科学家的研究向来非常重视。陈祖煜将自己的研究成果和论文发表情况详细解说一番，并建议采取必要的加固措施，提高深层抗滑稳定的安全度。潘家铮异常兴奋，立即以技术委员会的名义召开一个专门研讨理论问题的会议，以解决这一长期争论不休的问题。

会议议程中有一项“请陈祖煜同志作一个核心发言”，但在印发通知的时候，会议秘书处以为通知没有必要将这一条印上去，就删掉了。但潘家铮签发通知的时候，又特意将这一条补了回来。[1]

这时候，年迈的潘家铮已经不再是一个技术权威，不再是一个总工程师，好像重新回到当年现场设计总工程师的角色，特别注重年轻团队在具体技术细节中发挥的作用。

除大坝本身所遇到的问题之外，进水压力管道、水电站厂房、永久船闸、升船机、二期围堰、机电设备、坝区泥沙、安全监测，以及执行概算等关键性技术问题，都由技术委员会主持审查。委员会对遇到的问题莫不如此细致

1　参见陈祖煜撰《纪念潘家铮——恩师、挚友》，收入《永远的潘家铮》，中国水力发电工程学会、中国水利水电出版社编，中国水利水电出版社，2013.6，第 28–29 页。

提出指导性意见，认真把关，既有理论分析，又有工程实践措施。

潘家铮主持技术委员会在1997年大江截流前夕完成了三峡工程技术设计的审查工作，这个“总参谋部”为三峡工程顺利建成奠定了坚实的基础。

1997年1月，潘家铮在三峡总公司年度工作会上宣布：这座世界上最巨大、复杂的水利工程的设计工作已经基本完成，主要难关已经克服，基础资料、关键问题、主要布置方案、主要设计原则、设计选型、结构型式尺寸、施工措施等，都得到明确和落实，其中应用了大量新技术，满足了招标、投标和施工的要求。

1997年11月8日，三峡工程大江截流成功，这在三峡工程建设过程中是浓墨重彩的第一笔，也是1997年全中国最引人注目的重大事件，牵动着全中国人的心，也吸引着全世界关注的目光。江泽民在三峡工程大江截流仪式上发表重要讲话。

1997年11月8日，三峡工程大江截流成功

可就在这个关键时刻，潘家铮却缺席了。

他躺在北京医院的病床上。

这一年，潘家铮整整70岁。

41 张会议证与三峡工程

三峡工程开发史波澜壮阔，序幕太长。三峡工程本身，即便在许多关心三峡工程争论的人那里，也是云里雾里，不知就里。

现在可以回过头来说一说三峡工程建设本身。

潘家铮曾感慨说：不亲身参与，就难以体会这座世界上最大的水利枢纽工程的宏伟与复杂。

从潘家铮的文字介绍中，一般读者可以清楚地了解三峡工程的建设过程。

三峡工程的拦河大坝为混凝土重力坝，大坝坝轴线长 2309 米，坝顶高程 185 米，正常蓄水位 175 米，泄洪坝段位于河床中部，两侧为厂房坝段和非溢流坝段。工程开挖的土石方量 1 亿多立方米，混凝土的浇筑量则以千万立方米计，金属结构和机组制作安装的规模也远超当时已建、在建的任何水利水电工程。而且在漫长的 17 年建设工期中，长江不允许停航。

三峡工程因为是建在长江干流上的一座巨型工程，在建设的时候与一般水利水电工程有相似的地方，更有不同之处。

三斗坪坝址河谷宽阔，江中有一个天然的小岛，名叫中堡岛，一岛分两江，这个小岛将长江分为主河床及后河，适于采用分期导流方案。

所谓一期工程首先是在中堡岛右侧修建纵向围堰，该围堰为土石围堰，在围堰保护下，将中堡岛挖除，扩展深挖一条人工长江，也就是导流明渠。同时，在左岸修建一座临时船闸，临时船闸的修建与永久船闸开挖同时进行。一期工程说起来简单，但其工程量非常浩大，工期长达 5 年。

大江截流之后，在长江主流上修建上下两道围堰，是为二期围堰，形成大江基坑，排干江水之后修建泄洪坝段和左岸厂房坝段，同时建成永久性船闸。这就是二期工程，历时 6 年。在二期工程中，要拆除左岸的二期围堰，在明渠中实施二次截流，江水复流，回到主槽通过坝身底孔及厂房下泄实现首批机组投产，永久船闸通航，然后转入三期工程。三期工程继续修建右岸厂房坝段和安装机组，到2009年全部竣工。

全部三期工程，有几场关键性的决战：导流明渠完成、大江截流、二期围堰和二期工程中破世界纪录的混凝土施工等。

一期工程接近尾声，中堡岛右侧出现一条人工开挖的新长江。这时候正是1997年的盛夏时节。潘家铮参加一期围堰国家验收，经过严格检查，验收组认为可以在汛期结束之后进行截流。

标志性的大江截流可谓史无前例。所谓截流，就是以中堡岛上的纵向围堰和左岸为基地，从上下游两侧向大江中抛投石块和风化沙，不断向江心逼拢，最后截断长江，迫使江水从导流明渠宣泄。大江截流和其后的二期围堰工程的成败，决定三峡工程的命运，在某种意义上说，打赢这一仗，三峡工程建设已立于不败之地。

这是在长江之上截流。在三峡工程论证时就有人指出，先行建设的葛洲坝工程将对三峡工程建设产生不利的影响。这不利影响就在眼前。因为三峡坝址位于葛洲坝库区内，水深达到60米，设计截流量也甚是巨大，每秒有14000立方米的水体夺路而过，如遇到丰水期，这个流量将达到每秒20000立方米之巨，要将这样巨大的洪流强行截断，最后逼到明渠之中，其难度和风险可想而知。而且江底河床还有20多米厚的覆盖层，仅新淤的细沙就达10米厚，截流过程势必被冲刷，而且截流还不能影响通航。

诸多难题集于一身，哪里都不能出问题，只能成功，不能失败。所以一期工程的大江截流与二期围堰工程是三峡工程的重点设计项目之一。潘家铮主持的技术委员会在审查这两大工程设计的过程中，组织设计、科研、高校、施工单位经过多少次攻关，真不是一个能够准确统计的数字，更不用说具体问题的研究、计算、试验和现场实战演习，更是不计其数，到1997年10月工程具备大江截流条件，单等枯水期实施截流。到这个时候，各种各样的技术文件多到了汗牛充栋的地步。[1]

长江截流时间定在11月8日。三峡总公司确定合龙确有把握，届时将请国家领导人及数万群众来参观这一壮举。

在此之前，截流工程每日高强度推进，最后130米龙口必须在5天之内合龙闭气。

大江截流、二期围堰——三峡工程决战性工程，潘家铮念兹在兹。

二期围堰是在大江截流之后首先施工的工程。二期围堰的工程强度特别大，被潘家铮称为一场“恶战”。在某种程度上讲，它是在扩大大江截流的战果，必须在大江截流之后，迅速加高培厚堰体。上下游堰体高达82.5米，总体积达到1200万立方米，更重要的是要在堰体中做一道不透水的混凝土防渗墙，这道中间的防渗墙面积达10万平方米，穿过堰身和河床覆盖层直达江底基岩，而且必须赶在1998年汛期来临前完成。二期左岸厂房大坝要在二期围堰的保护下，在4年工期内完成大坝浇筑、厂房建设和机组安装工程，所以用技术术语表述，二期围堰称之为Ⅰ级临时建筑物，质量要求非常之高。

说起来话长，长江水利委员会早就意识到二期围堰工程的难度，在40年前，也即20世纪50年代就着手在现场选择一条天然河沟石板溪进行6米水深的填筑试验，取得一系列重要数据。从80年代开始，关涉二期围堰工程施工、用料和防渗墙等一系列技术问题都被列为国家级技术攻关，进行过许多试验、研究、实施、检测，直到围堰拆除，还要对围堰“开膛破肚”，揭露盲点进行总结。

二期围堰工程有这样漫长的准备工作，最后终于做到万无一失，如期完工。大江基坑于1998年汛期来临前被抽干，露出峥嵘奇特的地貌。

潘家铮曾亲自下到基坑检查过很多次，他在60多米深的基坑一遍一遍勘查，一个细节一个细节过问。围堰非常争气，不仅安全挡住了1998年的大洪水，而且挺立在长江之上撑过4个汛期，几乎滴水不漏。

1　参见潘家铮撰《世纪圆梦和终生遗憾》，收入《春梦秋云录——浮生散记》（第二版），潘家铮著，中国水利水电出版社，2000.12，第379-380页。

二期围堰按期完成，是在1998年4月。紧接着就是二期大坝和厂房施工，这是三峡工程中最艰巨的项目。因为2003年二期工程结束，接着第一台机组就要发电，关系到三峡工程能否提前发挥效益。[1]

如今看来，于20世纪90年代中期开始建设的三峡工程，不仅仅是中国乃至世界上最大的水利水电工程，其建设意义远远超过了水利水电工程本身，而且还为中国工程建设、装备制造行业的科技创新提供了一次千载难逢的实战演练机会。三峡工程在很大程度上，实际就是科技创新的一个重大成果。

2003年，三峡二期工程结束。在1999年到2001年的三年中，三峡二期工程左岸共浇筑1100万立方米混凝土，连续三年三破世界纪录。

潘家铮说，这是一个史诗般的成就，靠的是新设备、新工艺、新材料、新设计和严格的科学管理。

三峡三期工程正式开工。三期工程首先要将导流明渠再截流，在明渠上筑一道混凝土围堰，围堰采用碾压混凝土技术完成。关于三期围堰工程，潘家铮在三峡总公司的年会上再次告诫施工单位，三期围堰是一场硬仗，打赢它，三峡工程就再没有大的障碍了。

潘家铮形象地说，三峡三期围堰工程的工程量，相当于当年新安江大坝的工程量，有110万立方米混凝土。新安江大坝从1956年一直干到1960年，整整干了5年。三峡三期围堰工程要在半年之内全部拿下来，也就是要在半年浇出一座新安江大坝，这是一个全新的世界纪录。

从主持论证开始，三峡工程在潘家铮心中的分量已经很难说清楚有多重，或者那已经不是一个重量单位，应该是他生命的一个组成部分。他晚年的智慧和精力大半都放在了这座跨世纪的伟大工程上。

1998年，随着三峡工程建设的推进，国务院三峡建委决定成立三峡工程质量检查专家组，潘家铮被任命为副组长，2004年被任命为组长，一直

1　参见潘家铮撰《世纪圆梦和终生遗憾》，收入《春梦秋云录——浮生散记》（第二版），潘家铮著，中国水利水电出版社，2000.12，第381-382页。

到 2009 年三峡三期工程结束。

一般水利水电工程，都由地方政府派驻一个质量监督站，但三峡工程不同，直接由国务院三峡建委下派质量检查专家组，实际上行使的是政府监督职能。质量检查专家组从 1999 年开始第一次下工地检查，到 2009 年大坝封顶，整整 11 个年头，质量检查专家组每年分两次下到工地做为期一周甚至更长时间的质量检查工作。

与国务院三峡建委质量检查专家组同时开展工作的，还有成立于 2002 年的国务院三峡工程验收委员会。验收委员会主任由国务院副总理担任。委员会下设验收专家组，潘家铮也先后担任副组长、枢纽工程验收专家组组长，每年要对三峡工程按进度进行全面验收。

2007 年，潘家铮（前一）赴三峡工程施工现场开展质量检查

17 年工期，17 个寒暑。潘家铮在这 17 年中，究竟到过三峡工地多少次？怕是连他自己也说不大清楚。2003 年，潘家铮的秘书李永立在给由中国电力出版社出版的《潘家铮院士文选》作跋时有一个统计，截至 2003 年，他陪潘家铮下到三峡工地的次数就不下 50 次。

2007 年，潘家铮的家乡浙江省绍兴市档案局开展全国绍兴籍人士档案征集工作。潘家铮捐赠给故乡的档案材料特别有意思，包括生活、工作照片在内，共有362件档案材料，其中绝大部分是各类会议的出席证、代表证、专家证，计有238张。[1]

2001年7月，潘家铮已经担任国家电力公司顾问，在他的办公室里有一个白布袋子，里面全是各种会议的代表证、专家证，水电工程和三峡工程的代表证当然是最多的。秘书当时还跟潘家铮开玩笑，潘家铮打趣告诉他说这是他的一项收藏，别人收藏钱币、邮票，他喜欢收藏代表证、专家证。

着意收藏倒谈不上，倒不如理解为收藏者本人的严谨，这些东西不正是工作档案里的一部分吗？！

这些代表证、出席证和专家证，时间范围从1986年一直到2006年，大致是潘家铮20年重大学术、专业、社会活动的一个粗略记录。其中，关于三峡工程的论证、审查、检查、验收会议的出席证与专家证最多，达到41张，占到全部的六分之一还多。当然不能简单按所占比例换算出他花在三峡工程上的时间和精力，因为这仅仅是他出席正式会议的见证，绝不能当作他亲临一线工地的准确统计。

病榻上的大江截流

一个水电工程师，为一座工程奔走呼号、宵旰忧劳二十多年。在三峡工地上，上到集团董事长，下到项目部经理，他们都随口可以说出潘家铮的一些事情。好像潘家铮刚刚在身边，刚刚转身到了下一个地方一样。

三峡建设者用他们纯朴的情感还原那一个睿智、亲切、幽默、谦逊、和

1 参见赵立撰《小小出席证 浓浓故乡情——潘家铮院士个人档案征集记》，收入《浙江档案》，2009年第7期，第36页。

蔼而可亲、可敬、可爱的“潘总”。潘家铮的故事，是三峡史诗中不可或缺的章节。

1997 年的大江截流，潘家铮却没有亲临现场，这是怎么回事呢？

这一年，水电学会为潘家铮 70 华诞暨从事水电工作 47 周年举办了一个纪念会，同时发行《中国水利水电技术发展与成就——潘家铮院士从事科学技术工作 47 周年纪念文集》一书，这本由中国电力出版社正式出版的著作，将作为献给这位中国水利水电工程理论奠基人之一的贺寿礼物。

江南才子，运可衰，相不可衰。潘家铮在公众场合里向来注重自己的仪表，从五十多岁开始一直将头发染得一丝不苟。而年过七旬之后，潘家铮再也没有染过发。满头华发的潘家铮第一次出现在同事们面前的时候，大家心里一颤，才意识到潘家铮确实是一位老人了。

这里面没有一点点人生晚境的苍凉，相反很振奋。

大江截流之前，潘家铮完成施工现场最后一次踏勘，准备截流的各种机械、骨料都已经准备就绪，施工单位更是信心满满，几千名筑坝大军齐聚两岸，单等合龙那一天到来。

合龙的前一个月，潘家铮受三峡总公司委托，接受中央电视台采访。他介绍完大江截流的情况，以及截流对三峡工程的意义，主持人白岩松问他：“11 月 8 日大江截流那一天您会在主席台上吗？”

潘家铮几乎未加思索，随口回答：“我想不会。因为对我来讲，三峡工程所用的经费是非常有限的，主席台上就座人员有限，我想一定会有更重要的同志坐在那儿。”

应该讲，在截流未开始之前，一些细节还不宜公开，潘家铮回答也是非常有策略的。

哪里想到一语成谶。10 月 30 日，老人的胆囊炎发作。刚开始是胸口隐隐作痛，从年轻时就经常外出，这点小病小痛不会放在心上，还在紧张忙碌，还在想着什么时候安排去三斗坪现场，甚至想着该坐在哪一个角落观看。但到10月30日深夜，突然疼痛加剧急送医院，到达急救室，人已经昏迷不醒。

年岁不饶人。

潘家铮的胆囊炎是老病了，1996年4月就发作过一次，病情稍缓，他马上又开始工作。这一次他病得很重，一入医院就进了手术室。

术后，潘家铮清醒过来，只是无奈地发现，身上插满了各种各样的管子。大夫告诉他说，是急性坏死性胆囊炎，只能冒险在高烧的情况下开刀，否则有生命之虞。大夫指着插在身上的引流管说："潘总，这也是'导流'。"

这一天，距离大江截流还有8天时间。只是术后虚弱的身体不允许他离开病床，更不用说亲赴现场了。

潘家铮真是老了，脸色苍白，虚弱不堪。潘家铮让秘书李永立跟护士说一说，可不可以借台电视机到病房，看一看大江截流。

病中的潘家铮惦记着千里之外的大江截流也在情理之中，潘家铮为三峡工程付出的心血，或者说潘家铮对三峡工程的重要性，业内人心里都有底。何况大江截流这样关键性战役，潘家铮不能在场，但他怎么能放得下？如果不满足他这一要求，多少有些残忍。

那天正好国家电力公司有位领导来探望潘家铮，得知了潘家铮这一要求。这位领导回单位当天，安排为老人把电视机送到病房。

11月8日，病榻上的潘家铮还不能坐立，他很早就醒了。秘书帮他盥洗完毕，将病床轻轻摇高一些，他静静等着大江截流直播开始。

潘家铮那一天目不转睛盯着电视，不说话，脸上也没有表情，就那样一个姿势，从早上8:50直播开始，一直到下午6:30。沉静，专注，凝神。秘书无从猜测潘家铮此时的心情，可跟了潘家铮这么些年，他太了解潘家铮对三峡工程的情感与为之的付出，一瞬间，他想哭。

潘家铮在看到下游围堰最终合龙闭气，整个过程跟设计截流的时间分秒不差，仿佛是用计算机控制得那样精确而完美，潘家铮的眼泪和着内心的激动滚落下来。

裂缝风波

大江截流成功，接着就是啃三峡二期工程围堰这块硬骨头。潘家铮每一次莅临工地，在现场从来不苟言笑，不讲话，不表态。看这看那，只是问，一个细节都不放过。

潘家铮从事水电事业 50 多年，不迷信，不盲从，敢于拍板，敢于做第一个吃螃蟹的人。但是在三峡工程的建设质量管理上面，潘家铮却显出少有的谨慎，甚至保守，进而也显示出少有的严厉。真如他一再强调的，“战战兢兢，如履薄冰，如临深渊”。

潘家铮每一次讲话，大家都能感觉到这是老先生在“敲打”他们。所以潘家铮后来说，他在担任质量检查专家组组长之后，成为“工地上最不受欢迎的人”。当然这是开玩笑的说话，但通俗一点讲，他不就是那个挑人毛病的人吗？

在三峡工程质量检查专家组第一次工作会议上，潘家铮对工程的质量问题提出两点建议：

一是这次剖析的一些事故缺陷，属于常见病、多发病性质。对常见病、多发病这一提法，我过去是赞同的，现在有些变化。我同意一些同志的意见，这样提有副作用，似乎毛病不重、问题不大。事实上如果常见病不断常见，多发病永远多发，性质会变，小病变大病，炎症变癌症，所以建议改称“顽症”，就是不下大决心、不花大功夫治不好的病，可以起“警示”作用。

二是在分析事故原因时，不把客观条件作为理由。例如混凝土表面开裂，不要说主要原因是寒潮袭击、气温骤降。寒潮年年要来，人人都知，我们的温控防裂措施就是要解决这些问题，怎能作为发生问题的原因呢？同样，船闸北输水沿进口段衬砌的施工缝漏水，不能把地下水丰富作为理由之一。地质情况是客观存在的，挖不挖隧洞，地下水都是丰富的。工程师和技术部门的责任就是认识客观，找出问题，采取措施，保证质量。如果我们在分析事故时，着重在主观上找问题，更有利于今后改进。[1]

这是颇富哲理的一番见解。三峡工程的质量问题已经绝不是简单的工程问题，一旦出现质量上哪怕一点点瑕疵，影响的绝不是工程的安全，还有处在舆论风口浪尖上的三峡工程本身的声誉。

潘家铮每一次到工地检查，都认真仔细审阅参建各方面提出的自检报告材料，还要亲自深入到建筑物施工部位进行检查。

2002 年到 2003 年，对于三峡工程和三峡工程的建设者而言，是压力最大的一年。工程质量上出现一些问题，社会上便议论纷纷。

这一年，正值三峡二期工程结束，三期工程开工，正在一个关键的交接点上。

一是首台机组安装调试。7000 多吨的水轮机组安装到位，进行首次调试运行。到最后阶段水轮机突然发生强烈震动，在场的工程师后来描述说，那简直就是地动山摇。事故发生之后，水轮机组调试只能停下来，中外专家经过 20 多天寻找原因，原来却是转子叶片收回的时候，导致引水管水流扰动失衡所致，最后调整叶片闭合控制，终于解决了这一问题。

二是有人发现二期工程的大坝有裂缝。这本来也是潘家铮所说的“常见病”，在质量检查过程中不是没有发现。因为国外坝工界有一句名言叫作“无坝不裂”。三峡工程是最大坝高 181 米、混凝土浇筑量近 2800 万立方米的大体积混凝土重力坝，要使它没有裂缝，几乎是不可能的。而且混凝

1 参见潘家铮撰《在三峡工程质量检查专家组工作会议上的发言》，收入《潘家铮院士文选》，潘家铮著，中国电力出版社，2003.8，第 321 页。

土温控、防裂一直是一个世界性难题。

先说三峡大坝左岸的裂缝。专家组在质量检查过程中实际上已经发现了这些裂缝。

2000年10月，首次发现泄洪16号坝段上游底孔之间出现裂缝，到12月中旬共发现5个坝段出现7条裂缝；2001年9月到10月，再次用望远镜初步检查，未发现新裂缝；2001年11月开始，相继发现有新裂缝产生，原有裂缝有所发展，到2002年2月，共发现裂缝40条，泄洪坝段共23个，每个坝段均出现1条到2条裂缝，个别坝段有3条裂缝。这些裂缝的位置大多在高程45米到77米，最高的裂缝上至深孔牛腿根部，最低的裂缝延伸至基岩部位。泄洪16号坝段裂缝最长35米，宽度一般为0.1毫米到0.3毫米，泄洪9号坝段裂缝最宽为1.25毫米，裂缝深度一般小于2米。[1]

专家们对造成裂缝的主要原因的一致结论是：裂缝位于表面层，这些裂缝是由于周围空气瞬时的温度梯度及大体积混凝土内部和外部温度的差异而引起的。三峡工程混凝土拌和、输送、浇筑是一个非常复杂而精细的工程机械系统，在输送过程中还有冷却系统，加入预冷却混凝土粒料。尽管如此，这些裂缝对于三峡左岸大坝的巨大体积而言，还在正常范围之内。对于大体积混凝土浇筑，在控制好的情况之下，平均每1万立方米会产生0.5条到1条裂缝。二期工程有73条裂缝，而且都是浅表性裂缝，并不会影响和降低大坝的安全性。

其实，这个消息最早出现在三峡工程的自检报告中。时隔一年多，海外媒体开始关注到这一情况，接着国内个别报道越说越玄。有网友甚至把正在修复裂缝切出的表面沟槽当成裂缝，拍照发布说大坝的裂缝宽到可以伸进一只手掌。有的甚至说，裂缝的宽度足可以容一个人侧身钻进去。

2002年2月21日，潘家铮和陆佑楣接到全国人大常委会委员长李鹏打

1　参见孙志禹、陈先明撰《三峡大坝工程》，收入《中国大坝建设60年》，贾金生主编，中国水利水电出版社，2013.1，第668页。

来的电话，询问关于三峡大坝发生的裂缝问题。

三峡大坝裂缝问题已经引起党和国家领导人的高度重视。

不管怎么说，有裂缝总不是什么好事。尽管这些裂缝不影响大坝安全，但三峡总公司还是决定按照专家的意见进行必要的修复。这个修复过程之细致、周密和严格，在国际大坝建筑史上没有过先例。

电视、报纸、网络，国内、国外的媒体都在“讨个说法”，潘家铮以水电专家的身份站出来解说关于三峡工程质量的问题。

潘家铮先是肯定三峡工程的质量，三峡工程的质量是良好的，甚至是相当好的，与国内其他工程相比已经很好了，与国外的工程相比也不逊色。但是这么高的混凝土浇筑强度，这么紧张的工期，不可避免会出现一两起质量缺陷，这并不奇怪。世界上没有一个工程是一点质量缺陷都不发生的，问题是看所出现的质量缺陷的性质。最近讨论的热点是三峡工程泄洪坝段上游坝面裂缝问题，其性质是表面的、浅层的裂缝。发生裂缝不是好事，但裂缝有不同性质：有贯穿性的裂缝，把大坝分成两个部分，这是不允许的，影响也非常大；也有表面性质的裂缝，世界上任何一座大坝出现些表面裂缝都是正常的。三峡大坝的裂缝是属于第二类的。[1]

135 米蓄水监测结果表明，这些裂缝并不影响大坝的安全度。

三峡大坝裂缝的故事并没有就此打住。

2003 年 5 月，“非典”正炽期间，也是潘家铮在三峡工地待的时间最长的一次。刚从三峡工地回来，潘家铮应中央电视台之约，录制《面对面》节目。

主持人王志向以风格凌厉和提问直白而著称，开门见山就问及三峡工程的质量问题。

王志：三峡马上就要蓄水了，可能大家从来没有像今天这样关心三峡的工程质量。

1 参见《石壁立西江：中国三峡工程决策建设实录》，张立先著，长江出版社，2004.5，第 372 页。

潘家铮：把全世界的水利水电工程排个队，按照质量排个队，三峡工程质量也是前面。在国内也好，国外也好，质量比三峡工程差得很多的有的是。为什么大家对三峡工程质量说得特别多呢？我认为叫“人怕出名猪怕壮”。这个猪太壮了，大家都注意它。三峡工程没有小事，这是国务院领导同志跟我们讲的。因为大家都盯着它看，国内也有许多人盯着它看。你只要出点小小的问题，它可以给你吹得很大很大。

王志：工程质量到底怎么样？

潘家铮：三峡工程质量是好的，我在说总体上是好的。在施工中，在建设的过程中，出现一些这样那样的质量事故或质量缺陷，这种病是常见病、多发病，经常见到的病……[1]

《面对面》在这一年的6月7日播出。潘家铮关于三峡工程质量的回答可谓自信。

尽管是来自权威水电工程专家潘家铮的解说，说得有理有据，事实上并不能平息裂缝事件对三峡工程的质疑，公众还是将信将疑，关于大坝开裂到可以伸进手掌，甚至可以钻进一个人、开进一辆汽车的说法还是甚嚣尘上。

7月，国务院三峡工程验收委员会专家组再赴三峡工程，对三峡工程左岸首台机组启动技术预验收。预验收结束，三峡总公司召集专家召开三峡三期工程的防裂研讨会。潘家铮在讲话中有一句话说得很严厉，事后他也觉得不近情理。他说：“你们能不能争口气，三期工程右岸大坝能不能做到不出现一条裂缝？能做到这一点，三期工程大坝就是一座名副其实的一流工程。”

潘家铮之所以自己也感到不近情理，是因为早在他的代表作《重力坝设

1　参见《面对面·精彩版》，中央电视台《面对面》节目组编，吉林人民出版社，2004.1，第193–194页。

计》中就有关于大坝裂缝的控制与处理的一整套理论，这就是混凝土控温技术上所谓的“以缝治缝”。

然而，三峡大坝是什么工程？是全国人民都在关注的工程，裂缝影不影响到大坝安全，总给人们的心里落下了拂之不去的阴影，所以潘家铮向工程建设者提出这样一个“不近情理”的要求。

真不近情理吗？一方面说“无坝不裂”，另一方面又说要做到不出现一条裂缝、不是自打耳光吗？于情，抹去人们对于三峡大坝的心理阴影，是为合情。于理，中国工程师经过几十年的实践探索，对于混凝土温控从理论到技术都趋成熟，在这方面的探索是走在世界前列的，技术上并没有什么重大困难，是为合理。潘家铮对待大坝裂缝的观点，与温控理论其实并不矛盾，只不过是在处理大坝结构应力的角度不同而已。

著名拱坝专家、中国工程院院士朱伯芳，对混凝土坝的裂缝有自己独到的见解与处理方法。经过长期研究与实践，朱伯芳提出“全面温控、长期保温、有效防裂”的理论，在国内几座拱坝和混凝土重力坝上已经有成功的实践。所以，朱伯芳建议三峡三期工程大坝上下游表面可以用 3 毫米到 5 毫米厚的聚苯乙烯泡沫板长期保温。[1]

潘家铮也认为，国内的混凝土控温防裂理论并没有错，除了对大坝开裂有认识误区之外，施工管理还要跟得上。所谓施工管理，潘家铮早在 1992 年主持建设工程设计可靠度会议时，就明确提出工程设计要从安全度向可靠度理论转变。

2004 年，国务院三峡建委调整三峡工程质量检查专家组构成，潘家铮被任命为专家组组长。这一职务他担任了整整 8 年，一直到去世。

在此前的 2003 年，潘家铮辞去三峡工程技术委员会主任职务，他讲不

1　参见朱伯芳撰《全面温控、长期保温，结束“无坝不裂”历史》，收入《中国大坝技术发展水平与工程实例》，《中国大坝技术发展水平与工程实例》编委会编，中国水利水电出版社，2007.12。

能既当裁判员，又当运动员。

三峡三期工程开始施工。这一次三峡总公司与全部参建单位几乎都是拼上了，包括设计、施工、监理，管理各部门，采取一切有效措施，从原材料的生产、采购，混凝土拌和、运输，温度控制、冷却，仓面平仓、振捣，施工后期的保湿、养护。最后采纳朱伯芳意见，对大坝进行长期养护，对整个过程进行全面控制管理，三峡建设者向“无坝不裂”的世界性难题发起了挑战。

作为国务院派出的质量监督机构，潘家铮率领的质量检查专家组说这个话有着足够的权威性，也有足够的自信。中国的工程师有能力向这个世界性难题发起冲击。

从 2003 年到 2006 年，这四年间，潘家铮的每一次质量检查报告都把建设一流大坝的要求提出来，不断“敲打”工程建设者。

右岸大坝的施工，属于三峡三期工程，共浇筑混凝土 500 万立方米，2006 年大坝浇筑到顶，三峡大坝全线混凝土浇筑完成。5 月 20 日，79 岁的潘家铮在庆祝会上欣喜万分，他宣布：三峡工程建设者吸取了经验教训，在右岸大坝 500 万立方米混凝土施工中，采取综合温控防裂措施，没有出现一条裂缝，创造了世界混凝土坝筑坝史上的奇迹。

潘家铮最后给三峡工程的质量作了这样的结论：三峡工程是一座优质工程、安全工程、争气工程。

大坝混凝土浇筑全线到顶，新的蓄水试验即将进行，三峡工程再度成为媒体关注的焦点。当年的三峡总公司总经理李永安和潘家铮一起接受电视台采访。谈及他作为质量检查专家组组长签字时的情景，潘家铮说：“我签字的时候有些手发抖。这个发抖不是老年痴呆，而是因为激动。要说三峡大坝有什么不足，只是因为结论报告写得仓促，文辞不够讲究、不够优美。”

留在三峡的足迹

20 多年来，潘家铮亲临三峡工地具体指导、检查，然后是验收，工地的每一个施工现场都留下他瘦弱矮小的身影，说他的足迹踏遍三峡工地，一点都不过分。

其实，大家都喜欢“潘总”的到来。潘家铮对三峡工程建设的作用和意义谁都清楚。当然紧张不可能没有，任何纰漏和疏忽、任何侥幸，要逃过镜片后面那一双敏锐的眼睛几乎是不可能的事情。但大家还是喜欢他，喜欢听他讲话，喜欢他的幽默与风趣。

潘家铮这个专家组组长绝不是挂名的，每一次质量检查，潘家铮都很认真。每年两次检查，潘家铮没有哪一次不亲临现场。2003 年 12 月，正是隆冬季节，质量检查专家组对左岸电站机组安装质量进行检查，他执意要看导流底孔过流后的状况。同行的专家劝他说：不看了吧，我们仔细检查过了。但潘家铮哪里肯依，让司机调转车头直奔导流底孔。

导流底孔在大坝下游栈桥底下约 70 米的地方，相当二十多层楼房那么高。他一步一步沿着垂直的梯子下去，不用人搀扶。同行的记者非常惊奇，这个老头儿的脚步只要踏在工地上，只要面对摊开的图纸，戴上安全帽，谁都看不出他已经有七十多岁。或者说在这个时候，他的年龄仿佛就是身体之外的一个虚拟存在。

但那一回，包括负责三峡建设的领导都有些后怕。潘家铮认真看完导流底孔，再从 70 米高的梯子上到栈桥，摘下安全帽时，他已经是满头大汗，直到上了车还气喘吁吁说不出话来。车上的人都向他竖起大拇指。

类似的经历还有。2006 年，右岸大坝到顶，是年 12 月，再一个隆冬季节，已经 79 岁的潘家铮再一次出现在三期工程现场。这是三峡工程质量检查专家组的第 16 次质量检查。

这一年，三峡三期工程也将开始验收。担任验收组副组长的潘家铮身担两副担子，率领两支专家队伍。一是质量检查，二是工程验收。紧张而繁忙的日程安排，迎接这位老人进入耄耋之年。

2006 年 12 月 5 日，79 岁的潘家铮正在三峡工程的工地上。这一天，天气情况特别糟糕，寒风搅雪，漫天飞舞，落到地面上立刻就化成冻雨。

潘家铮和专家们先到三峡船闸完建现场，外头雨雪飘飞，工地里面却热火朝天。大家看潘家铮从远处过来，不由停下手里的活，向老人行注目礼。潘家铮仔细检查船闸完建工程，含笑对身边的项目部经理说了两个字：慎终。

大家都知道他在说什么，也都理解这位老人的叮嘱。

接下来，就走到了三期工程开始之后修建的导流底孔栈桥。此时，导流底孔已经完成使命，正在封堵。潘家铮还要下去吗？大家都想起三年前的那一幕，试探着问：潘总，还要下去吗？

潘家铮头也不回，径直走向楼梯口，再下到 70 米深的封堵工地。他看了一圈，看封堵的程序，看封堵的质量，放下心来，复又攀梯上来。可是，这一回不同于上一回，沿梯上攀就可达电梯平台，条件比三年前要好得多，可以节省好几十米的垂直距离。但从施工现场到电梯平台还要上攀 40 米，十四五层楼高，对一位 79 岁的老人真是不小的考验。

79 岁的潘家铮毕竟不同于三年前，他爬几级台阶就停下来歇一歇，随行的人想搀他一把，他不干，坚持一个人爬。待上到 90 米高程，额头有了汗珠。但他还是上来了，大家都向他竖起大拇指，逐个和老人合影。

事后，有人问：“潘总，您为什么非要到导流底孔里面看一看？”

潘家铮说：“我是在向导流底孔告别。”

大家恍然。导流底孔封堵之后，将永沉江底，是再也看不到了。一道水坝好多结构，当初费尽千辛万苦，用多少人的智慧才建成，最后永沉水底不见其面目。例如围堰工程，建成之后又要炸掉；导流底孔，发挥完作用，又要封堵；

大坝基坑，大坝建成之后蓄水发电，当初热火朝天的场面永远被江水抹平。

这不正是水电工程建设者的一个隐喻吗！他们永远在第一线，永远在拓荒。当大坝矗立，江水复平，建设者会悄然离开，不留一点痕迹。

2006年，潘家铮参加三峡三期工程质量检查。此时，巍巍大坝已经封顶，眼前的三峡工程就像一件已经完工、等待熨烫整边的华服，披在长江之上。

潘家铮站在坝顶之上眺望，淡蓝色的雾霭笼罩了库区。在场的人看到，瘦弱的老人好像入定了一样，跟谁也不说话。其实，潘家铮在公众场合经常会陷入这样的状态，任是谁都看不出他内心的波澜。

有人问："潘总，您闭眼在想什么呀？"

潘家铮如梦初醒，他说："我是老年痴呆。"

面现微笑，再无他言。

2006年，站在三峡大坝顶端的潘家铮在想什么？

中国几代工程师的"三峡梦"如今实实在在落在地面上，用多么浪漫的语言书写这样的梦想都不为过。

显然，此时的潘家铮浪漫不起来，三峡工程已经到了最后冲刺阶段，他深感欣慰；三峡大坝的质量优良，应该说在潘家铮漫长的57年工程师人生经历中，三峡大坝是一座真正让他放心的大坝。或者说，三峡大坝还远不是最难建设的大坝。

2010年，潘家铮（前一）在三峡工程现场

诗人气质，激动难免。

人文情怀，忧思如旧。

但有一点是肯定的，79岁的潘家铮实现了当初的诺言：愿将残生献三峡。

20年弹指一挥。江河山川在春往秋来的重复中不过是花开花落的一瞬，而三峡工程已从梦中实实在在落到现实中。1986年主持三峡论证工作，潘家铮正处于一个科学家和工程师的壮年时期；2006年三峡大坝浇筑到顶，他已经是实实在在的老翁。

对于自己的老迈，潘家铮倒很是坦然，2007年，他接受记者采访时有过这样一段话：

> 人家说我是什么权威、泰斗，我听了当然很高兴，心里甜滋滋的。但是说句客观的话，我虽不敢肯定在科技领域有什么权威、泰斗，但我敢肯定一点，不存在80岁的权威、泰斗。为什么呢？权威、泰斗意思就是说，他看的东西都比别人准，他懂的东西都比别人多，他说的话都是对的，不说一句顶一万句，也至少一句顶一百句，这样才叫权威、泰斗。你想想看，科学技术发展得这么快，一个人到了80岁，心理上、生理上的老化是自然规律，你到了80岁还想什么都比别人懂得多，没有这样的事儿！如果这个国家权威、泰斗都是80岁的人，我认为这个国家就完蛋了。院士也好，权威也好，泰斗也好，老专家也好，唯一的好处，就是他走过的路比别人长，经过的挫折比别人多，他可以把过去的经验教训总结，告诉年轻一代，对他们有好处，仅此而已。[1]

年轻的时候，他就不迷信权威；到老了，他是真心希望年轻一代超越自己。

潘家铮80岁华诞那一年，三峡总公司总经理陆佑楣在《中国大坝技术发展水平与工程实例》的序言中，作出如是的高度评价。

> 智者乐，仁者寿！潘家铮同志是我国杰出的大坝结构和水利水电工程专

1　参见《永远的潘家铮》，中国水力发电工程学会、中国水利水电出版社编，中国水利水电出版社，2013.6，第165−166页。

家、中国科学院和中国工程院两院院士、国际大坝委员会荣誉奖获得者。今年是他80华诞，也是从事水利水电建设和科技活动的57周年纪念。潘家铮院士学术渊博，著述浩瀚，是国内大坝建设者追赶国际先进水平、实现跨越式发展的引路人！几十年来，他参加过近百座大中型工程的查勘、规划、设计、施工、审查和决策工作，在解决我国许多座大坝关键性技术问题上作出过特殊的贡献。特别是举世瞩目的三峡工程，潘家铮院士在重大决策方面发挥了重要的作用，赢得了国内外同行的广泛赞誉。[1]

1 参见《中国大坝技术发展水平与工程实例》，《中国大坝技术发展与工程实例》编委会编，中国水利水电出版社，2007.12，序。

第四篇
魂系江河

中国人民绝不允许江河自由奔流，而将进一步开展世无前例和史无前例的伟大的水利建设，百折不挠地向改造自然、适应自然的目标前进。

——潘家铮《千秋功罪话水坝》

第一章 两院院士潘家铮

“两院院士”

晚年的潘家铮每接受采访、录制节目或者撰写文章简介中，总将“两院院士”放在他所有头衔的前面。其实，“两院院士”是1994年之后的事情了。

“两院院士”无疑是潘家铮个人工程技术科学经历中一个很重要的构成。不是因为“院士”这个称号对他有多重要，而是在此之后，潘家铮的工程技术科学研究与活动呈现出另一番面目。

再把时间拉回到1994年。

1994年6月，中国工程院成立，这是中国科技发展史上，尤其是中国工程技术科学史上的一件大事。中国工程院成立的同时，此前的中国科学院学部委员称号终止，中国科学院和中国工程院两院均实行院士制度。时年67岁的潘家铮被选为中国工程院院士和首届副院长。此后，他连任一届副院长，一直到2002年75岁卸任。

成立中国工程院事宜，潘家铮无暇顾及了。

1994年，漫湾、小湾、天生桥一级和二级、棉花滩、东江水电站等一大批重点工程开工，或者正在做前期工作，金沙江溪洛渡水电站也开始选址。这些工程的审定和解决重大技术问题的决策需要潘家铮去主持，有些已开工工程出现的问题和施工事故也需要他亲往解决。而三峡工程的准备工作也开始两年多，开工在即，潘家铮领衔的三峡总公司技术委员会正在紧锣密鼓地逐项审查三峡工程的技术设计。潘家铮忙得不可开交。

1994 年 5 月 10 日，国务院批复《关于呈请审批中国工程院首批院士拟聘名单的请求》，同意以中国工程院名义聘任 96 名人员为中国工程院首批院士。[1] 包括潘家铮在内的 30 名中国科学院学部委员进入中国工程院拟聘院士名单之后，仍然是中国科学院院士，具有双重身份。

这就是日后“两院院士”的由来。

1994 年 6 月 3 日，中国工程院成立大会和中国科学院第七次院士大会在中南海怀仁堂举行，中国工程院正式成立。

在中国工程院首届院士大会上，全体院士以无记名投票方式选出院长、副院长，朱光亚当选为中国工程院首任院长，潘家铮等四人当选为中国工程院副院长。

按说，潘家铮在近百名中国工程院院士中，年龄稍长一些。首批 66 名拟聘者中，65 岁以下 49 人，占到 74.2%；30 名“两院院士”中，65 岁以下 14 人，占到 46.7%。[1] 均衡来讲，67 岁的潘家铮在“两院院士”中尚且还可以称为年轻人。作为科学家，他的学术研究已经完成其对学科的开创、引领与丰富之功；作为工程师，他的经验积累，以及决策和解决重大技术问题的能力正处于巅峰状态，可谓“年富力强”，堪当大任。

倾力战略咨询研究

中国工程院作为国家最高一级的荣誉性、咨询性学术机构，它的主要工作是研究、讨论工程技术领域的发展趋势，结合经济、社会发展的关键性问题，对国家重大工程技术决策、发展规划、计划方案及其实施提供

1　参见莫扬撰《千呼万唤　应运而生——中国工程院建院史话》，收入《工程研究——跨学科视野中的工程》（第一卷），杜澄、李伯聪主编，北京理工大学出版社，2004.10。

咨询。[1]

1995年10月，也就是中国工程院成立一年之后，中国工程院即成立咨询工作委员会，到2002年共完成咨询项目39项。

咨询项目是中国工程院的主要工作，每一个咨询项目都是一项浩繁的巨大工程。

中国工程院成立之前，潘家铮就对中国能源战略问题有所思考，并相继发表过一系列文章。中国工程院成立之后，他就开始酝酿和筹划如何结合中国工程院特色，对中国能源可持续发展问题组织力量进行综合性战略研究，以保证我国经济、社会发展总目标的实现。潘家铮提出的这个倡议，与有关学部和院士讨论有一年多的时间，于1995年下半年正式启动，是为"中国可持续发展能源战略研究"重大咨询项目。

该项目由潘家铮和煤炭专家范维唐院士总负责，这是中国工程院成立之后组织的第一个重大的跨学部、综合性咨询项目。

该咨询项目下设7个课题组和1个总报告起草组。历时一年半时间，于1997年5月，在各专题研究基础上，完成《中国可持续发展能源战略研究总报告》，次年又做进一步修改与完善，形成项目总报告及课题研究报告。该咨询项目组织23位院士，联合国务院有关能源、经济部门数十位专家，用了将近三年时间才最后完成，可见工程之巨。

咨询项目形成7个课题，分别是：中国中长期能源供需态势研究；我国能源结构调整与优化战略研究；能源与环境协调发展的研究；中国可持续发展节能战略研究；能源高效清洁持续利用的关键技术；中国农村地区可持续发展能源战略研究；能源发展保障和政策建议。每一个专题都由二至三名院士直接负责。

该咨询项目形成的报告发挥多学科、跨部门的优势，力求较可信地展望

1　参见《中国水利水电技术发展与成就——潘家铮院士从事科学技术工作47周年纪念文集》，中国水利水电技术发展与成就编委会编，中国电力出版社，1997.9，第283页。

中国能源发展趋势和前景，探讨若干关键性问题，就能源战略和重大政策措施提出建议。

该咨询项目形成的报告在分析到2050年中国经济社会发展能源基本形势和供求预测之后，提出中国今后可持续发展中对能源应采取的发展战略选择，关键有5条：坚持走提高能源效率和厉行节约的路；有步骤地实现石化燃料特别是煤的清洁利用；大力优化能源结构特别是终端能源结构，加速实现电气化；加大科技投入，加速攻克能源关键技术，为全面开发新能源和能源利用新技术提供后劲；因地制宜，多种方式解决农村能源问题。

中国工程院组织的咨询工作，还不像三峡工程论证那样，每一个项目都有庞大的科研、实验团队作支撑，也不可能搞那么大。但是参与咨询的每一位院士，都发挥自己的专业专长，对自己的课题做认真细致的研究与探讨。

完成“中国可持续发展能源战略研究”项目之后，潘家铮还参与了诸如“中国可持续发展水资源战略研究”“西北地区水资源配置、生态环境保护和可持续发展战略研究”等10余项重大咨询研究项目。

潘家铮对自己牵头或者负责的每一个咨询课题，对每一个报告，哪怕是阶段性报告都要进行审核，然后提出认真的修改意见。中国工程院一局一位副局长讲，他收到潘院长送回的报告修改稿后非常惊讶，不说密密麻麻的修改意见，就是正文里的措辞和标点符号失当处都认真勾画出来，足见潘家铮的认真和严谨。

在承担“浙江沿海及海岛综合开发战略研究”与“三峡工程阶段性评估”项目时，潘家铮身染沉疴，常年住院治疗。就是躺在病床上，他也要认真审阅每一份阶段性研究报告，还要写出详细的修改意见。

潘家铮在晚年曾一再强调，凡参与编写的技术参考著作，牵头做的课题研究，是集体智慧的结晶，是集体劳动的成果，不能计入他个人技术成果之内。但如果熟悉潘家铮的文风，当你阅读他主持编写的工程技术著作，从全书的整体编排到具体问题的具体论述，你会体会到潘家铮式的严谨、条理和逻辑性，还有叙述技术问题的晓畅和生动。咨询报告也一样，莫说论述的大框架，就是某一个具体问题的陈述角度和表述方式，都能闻得到潘家铮删繁就简、领异标新的气息，那些散发着智慧光芒的论述无法让人视而不见。

南水北调——望穿秋水数十年

或许，这是一种宿命。

潘家铮接触到南水北调工程的时候，和他第一次介入到三峡工程一样，一开始就陷入争论当中。所以，他主持的课题组面对的第一个问题，就是相持不下的争论。

南水北调工程是人类历史上最大引水工程，它的提出与三峡工程几乎同时，这个巨大的工程与三峡工程的经历有颇多的相似之处。

与三峡工程一样，促进南水北调工程提上国家层面议事日程的也是毛泽东。

1953 年，毛泽东视察长江，听取长江水利委员会关于治理长江的汇报时，提出“借”汉江之水到北方的方案，即如今所说的南水北调中线。1958 年 3 月，毛泽东在成都召开的中央政治局扩大会议，发布《关于水利工作的指示》，首先提出以南水北调为主要目的，将长江、淮河、汉江、海河各流域联系为统一的水系统的规划。南水，就是指长江水系。跟三峡工程一样，基于当时的国力和技术水平，这个庞大的计划一直没有清晰的轮廓。

20 世纪 70 年代，长江葛洲坝水电站上马，与此同时，为南水北调做准备的丹江口水库初期工程全部完工。这个时候，南水北调工程仍然没有一个完善的规划与设计。因为它毕竟是一个引水数千千米的大工程，跨越数省，牵扯到的技术问题、环境问题要比三峡工程复杂得多。

直到 2000 年 6 月，经过数十年的研究，南水北调工程总体格局定为东、中、西三条线路，南水北调工程的轮廓才最后呈现出来。所谓东、中、西三条线路，就是分别从长江流域上、中、下游调水。

潘家铮主持的“中国北方地区水资源的合理配置和南水北调问题”课题，重点就是为南水北调工程的最终决策提供咨询。

但此时，南水北调工程的争论还比较大，争论什么呢？

南水北调工程的争论还不同于三峡工程的争论。三峡工程的争论，阵线分明，一方主上，另一方反对上，是上与不上的问题。南水北调工程却不存在上与不上的问题，而是怎么上的问题。也就是说，从南方“借水”到北方，大家都没有争议。争论的双方甚至几方，都聚焦于先上哪一条线，到底是先上东线，还是先上中线。除供水线路孰先孰后，还有供水目标之争，甚至到20世纪80年代中后期，还要求中线工程具有通航功能，等等。和三峡工程一样，争论一直持续，直到工程接近尾声还余音袅袅，关于南水北调工程的调水成本、生态影响的争论还在持续。[1]

“中国可持续发展水资源战略研究”项目于2000年7月11日向国务院领导汇报，潘家铮就南水北调问题有一个补充汇报。

潘家铮这个补充汇报先谈到围绕南水北调的争论。他生动地讲，南水北调工程规划了几十年，北方人民盼望了几十年，盼水妹变成了盼水婆，意见总是有分歧，而持不同意见的人常常是一些很著名、很负责和很有造诣的水利专家，不能不引起我们深思。

谈到南水北调工程的先决条件，潘家铮一针见血地指出，实施调水工程并不能够改变北方地区人均水资源量很低这一事实，所以调水工程必须在这个“老底”上考虑如何做到可持续发展：优化产业结构，建设节水型社会，搞节水农业、节水工业，限制城市生活用水及做好污水回用。要在这个基础上确定调水数量，不能走“以需定供”的老路。所以，课题组提出，国家如果要拿1000亿元搞南水北调工程，希望先拿出三分之一搞节水。

1　参见张基尧撰《南水北调工程决策经过》，收入《改革开放口述史》，欧阳淞、高永中主编，中国人民大学出版社，2014.1，第550—566页。

潘家铮在汇报时讲，他们在课题报告中有一句可能要伤一些人的话：各省市、各部门如果不真正抓节水，抓污水治理，不提高水的重复利用率，“南水北调”到了家门口也不让用。

对于南水北调东线和中线，到底哪一个先上，长期争论不休。潘家铮汇报时引用一句诗：本自同根生，相煎何太急。

南水北调三条线路各有主要供水地区和对象，又能相互调剂、辅助，任何一线或某一期工程的实施，都有助于通过缓解北方地区缺水形势，获得重新配置水量的余地，就像一母所生的三兄弟，虽然三条线的建设条件、投入、难度各有不同，需要分期进行，但不存在“有我无他，有他无我”的排斥情况，也不是要在一条线全部完成后才能启动另一条线，而是可交错进行。

潘家铮课题组的意见为：第一，三条线都需要；第二，东、中线先行，西线后继；第三，东、中线相辅相成，条件成熟就先后启动；第四，东、中线都有难度和问题，需进一步妥善解决；第五，相对来说，东线工程简单灵活，投入少，可先通后畅，条件较成熟，抓紧做工作，是可以尽快把长江水引进山东，过黄河，沿津浦线最缺水地区送到天津。所以，课题组建议先动工东线，这样丝毫不影响中线的各项准备工作。

谈到西线调水工程，潘家铮话锋一转，主要集中在对“郭开方案”[1]的剖析与驳斥上面。因为在这个时候，这个来自民间的“郭开方案”已经对南水北调工程西线的规划形成相当大的干扰，甚至影响到了南水北调工程的决策。

潘家铮最后说：“西线调水，此事宜缓。”[2]

---

1 参见大西线调水专题组撰《对“朔天运河大西线调水工程”的初步分析》，收入《中国北方地区水资源的合理配置和南水北调问题》，潘家铮、张泽祯主编，中国水利水电出版社，2001.11，第275页、第283页。

2 参见潘家铮撰《有关“南水北调”的补充汇报提纲》，收入《潘家铮院士文选》，潘家铮著，中国电力出版社，2003.8，第193–202页。

这个意见对2000年处于关键时期的南水北调工程而言，无异于雪中送炭。

西线工程为何宜缓？

实施西线工程是解决西北缺水问题的主要途径，对促进西部地区经济发展具有重要战略意义。但西线工程浩大，地处青藏高原高海拔地区，严重缺氧、气压低，地质条件复杂，勘测设计周期长，施工难度大。西线工程还正处于规划阶段，未经过可行性研究论证，尚不具备实施条件。西线工程应未雨绸缪，加快前期工作，对关键技术经济问题应该组织各方面的科技力量联合攻关，争取在较短时间内完成规划任务，在此基础上适时开展一期工程的可行性研究，为建设决策创造条件。[1]

这个咨询对国务院确定南水北调工程的规划和建设发挥了巨大作用。

在7月11日的汇报会之后，8月31日，潘家铮在工程论坛“水资源课题专题报告会”上有一个发言《论影响“南水北调”实施的一些因素》，再次强调节水、挖潜与调水之间的关系，分析三条线路的特点，同时强调沿线各省发扬风格，在关涉利益的问题上一定要顾全大局。

2000年9月27日，国务院总理朱镕基在中南海召开座谈会，听取国务院有关部门领导和各方面专家对南水北调工程的意见。朱镕基听取汇报之后讲话，提出南水北调工作建设本着“三先三后”的总体指导原则，即“先节水后调水、先治污后通水、先环保后用水”。这个原则显然是吸收了包括中国工程院专题咨询研究报告在内的许多专家的意见。

论证了40多年的南水北调工程终于进入了快车道。

2002年12月27日，南水北调工程开工典礼在北京人民大会堂和江苏省、山东省施工现场三地同时举行。国务院总理朱镕基宣布工程开工，国务院副总理温家宝发表讲话，代表党中央、国务院对工程开工表示祝贺。

1　参见谈英武撰《南水北调西线工程》，收入《中国北方地区水资源的合理配置和南水北调问题》，潘家铮、张泽祯主编，中国水利水电出版社，2001.11，第210-237页。

南水北调工程三条线表面看独立运行，实则是庞大的系统工程，参照三峡工程建设的管理模式，2003 年 7 月，国务院南水北调工程建设委员会成立，与国务院三峡建委一样，主任由国务院总理担任。

2004 年，国务院南水北调工程建设委员会专家委员会成立，潘家铮被任命为专家委员会主任委员。[1]

2011 年，潘家铮（中）在南水北调 中线设计变更咨询会上

“潘家铮”这个名字继三峡工程之后，再一次与一项庞大的国家工程联系在一起。

建议成立工程管理学部

中国工程院的工程管理学部成立于 2000 年 9 月。成立这个新的学部，潘家铮是主要倡议者之一。

1 参见张基尧撰《南水北调工程决策经过》，收入《改革开放口述史》，欧阳淞、高永中主编，中国人民大学出版社，2014.1，第 550—566 页。

在工程管理学部成立之前，中国工程院有一个管理委员会，主要承担管理科学方面的咨询研究工作。潘家铮是这个管理委员会的主任委员。这个委员会的成员实际都是从事或者研究工程管理的专家，这也是他倡议成立工程管理学部的原因之一。

潘家铮一生从事水电技术工作，工程管理对于一项工程的重要性，他有切身体会。进入21世纪，中国的基础工程建设的规模越来越大，对工程管理的要求也越来越高。

关于工程管理的重要性，潘家铮在担任三峡工程技术委员会主任和国务院三峡工程验收专家组副组长、组长期间，曾在不同场合无数次地强调过，几乎是每次讲话总要谈、重点谈。

2000年4月，清华大学土木水利学院成立，潘家铮在发言中非常赞赏清华土木水利学院设立工程管理系。他说：

老学科还要开拓新领域。你们学院有个工程管理系，这很好。我们不仅要抓硬科学，还要抓软科学，两手都要硬。实际上，我国管理方面的落后比技术方面的落后更厉害。以往搞工程就要成立指挥部，完不成任务就把管理部门的人赶到工地去蹲点抓问题，还确实收效。但这样做是否科学？

因为长期接触具体工程管理，潘家铮对管理科学重要性理解得要更深一些，感受更强烈一些，倡议成立工程管理学部是他长期思考的结果。

潘家铮他们的倡议发出的时候，还不叫工程管理学部，建议成立管理学部。倡议发出去之后，在中国工程院和社会上的反响很强烈，从倡议发出到2000年6月7日在全体院士大会上投票表决通过，酝酿了一年多时间，作为倡议人之一的潘家铮做了许许多多工作。

大家关注的焦点，主要是成立管理学部之后，担心把不合格的人选进来，甚至成为官员和企业家的俱乐部。也就是说，这个新成立的管理学部，最后怎么样来设定门槛，门槛有多高。

这样的担心与疑虑，其实在中国工程院成立之初就有过。

当初在筹备中国工程院的过程中，大家有两个疑虑，一是担心中国工程院变成第二个中国科学院，二是担心其成为官员或企业家的俱乐部。

关于政府官员是否应该选为院士的问题，争论很大。筹备组副组长、后当选中国工程院副院长的师昌绪等筹备组成员指出，这个问题在当年选举学部委员的时候就存在。师昌绪的观点是：学部委员是代表一个人的学术成就和学术水平，这是终身荣誉。政府官员是有任期的，因此我们选举学部委员，不管他当官不当官，不要因为他是大官我们就选他，也不要因为他是大官我们就不选他，完全看他的科技贡献和学术水平是否合乎学部委员的标准。

后来筹备组组长宋健在这个问题上有一个观点：要从不同意见中找到能共同接受的。

所以1994年中国工程院筹备过程中也存在一个设立“门槛”问题。为了这道“门槛”，后来担任中国工程院首任秘书长的葛能全形容，他起草这个文件是“绞尽脑汁、字斟句酌”。这道“门槛”最后体现在呈报国务院的《关于建立中国工程院有关问题的请示》中：中国工程院院士，作为国家在工程技术方面的最高学术称号，必须经过严格的程序，其标准和条件应该与中国科学院院士各有侧重，对中国工程院院士应该特别注意其在工程技术方面的贡献和应用成就。[1]

目前社会上对中国院士的水平颇有微词。有人说要真有水平就拿个诺贝尔奖回来。但是除了文学、和平和经济奖外，诺贝尔奖主要奖励的是对科学研究、科学理论特别是基础研究领域作出特殊贡献的人，而中国工程院院士无论在工程技术上作多大的贡献，具有多高的水平，也是和诺贝尔奖沾不上

1　参见莫扬撰《千呼万唤　应运而生——中国工程院建院史话》，收入《工程研究——跨学科视野中的工程》（第一卷），杜澄、李伯聪主编，北京理工大学出版社，2004.10。

边的，因为研究的领域不同。如果获得诺贝尔奖的人被提名为中国工程院院士候选人，同样也选不上。

社会舆论对当今院士水平质疑的另一个依据就是知名度不高。常听人说以前的老院士、老科学家，像修铁路的詹天佑、建桥梁的茅以升谁不知道？现在的院士有几个人知道？

潘家铮解释说："一个人的水平只和他的成就有关，而不能依据名气来衡量。在旧中国，我们能有多少工程建设？几条破破烂烂的铁路，一座黄河大桥，都是外国人修建的。就在那个时候，詹天佑先生能够成功修建京张铁路，茅以升先生能够主持钱塘江大桥工程，可谓开天辟地，当然是了不起，自然妇孺皆知。"[1]

21世纪，比京张铁路施工要复杂上百倍的成昆线早已修通，修建在世界屋脊上的青藏铁路也已开工，世界级的桥梁、水利工程比比皆是。能说这些伟大工程的设计和施工专家水平比老院士低？我们现在是在这么多的工程科技专家中千挑万选，尖中拔尖，虽然最终只有很少人能进入中国工程院，但他们的名气就是没有前辈大。

潘家铮进而说，要承认我国整体的科技水平与世界先进水平相比的确有差距，尤其是在基础科学和管理科学方面的差距还相当大。但在一般的工程技术领域上，我们的差距并不是很大，甚至在某些领域上我们比人家强。

中国工程院院士的整体水平如此，仍然遭到质疑，而成立管理学部引来的质疑之多就可想而知了。说不上引起轩然大波，但到投票决定是否成立这个学部的时候，中国工程院的领导和主席团成员的心里真是没有底。在2000年3月主席团会议交由全体院士大会审议这个议案的时候，有主席团成员提出要求推迟表决，而且推迟到几年之后再说，潘家铮却认为不存在什么问题。

在表决的前一天，中国工程院领导和主席团让潘家铮就成立管理学部的

1 参见潘家铮撰《就院士话题答记者问》，收入《潘家铮院士文选》，潘家铮著，中国电力出版社，2003.8，第33-34页。

草案再向院士们作一说明，作进一步解释。所以在投票前，潘家铮代表主席团有一个讲话。

这个讲话不长，言简意赅。

首先是对于这个学部涵盖的范围。主席团综合各种意见，为了更稳妥可靠，走好第一步，主席团决定把管理学部的涵盖范围缩小，即界定为“工程管理”，学部的名称改为“工程管理学部”。

其次，是“门槛”问题。

第一，增选工程管理院士的要求，被提名人必须具有合乎要求的职称，必须有工程科学背景，必须在工程管理理论与实践上有确切的成就。

第二，提名范围。不在全国范围内普遍提名，只限于院士提名和少量综合部门提名。

第三，评审工作。第一轮评审工作请有关学部把关，不经过有关学部评审就无法进入第二轮，就根本到不了工程管理学部。

这样，既能够把真正有坚实工程背景的、在管理理论与实践上有卓越成就与造诣的专家选进来，又防止了把只挂空名当官的选进来。

潘家铮强调成立工程管理学部的重要性：“我国的管理水平虽然不高，但全国的工程建设规模是举世无双的。实践出真知，在这样史无前例的建设中，总会出现一些高水平的工程管理专家。不谈早年的两弹一星和最近的载人宇宙飞船，就以我所接触的水利水电工程，有些宏伟工程的组织管理确实不比外国人差，甚至令外国人认输的工程也被我国的专家救活了。将这种专家通过各学部的遴选选入中国工程院，为推动我国工程管理水平的提高而作出贡献，实在是件好事、急事、大事。”

这段话可谓语重心长。

他最后说：“现在，请各位院士在慎重考虑后，投下你神圣的一票。”[1]

1 参见潘家铮撰《请投下你神圣的一票》，收入《潘家铮院士文选》，潘家铮著，中国电力出版社，2003.8，第 428-429 页。

话音刚落，会场上响起热烈的掌声。

潘家铮讲完话，就进入投票环节。该议案以236票同意、147票不同意、62票弃权的表决结果通过决议。

事后，中国工程院的工作人员讲，潘院长在投票前的那一个发言打消了许多院士心里的疑虑，对成立工程管理学部真是起了大作用。

中国工程院工程管理学部成立之后，对院士的遴选确实相当严格。2000年成立当年，没有增选新院士，而是从中国工程院7个学部选定32位有工程管理背景的院士充实到工程管理学部，也即所谓“跨学部院士”，包括中国工程院院长徐匡迪，副院长潘家铮、卢良恕在内。嗣后，逐年有增选院士，到2011年，连同健在的28位“跨学部院士”，工程管理学部的院士也不过44名，是中国工程院院士人数最少的一个学部，事实上也是中国工程院“门槛”最高的一个学部。

丰满大坝，加固还是重建

松花江上的丰满水电站，是新中国成立之后第一座经过改造和扩建的大型水电站，因此被誉为“中国水电之母”。

新中国成立，工业刚刚起步，丰满水电站的改造、扩建着实让人振奋，1953年发行的第二套人民币的5角纸币，主体图案即丰满水电站。但这段光辉岁月，只不过是这座水电站历史叙述的一个章节罢了。回首历史，多有不堪。1931年，“九一八”事变，东北全境沦陷。1937年4月，丰满水电站开工建设。其建设过程注定充满屈辱，8年建设工期内，劳工被打死、病死、累死、饿死、冻死等至少在6500人以上，非正常死亡者尸体被扔在丰满江东五垧地北的万人坑里[1]。

1　参见庞秀杰撰《往事如烟话丰满》，收入《中国电网》，2014年第11期，第116–120页。

在这样背景下兴建的工程，其质量能好到哪里去？再加上当时技术条件落后，施工水平低下，建筑材料和施工质量都赶不上，又迫于战争需要，要尽快投产，大坝整体强度极差；坝后电站厂房机电设备陈旧老化，各类隐蔽工程材质低劣[1]。毛病一堆，危机四伏，大坝安全运行堪忧。

新中国成立，百废待兴，保证丰满水电站安全运行迫在眉睫。1949 年 12 月，毛泽东主席出访苏联，请苏联专家前来维修丰满水电站大坝。其时，大坝的渗漏甚为严重，每秒钟漏水量达 500 升，危及大坝安全。[2] 1950 年到 1953 年，在苏联专家的帮助和指导下，我国对大坝进行首轮维护和补增，达到预期效果。

就是这样一座大坝，在 1960 年完成第一次改造和扩建之后，又经历两次大规模扩建工程。1992 年二期扩建工程竣工，增容 17 万千瓦，总装机容量达到 72.25 万千瓦；1998 年 7 月，三期扩建工程竣工，总装机容量突破百万千瓦，丰满水电站跻身百万千瓦水电站行列。

体量在增大，安全风险也在增加。

事实是，这座大坝几十年来就没有让人省心过。尽管补强再补强，加固再加固，依然问题频出。

终于，在 1995 年，丰满大坝迎来历史上第一次安全定期检查。

大坝虽然检查过关，具有甲级注册资质，但问题不少、问题不小。

五年之后的 2003 年，丰满大坝迎来第二次安全定期检查，由国家电监会大坝安全监察中心组织院士和权威专家对大坝的问题进行全面梳理和诊断。这次检查持续时间也不短，到 2005 年结束。

检查结果，让人忧心忡忡。检查鉴定结论，丰满大坝安全等级被评

---

1 参见《丰满水电站重建工程智慧管控技术探索与实践》，路振刚、王永潭著，中国水利水电出版社，2019.6，第 2 页。

2 参见《建国以来刘少奇文稿》（第一册），中共中央文献研究室、中央档案馆编，中央文献出版社，2005.4，第 222 页。

为“病坝”。鉴定上报国家电监会备案，国家电监会批复同意将丰满大坝等级评为“病坝”，注册等级为丙级。

两番检查，由正常坝到病坝，由甲级到丙级，一落千丈。

尽管有专家指出的种种病坝之“病态”，但庞大的混凝土大坝内部性态如何，具体情形如何，其实还是不了解的。2007 年到 2008 年，国家电网东北电网公司委托设计单位在大坝上钻孔取芯调查。调查结果雪上加霜：三类坝体不良混凝土平均占全钻孔段的 24.2%；芯样含泥较多，且部分成粉状，干脆就是一堆沙子。此种现象随机在庞大的坝体内部分布，根本无法剔除，也说不清楚在哪里还有。

与此同时，丰满大坝全面治理工作已经开始。2006 年 2 月，国家电网公司向国家发展改革委报送了《关于丰满发电厂水库大坝全面加固工程按基本建设程序开展前期工作的请示》。同年 4 月，国家发展改革委复函，同意按基本建设程序开展丰满水电站水库大坝全面加固工程前期工作，提出丰满大坝全面治理的“十六字方针”，即“彻底解决，不留后患，技术可行，经济合理”。

工作全面推进，受东北电网公司委托，国内多家水利勘测设计研究机构针对大坝全面治理的技术问题进行深入研究。根据研究成果，针对大坝渗漏问题，主要治理方案有 5 种。诸多方案，方案诸种，举棋难定，也恰恰说明丰满大坝杂病缠身，病因复杂，病情严重。

2007 年 5 月，潘家铮参加丰满大坝全面治理方案可行性研究专家咨询会

2007 年 5 月 30 日，丰满大坝全面治理方案可行性研究专家咨询会在北京举行。潘家铮担任专家组组长参加会议，认真听取诸种治理方案，以及专家的比选意见。几种方

案，大都集中在旧坝加固上面，也就是说，还得继续修修补补下去。

但有没有别的思路？有。当时就有人提出旧坝加固之外的两种方案：一种是研究在水库放空之后，在坝体上游设置混凝土防渗排水系统进行综合治理；另一种，就是干脆在下游选址，重建丰满水电站枢纽。

潘家铮同意对这两种方案进行深入研究，认为这是最彻底、最有保证的治理方案。只是，此两种方案，需要中央政府和省级政府层面决策。[1]

经过不断研究、比较、筛选，到 2008 年 5 月，丰满水电站大坝全面治理工程前期工作咨询会议召开，形成《丰满水电站大坝全面治理工作咨询报告》。国家电网公司组织相关专家以及科研、设计单位和咨询机构就丰满大坝全面治理的多种方案，寻求最有效、最可行的治理方案。历时两年多，从“加固”和“重建”两个方面论证了 7 种方案。最后，所有比选的方案只剩下两种，一种是华东设计院提出的“灌浆加固”方案，另一种是东北设计院提出的下游重建大坝枢纽方案。两种方案是“旧坝加固”和“选址重建”的最终抉择。

2008 年 5 月，潘家铮查出结肠癌入院治疗，没有参加这次会议。但显然，会议的内容是通报过他的。

2009 年 7 月，国家电网公司组织丰满水电站大坝全面治理方案专家论证会在北京举行。潘家铮仍然担任专家组组长，该专家组由国内相关院士、设计大师和专家共 13 人组成。[2]

13 位专家在听取与会各方面代表意见的基础上，认为丰满大坝存在的缺陷是先天性的，虽经多年补强加固和精心维护，但固有的缺陷仍然无法彻底

---

1 参见周建平、魏志远、杜效鹄撰《丰满水电站大坝全面治理设计研究的思考》，收入《现代水工结构技术进展》，《现代水工结构技术进展》编委会编，中国水利水电出版社，2008.11，第 17 页。

2 参见《丰满水电站重建工程智慧管控技术探索与实践》，路振刚、王永潭著，中国水利水电出版社，2019.6，第 4 页。

消除。专家们对两种重点方案进行了充分论证，从方案的技术可行性、治理效果等多方面综合分析，并考虑进一步提升大坝的防灾减灾能力，同意在旧坝下游选址重建丰满大坝的治理方案。[1]

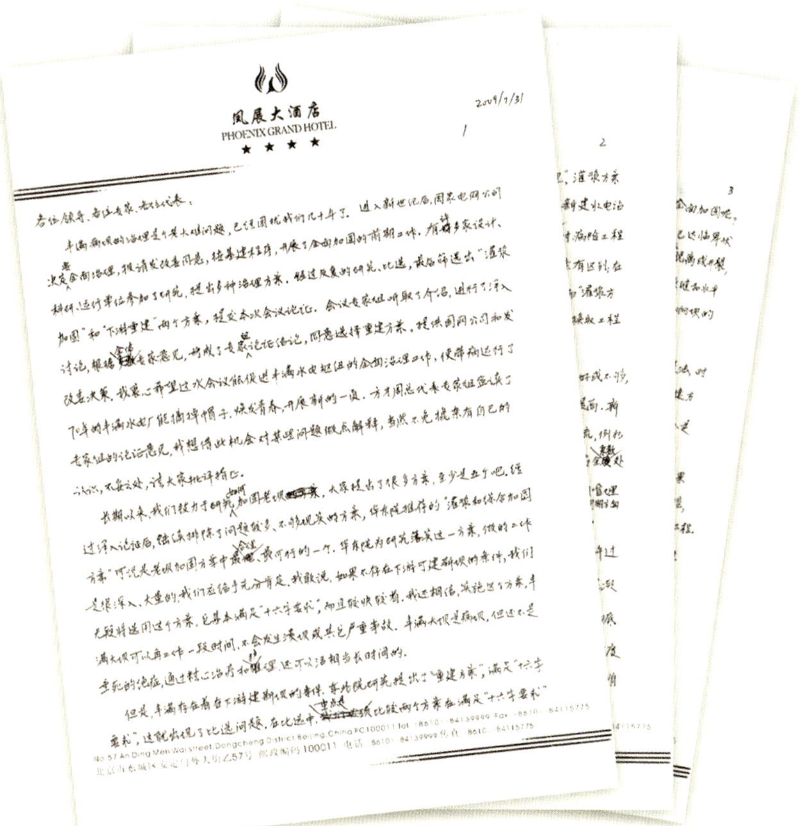

潘家铮在丰满大坝全面治理方案可行性研究专家咨询会上的发言手稿

其实，这次会议的讨论非常热烈，最后讨论的焦点，集中在要不要重建大坝枢纽上。反对重建和赞成重建者各执一词，各有道理，争论激烈。[1] 重

1　参见《丰满水电站重建工程智慧管控技术探索与实践》，路振刚、王永潭著，中国水利水电出版社，2019.6，第 4 页。

建更保险，一劳永逸，老问题可以彻底解决；而“灌浆加固”方案更加经济，要比“选址重建”方案节省30亿元人民币。

潘家铮是同意在旧坝下游选址重建方案的，在双方争论不休的情况下，潘家铮的一番话让大家都冷静下来。他说：“丰满水电站像一位得了癌症的老人，修修补补吃吃药还能维持一段时间，但是不能像其他健康的大坝一样完全彻底地为人民服务。丰满大坝是特殊年代的产物。现在时代进步了，国家有财力重建。”[1]

潘家铮在最后总结的时候，已经是82岁的老人，话语中肯，思路清晰。

丰满工程存在着在下游建坝的条件，东北设计院研究提出了“选址重建”方案，满足“十六字方针”，这就出现了比选问题。在比选中，重点是比较两种方案在满足“十六字方针”中存在的区别。我的看法是，对于“技术可行”，两种方案都可行；对于“经济合理”，“灌浆加固”方案明显有利，可节省30亿元之多（顺便说一句，对经济合理性的论证，我不赞成引用新建水电站那套做法，算什么内部收益率、经济净现值和贷款偿还期、投资回收期。本工程是对病险工程的加固、改造，和新建工程是两码事）。问题在于“彻底解决，不留后患”上，两种方案有区别。在工程的“现代化改造”上，两种方案更有区别。“选址重建”方案在这方面，确可称得上“完全满足”，而“灌浆加固”方案则有点差距，有些问题有点说不清。所以方案的取舍，实质上是：值不值得花30亿元换取工程安全保证度的增加和现代化的改进？专家组的意见是肯定的。[1]

潘家铮的这番总结，固然是专家组集体的意见。回顾潘家铮一生，他力

1　参见苏南撰《丰满水电站：“水电之母”焕发新机》，收入《中国能源报》，2021年6月28日第4版，第78–80页。

排众议、敢于拍板的案例太多了。他的这番话，对决策者而言，无疑是吃了一颗定心丸。

2012 年 10 月，丰满水电站全面治理（重建）工程通过国家发展改革委核准。10 月 29 日，丰满水电站全面治理（重建）工程正式开工。正如潘总期望的那样，带病运行 70 多年的“中国水电之母”，终于摘掉“病坝”的帽子，焕发生机。更为重要的是，此工程开创了全球首例“百米级坝高、百亿级库容、百万级装机”大型水电站重建先例，对中国水电工程未来的发展之意义不言而喻。

第二章 传播科学声音

开启民智之匙

在潘家铮 70 岁前后大致五六年时间之内，他在全国政协和其他一些重要会议上有数次关于反对迷信、反击伪科学、加强科普工作的发言和讲话，还为杂志撰写过数篇以科普为主题的文章。

有意思的是，考虑到潘家铮的影响，也是为了保护老人的声誉，许多人在写文章甚至写传记的时候，有意忽略这一段反迷信、反伪科学的历史。因为有一段时间，反科学的迷信造神活动颇有市场，伪科学打着科学的旗号大行其道，甚至在科学界内，有人公开呼吁要取消《中华人民共和国科学技术普及法》中反对伪科学的提法。反对迷信、反对伪科学的声音显得势单力薄。

但到 2003 年由中国电力出版社正式出版的《潘家铮院士文选》中，潘家铮特意将“政论”“反对封建迷信、伪科学”“科普、科幻”列为前三章，然后依次才是“能源战略、电力体制改革”“水利”“三峡工程”“水电建设、审查”“科技发展、管理”。

大家都不理解潘家铮如此倔强地坚持，何苦冒着被人骂、被人误解的风险把这样犀利的文章放在前面呢？当然，这样的顺序排列绝不能反映这些内容在潘家铮心里的轻重或者先后，但确是晚年潘家铮思考重点的转变。或者说，是他技术思想在另一个层面上升华的一个体现。

潘家铮在其文章中提出，科普是开启民智的一把钥匙，而反对迷信、反对伪科学，则是科普工作的天职。

谈到中国的民智水平，潘家铮总爱援引一个典故：

人们凿井汲水，很花力气，聪明人就想出并制造了“桔槔”，即用杠杆原理提水的传统汲水机构，这样一来就省力多了。但有位老人却视而不见，仍然提桶汲水。有人劝他用“桔槔”，老先生却说：“我并不是不知道用那玩意可以省力，但这会使人产生‘机心’，人有了‘机心’，什么坏事都会做出来，我讨厌这个‘机心’，所以宁可不用。”[1]

这个典故见于《庄子》，潘家铮讲这个故事的目的，是要讲在中国传统文化那里，长期信奉天不变道亦不变的道理，蔑视甚至反对科学技术的发展。与西方科技大发展形成明显反差，明代之后的中国科学技术就落后了。1949年之后，虽然曾多次打击封建迷信，可惜没有持续深入，没有从提高民智这个根本问题上下功夫。潘家铮说：“中国人民的民智水平到底有多高？不客气地讲，仍然停留在义和团口念‘刀枪不入’的水平。”[1]

潘家铮这番话说得很含蓄，也很痛切。

他在1995年中国人民政治协商会议第八届全国委员会第三次会议的发言中有一段话：

在社会上打着科学旗号进行迷信落后活动，哄骗和毒害人民，这是在任何国家、任何时候都难避免的。但是国家愈发达，民智水平愈高，这种欺骗就愈没有市场，一出现就会被识破，遭到大众唾弃，成为过街老鼠。而中国竟成为伪科学的乐园，有那么多报纸、期刊、电台来做义务宣传，又有那么多的人相信、传播、崇拜、拔高，这真是国际上少有的现象。[2]

---

1 参见潘家铮撰《古曰：天不变道亦不变？今曰：学可变人亦可变！》，收入《东方养生》，1997年第5期，第24–26页。

2 参见潘家铮撰《大力开展科普工作，坚决反击伪科学》，收入《潘家铮院士文选》，潘家铮著，中国电力出版社，2003.8，第59–60页。

迷信、伪科学大行其道，这不能不说是20世纪90年代中期一道奇特的社会景观。稍稍浏览一下愚昧现象与活动，真可谓“琳琅满目，五花八门”。潘家铮感慨地说，如果这些神话都变成现实，中国人民根本用不着在科技和建设的道路上做艰苦攀登了。

能源不是紧张吗？一位发明家就发明了“点水成油”的奇妙配方，只需要投入一小撮“专利药末”，江河湖海中的水就立刻变化成汽油，而且百试不爽。先是街头小报，后是普通文摘，接着就登上了严肃的报章杂志，大肆进行宣传。

三峡工程不是争论不休吗？防洪形势不是严峻吗？三峡工程不必修，有人能够准确预报几年后的气象与水情，然后可以借助几位气功师的神力，能在空中调云布雨，将南方的雨云调到需要水的地方去。

媒体宣传是一方面，迷信和伪科学拉一些科学家和领导为他们站台宣扬是另一方面，否则，种种古怪离奇的特异功能、种种荒诞不经的伪科学也不会有如此大的影响，也不会如此理直气壮。[1]

潘家铮在1995年和2000年发表《科学家和领导层要为维护科学的尊严而斗争》和《向心陷迷信的科学家进一言》两篇文章，直指受蒙蔽受蛊惑的某些科学家和领导。

迷信、伪科学之所以大行其道，其惯用的伎俩就是拉大旗作虎皮，攀高结贵，打着“科学”的旗号，选取利用的对象和靠山往往是一些成名的科学家或高层领导。有的科学家或者官员，或出于抹不开情面虚与委蛇，怀着猎奇心态去看一看，有的干脆就不明就里，被强拉硬扯进去。

也不可否认，一些迷信与伪科学的东西确实得到一些成名科学家与高层领导的格外垂青，当顾问，作序言，题词讲话，站台造势，引荐到更高层领导，有的还运用自己的影响力甚至行政权力，禁止发出反对的声音。这已经

1 参见潘家铮撰《大力开展科普工作，坚决反击伪科学》，收入《潘家铮院士文选》，潘家铮著，中国电力出版社，2003.8，第59−60页。

远远突破了一个科学家和高级干部的基本操守。

潘家铮分析道，就科学家而言，现代科学的范围十分广阔，一个人在他研究的领域中有所成就，绝不等于就是万能科学家，就全知全能。恰恰相反，科学家对其他领域的所知程度不见得比别人强，甚至可能是这方面的“文盲”。搞原子核物理的权威学者对于针灸治疗理论就可能一窍不通。被骗子们拉来当虎皮披的人，往往就是这一类“外行科学家”。难道我们能够仅仅因为他是一个科学家而无原则地相信他的一些“表态”吗？[1]

还是在1995年，潘家铮就“愿意诚恳地向某些科学家和领导同志进一言”：你们曾经为科技发展或革命事业作出过贡献，获得了荣誉和人民的崇敬，并处在重要的工作岗位上，你们的言行对社会的影响比一般人要大得多，理所当然更应慎重。对于那些流传于世的种种伪科学活动千万不要轻听轻信，偏听偏信，草率表态，甚至卖力宣传，压制批评。希望你们在大是大非面前站对立场，保持名节，不会坚持走错误道路，做出令人惋惜的事。[1]

发出这样的声音在当时尽管曲高和寡，但毕竟是两院院士在那里说话，分量还是有的。

潘家铮对于全国科学素质的担忧，与强调科普工作重要性的论述，不独在当时有意义，对于未来提高全民科学素质也具有启示意义。

科幻小说：“不务正业”修成正果

散文、随笔、政论，对于潘家铮这样有文学情结，同时也经文学训练的人，自然得心应手。小说虽没有受到广泛的认同，另外一种文学样式吸引

1　参见潘家铮撰《科学家和领导层要为维护科学尊严而斗争》，收入《世界科技与发展》，1995年第10期，第4—5页。

了他，那就是科幻小说。

潘家铮写作科幻小说，跟他的其他小说创作一样，开始并没有明确的目的，或者说开始得很偶然。

确切的时间是在 1990 年，潘家铮 63 岁。1990 年前后，正是潘家铮心情最低落的那段时间，三峡工程论证了好些年，没有着落，没有眉目，在论争的漩涡里忙碌的潘家铮突然之间感到无事可做，他便开始文学创作。他的所有文学样式写作与三峡工程几乎都脱不开干系。

说偶然，也确实偶然。1990 年的某一天，潘家铮有闲跟同事聊天，同事说，如今机器人越来越高明了，照这样子下去将来有一天机器人会不会控制地球、控制人类，甚至把人类全部毁灭掉，只保留几个人放在笼子里？

潘家铮却不以为然，他认为机器人的智能永远也达不到真人的程度，也不可能消灭人类。人类可以制造机器人，同样也可以毁灭机器人，而不是相反。

他的这番见解并不能完全说服同事，而要将这个问题讲清楚还真不是件容易的事情。

潘家铮对计算机技术与人之间关系的思考，早就有了。回到家里，他倒放不下这个事情，想着要是写篇小说的话，应该可以比较自如地说明这个问题。他的科幻小说处女作《康柯小姐的悲剧》就是在这种情况下写成的。

《康柯小姐的悲剧》写完，潘家铮就把这个小说寄给葛洲坝的一位老朋友看。这个小说倒没有像其他有“现实意义”的小说那样让朋友们不好评价，朋友看了之后大加赞赏，他就把小说送到内部刊物《大江文艺》上发表了。

潘家铮得到朋友们的肯定与赞赏，于是有空就写小说，都是科幻作品。开始的这些创作，他其实还处于创作的自发阶段，拿不准自己的这些东西究竟有没有读者。

事情在 1992 年春天有了变化。这一年的 3 月，《科技发展与改革》杂志社主编李慰饴找到潘家铮。此时，三峡工程即将由全国人大代表表决，三峡工程再度成为全国关注的热点。李慰饴为三峡工程论证中一些有争议的话题前来采访潘家铮。采访结束，李慰饴准备告辞，同时向潘家铮约稿。潘家铮有些不好意思地问李慰饴：“你们发表不发表科幻小说？”

这倒大出李慰饴意外。潘家铮从抽屉里取出一叠小说稿递过来，几个小说里就包括《康柯小姐的悲剧》在内，李慰饴大喜过望，如获至宝。

《科技发展与改革》杂志 1992 年第 7 期将这篇科幻小说发表了出来。在这期杂志的目录页，编者加了一段编者按，特意推荐这篇小说：

在我国科技事业发展的同时，科普工作却未能得到相应的发展，这应该引起我们的注意；而其中科普创作，特别是科幻创作的低落，更是令人不安。我们不但至今没有产生过自己的凡尔纳、威尔斯、阿希莫夫，甚至连前几年一度有些成就的屈指可数的几位科幻作者也择善而从，再也顾不得“幻想”了。科学活动是最积极的创造性活动，它离不开艺术想象的照耀和推动。科学思维需要插上幻想的翅膀……

因此，在致力于推动科技进步、推进科技宣传的过程中，我们认为有必要提倡一下科幻创作事业。我们这一期发表了著名科学家、学部委员潘家铮的科幻小说《康柯小姐的悲剧》。他是一位担任许多重要行政工作、技术工作和科研任务的科学家，出于对科普事业责任感的自觉实践。我们希望能够有更多的科技工作者和文艺界人士关心科幻创作，使我国科幻文艺能够迅速繁荣起来。

1993 年，《科技发展与改革》更名为《科技潮》，刊物在推出《康柯小姐的悲剧》之后，在 1993 年第 1 期和第 2 期连载了《一千年前的谋杀案》。科幻小说研究界和科幻读者群开始慢慢注意到潘家铮这位新冒出来的科幻文坛“新秀”。这两部科幻小说，呈现出潘家铮科幻小说的一些特质，读者感受到一种久违了的“老派”科幻叙事风格，带有浓重传统文学的叙事特色，与 20 世纪五六十年代上海《科学世界》等杂志发表的科幻小说有一脉相承之处。当大家知道作者的身份之后，阅读带来的新鲜感与陌生感就更强烈了。

能够在公开刊物上发表小说，而且得到了读者们认同，对作者本人是不小的鼓励。从此之后，潘家铮铆足了劲一直写下去。

恰恰在这个时候，《科技潮》与某出版社合作，正编辑一套“科技潮”丛书，李慰饴知道潘家铮还有一些没有发表的科幻小说存稿，跟潘家铮商量可否将这些小说辑成一个集子放在“科技潮”丛书中出版，潘家铮欣然同意。

潘家铮的第一部科幻小说集《一千年前的谋杀案》于1993年8月出版，得到越来越多的读者认同。科幻作家金涛在《科技潮》1993年第11期写了一篇热情洋溢的短评，热情推荐《一千年前的谋杀案》。短评里有这样一段话：

然而，现在我们终于有一本中国的科学家亲自动笔写出的科幻小说。当然中国的科幻小说家多数是研究自然科学的，有的在科学与文学两个领域均有建树，但潘家铮先生是中国科学院学部委员、海内外知名的水电工程设计专家。由于作者在科学技术界的地位，以及富于科学素养和学者眼光，他的科幻小说的问世，对于寂寞的中国科幻文坛无异于响起萌生万物的春雷。它的影响和对于纠正世俗的偏见，恐怕远远超过作品本身。

为什么这么说呢？中国的科幻小说兴起与“五四”新文学运动几乎是同时的，只不过与新诗、新小说、新散文比起来，显得相对弱小，发展也比较缓慢。不过，经过一代一代作家的努力与探索，还是诞生了一批优秀的科幻作家和作品。

但是20世纪80年代初，科幻小说突遭横祸，在“清除精神污染”运动中，被扣上“精神污染”的帽子受到彻底批判。从那时起，科幻文学一直背着一口“伪科学”的黑锅，科幻作家遭到非难与批判。本来就弱小的科幻文学一时间万马齐喑，陷入低谷，许多科幻作家放弃科幻创作，转向其他写作。

潘家铮未必清楚这个背景，他的这批科幻小说问世，可谓是正逢其时，或者说不小心一脚踏入了文学“禁区”。更重要的是，作者是知名科学家，拿起笔来写科幻作品，对于中国科幻领域的作家和读者的激励不言而喻。在中国科幻文学史上，关心、爱好甚至痴迷科幻的科学家有的是，但亲自“下海”操刀来写科幻小说，怕只有潘家铮一位。

所以说，潘家铮的出现，在某种程度上要比他的作品本身更加重要。许多年后再回过头来看金涛当年的评述，这对潘家铮科幻作品的评价是准确的，并不失当。

潘家铮也很自谦，很幽默地解释自己的科幻写作。他称自己只是一个普通工程师而已，不是搞文学的，更称不上什么科幻作家，顶多是一个“散兵游勇”。他说，他的科幻作品之所以能得到一些同志的青睐并得以出版，恐怕还是沾了“院士”的光。院士写科幻，好比教授卖扒鸡，似乎有点出格，不务正业，不免引起人们的兴趣。

只是，潘家铮因为《一千年前的谋杀案》给科幻读者群带来的惊喜还未下眉梢，四年之后的 1997 年，潘家铮再度推出他的另一部科幻作品集《偷脑的贼》。《偷脑的贼》荣获第四届“全国优秀科普作品奖”一等奖。

第四届全国优秀科普作品奖

获奖证书

潘家铮 同志：

经第四届“全国优秀科普作品奖”评委会评定，您的作品《偷脑的贼》荣获一等奖，特发此状，以资鼓励。

中国科学技术协会 中华人民共和国新闻出版署 国家自然科学基金委员会 中国作家协会

2001年5月

2001 年，潘家铮科幻作品集《偷脑的贼》荣获第四届“全国优秀科普作品奖”一等奖继《偷脑的贼》出版之后，潘家铮的科幻小说不断出现在相关刊物上，同时也拥有了相对固定的读者群，潘家铮不断收到读者来信，而他也乐于和科幻爱好者进行交流。到 2007 年 10 月，10 个年头过去，四卷本《潘家铮院士科幻作品集》出版。

潘家铮（右四）在《潘家铮院士科幻作品集》新书发布会上

这一年，科幻作家潘家铮整整 80 岁。这算是自己送给自己的生日贺礼吗？《潘家铮院士科幻作品集》首发式甚是隆重，来自科幻领域的许多朋友到会祝贺。

该作品集出版的反响远远超出潘家铮的预期，它在 2008 年初获得首届中国出版政府奖，再获全国第九届共青团精神文明建设“五个一工程”优秀文化作品奖、中国科普作家协会优秀科普作品奖等多个全国性奖项。

包括《春梦秋云录》里的许多散文随笔在内，潘家铮文学创作的节奏恰恰与三峡工程的建设工期相始终。三峡工程三期大坝于 2006 年浇筑到顶，2009 年整个工程全部竣工。潘家铮的科幻小说也于 2006 年左右搁笔。科幻小说创作与其他文学样式一样，对于创作者而言是释放工作压力的一个渠道。

白天，工程师披坚执锐，思考和应付一个个业务难题；夜深人静，不妨着一身文学的霓裳羽衣。

洋洋洒洒近百万言的科幻作品中，有的篇章列入当代中国科幻文学的经典行列，《蛇人》《仙女山顶的鬼市》《偷脑的贼》等作品入选不同版本的年度科幻作品、儿童文学作品选本，在中国文坛具有一定的影响力。

潘家铮的科幻小说获得如此大的成功之后，倒越来越让人看不懂了：这个老头儿是怎么回事？

好多业内人士奇怪他哪来那么多时间写这么多小说？同样是学水电出身的科幻作家刘慈欣曾这样来评述潘家铮的科幻文学创作：搞水电工程，就是24小时连轴转，都很难将手头复杂的计算和设计做到完美境地，再腾出时间来写小说，简直想都不敢想。

所谓知音难觅，并不是每一个人都知道这里头的甘苦、精彩和意义。

千秋功罪话水坝

潘家铮在20世纪60年代就开始写一些科普文章，现在能查阅到最早的就是那一篇发表于1964年关于新安江水电站的介绍文字。但《千秋功罪话水坝》写作的时候，作者的心境不能同年轻时相比了，工程技术的经验、科学的探索，以及对能源战略和水电规划的思考，都在一个新的高度上。

潘家铮之所以将“千秋功罪”给水坝作定语，感情非常复杂。这部科普著作介绍中国乃至世界坝工技术发展历史，总结1950年以来中国现代水利工程建设的经验与教训，态度平易，娓娓道来，通俗而抒情。

这部科普著作，集中体现了潘家铮科普思想，那就是开启民智。具体地说，就是开启中国人对坝工技术的认识之门，进而理解水利水电，支持水利水电，鼓励更多的后来者投入水利水电事业。

一部中国史，在某种程度上讲，就是一部“治水”和“理水”的历史。治水、理水，既与水和大自然抗争，又与水和大自然和谐相处，上古时期从大禹治水开始，再到芍陂、都江堰、灵渠、浮山堰等著名的水利工程，中国人在水利工程建设方面无不体现着“治”“理”的智慧与能力。

潘家铮对中国的治水史颇有研究，而且对中国几千年来的治水成就甚是自豪，对于古代治水史上的一些事件与人物有独到见解，让人耳目一新，启示颇多。

从 20 世纪 50 年代开始，中国在治理淮河、海河、黄河和长江等大江大河的过程中，筑坝技术在现代科技的不断创新中取得长足进步，可谓是举世瞩目，以三峡工程为标志，中国已稳居世界水电强国之列。

在书写取得成绩的同时，潘家铮并没有回避中国现代筑坝史的经验教训，书中专辟一章“大自然的报复”，历数世界筑坝史和中国现代水利建设中的灾难，大坝安全、库区移民、生态灾难、规划设计失误都给新中国的坝工技术留下深刻的教训。

更为重要的是，包括水电建设、南水北调在内，所有的惠及民生的大工程所面临的，已经不单纯是工程技术上的难题。《千秋功罪话水坝》并不满足于介绍人类治水筑坝的历史，书中通俗地解说现代坝工技术进步和创新的历程，梳理现代筑坝史上的经验与教训，具有更为强烈的现实意义。所以，这部科普著作又不同于其他科普著作，读起来并不轻松，或者说，所传达的信息量已经远远超过科普作品文体的要求。

正因为如此，有的人在读到《千秋功罪话水坝》之后，说这部书并不像一部科普著作，这让潘家铮苦恼了很长时间。确实，这部著作与其说是一部科普著作，倒不如说是一部对妖魔化水利、水电思潮的宣战书。

身处风口浪尖，容不得作者从容面对。

功在当代，利泽千秋，罪从何来？

科普作品的最大文体品质就是平等对话，就是平和理性。潘家铮其实愿意坐下来跟所有的人交流，跟所有的人平和理性地解释一些问题。但是质问和质疑来得往往火药味十足，有些问题他不是不能说清楚，而是无奈。

有一次，司机接潘家铮去上班，跟他反映说，民间现在有一种说法，三峡大坝挡住了出川和入川的水汽，导致整个南方地区气候异常，干旱少雨。

潘家铮跟他讲：进出三峡的风好比是穿过大门的穿堂风，而且影响气候的大气环流在10千米以上的天空中，180多米的三峡大坝就好像在大门上做了一道门槛，一道门槛怎么能挡得了穿堂风？司机顿时明白。潘家铮闭目摇首，不再作声。

值得注意的是《千秋功罪话水坝》最后一章“国际反坝俱乐部的宣言和中国人民的态度”，这一章里，潘家铮讲的是切身感受。

中国大坝工程技术发展50多年，从20世纪50年代开始，开端是一张白纸，几乎是从零开始的，中国工程师首先遇到的是技术的瓶颈；进入新时期，中国坝工技术经过几十年的探索、积累、引进、消化、创新，工程技术相对成熟，工程师又遇到各种各样的困扰。

1991年6月14日，担任中国大坝委员会主席、能源部总工程师的潘家铮率团赴奥地利参加国际大坝委员会第59次执委会和第17次大会。

引起潘家铮注意的是与国际大坝委员会针锋相对的另外一个组织，或者说，让潘家铮大开眼界的是与国际大坝委员会宗旨完全相反的另外一种声音。这就是国际反坝组织的抗议活动。

到1991年，国际反坝组织已经有了规模。组织的人员在会场之外搭建帐篷，晚上就住在里面。在代表进入会场之前，他们已经在会场外搭好摊子，每天都打出“不要大坝”（No dams）、“让江河自由奔流”（Let the rivers flow freely）的标语。

潘家铮饶有兴味上前去跟他们交谈。他问："你们反对我们建坝开发水电，你们也反对我们建火电和核电，认为污染环境和不安全，那么我们从哪儿去取得发展经济和提高人民生活必需的能源和水呢？"

哪里想到，抗议者指着标语牌说："我们相信你们科学家和工程师有足够的聪明智慧来开发替代能源。"

得知这些抗议者不过是反坝组织雇佣来的学生，报酬是一天 10 美元，老人顿感很有意思。

反坝运动对于全球的坝工建设不能说没有影响，发达国家，尤其是美国水电建设的规模明显萎缩。当然，美国的水资源开发已经到了极致，但反坝浪潮不能不说是起了作用的。然而，国际上汹涌兴起的反坝活动，直接影响发展中国家和第三世界欠发达国家，因为未来建坝的主要是这些国家。发展中国家的水资源开发才刚刚起步，第三世界的国家经济迫切需要开发和利用水电这一清洁能源。[1]

潘家铮作为一位从事水利水电工作 50 多年的老工程师，他对筑坝的副作用或者说危害怎么不清楚？早在当年写作《三峡梦》的时候，作者所做的数十个噩梦，实际上就是对筑坝副作用的具体描述。在《千秋功罪话水坝》中，作者一口气列出水坝建筑的 20 项副作用。

每一座水坝的条件、情况有着非常大的差别，世界上有完全相同的两座建筑，但绝不存在两座完全相同的水坝。所以水坝产生的副作用也不尽相同，不存在哪一座水坝集中具有这些副作用。所谓副作用，也是一个非常复杂的系统工程。所以潘家铮晚年在担任清华大学双聘教授时，曾建议设立一门水害学，专门开展水利工程副作用的研究。

---

1 参见潘家铮撰《中国人民不允许江河自由奔流》，收入《世界科技与发展》，1998 年第 3 期，第 1–3 页。

潘家铮在清华大学博士班讲课

发展中国家如何面对建坝产生的副作用？潘家铮以亲身经历的新安江水电站移民的政策性失误为例，谈及中国水电建设的曲折历程。他讲，除了移民问题之外，有些水库确实还产生过其他严重问题：水库迅速淤积；诱发了水库地震，甚至危及大坝安全；引起岸坡崩坍；妨碍通航；污染环境，等等。这些都是客观存在的事实，不容否认，不能轻视。但应该怎么面对这些事实呢？是否可以偏概全，不分析功过得失，不理睬已经采取的各种措施和已经取得的成绩，从根本上否定控制和调节河流的必要性，把水坝一棍子打死，“斩尽杀绝”，叫嚷要让河流自由奔流呢？

潘家铮进而讲：多少世纪以来，人类对大自然只知索取、只知利用、只知糟蹋而不重视保护。到了20世纪末，已处处呈现危机。人们这才警觉，发出要保护生态和环境、要走可持续发展的道路和为子孙留下一块净土的呼吁。

《千秋功罪话水坝》这一节文字，实际上是一篇长篇政论。作者质问、辩驳、反诘、答疑，侃侃而谈，娓娓道来。最后，作者历数中国水旱相煎的历史，给出的回答是：中国人民绝不允许江河自由奔流，而将进一步开展世无前例和史无前例的伟大的水利建设，百折不挠地向改造自然、适应自然的目标前进。

潘家铮如此激烈而坚持的态度是有道理的。1996 年，国际上的反坝运动有了规模，这一年召开的世界可持续发展高峰会议，因为要反对建造大坝，决定把大水电排除在可再生能源范围之外，世界银行也一度停止了对大型水电项目和大坝的建设投资。

来自联合国的这个定位的影响可想而知，水电已经被严重妖魔化。国际上的一些专业组织对这一定位的反弹特别厉害，国际大坝委员会、国际水电协会和国际灌排组织等专业机构共同澄清，还有中国以及一大批发展中国家坚持反对，联合国才逐步认识到事实和真相，直到 2002 年的世界可持续发展高峰会议，将水电重新邀请回可再生能源的位置上来。[1]

中国的情形相对滞后一些。直到 2010 年，关于水电的宣传风向才慢慢扭转，随后的国家“十二五”规划中，明确把“积极发展水电”作为重大国策再度提出。[1]

2011 年，84 岁的潘家铮感到，要彻底破除水电被妖魔化的困局，还需要做很多工作，还要走很长的路。有了《千秋功罪话水坝》这本薄薄的科普小册子，还远不能就此撒笔。他希望水电学会的专家们能将手中的笔接过来，续写这本科普著作，补充一些现实的内容再行出版。

2011 年，距离潘家铮走向他生命的终点，仅有不到一年的时间。

公众人物

如果不是三峡工程，潘家铮绝对不会成为一个公众人物，而且越是到晚

1　参见张博庭撰《忆潘家铮和他魂牵梦绕的“水电”》，收入《永远的潘家铮》，中国水力发电工程学会、中国水利水电出版社编，中国水利水电出版社，2013.6。

年，他倒越是“出名”。如果不是因为三峡工程，潘家铮还只是一位在水利、水电行业有巨大影响和成就的权威工程师，只是一位在土木工程学科内卓有建树的科学家，他的名字会进入中国科学史的重要叙述段落，但绝对不会如此引人注目地进入公众视野。如果没有三峡工程，浮世虚名不会惊扰他，这对于一个科学家而言，当是最理想的人生状态。

晚至1990年，潘家铮赴福建解决水口水电站技术问题。他不顾外国顾问团的反对，力主采用氧化镁温控技术，为水口水电站赢回了宝贵的工期，这是潘家铮诸多技术传奇经历之一，业内许多工程师都知道。水口水电站是当时福建省地方重点工程，省领导特别着急，问题解决之后，省领导自然高兴。

当时的福建省省长问水利厅的同志，是哪一位高人解决的问题？

回答是潘家铮。

省长问：潘家铮是谁？

听过水利厅同志一番介绍，省长才知道了潘家铮这个专家的名字。尽管那时候潘家铮担任着能源部的总工程师。

全是因为三峡工程。或者说，是三峡工程选择了他。对一个工程师而言，这是大际遇，对当时的潘家铮而言是大际遇，其实也身不由己。

潘家铮曾坦言，刚开始他是反对上三峡工程的，作为一个工程师，他考虑的侧重点当然还是在水电站这一复杂系统内的可行性，技术、国力、移民诸般，并不掺杂其他东西，他也不擅长这一套。后来思想转变，转而支持三峡工程，这个说起来容易，这种转变对他这样一位有着丰富实践经验的工程师来说，要经过多少缜密思考。这个曲折很容易被人忽略。

尽管此前，潘家铮的名字已经荣幸地出现在“反对派”过激的诅咒之中，诅咒要给他塑一尊跪像，与若干人一起出现在未来的三峡大坝边上。这些诅咒也还局限于争论圈子之内，他的名字还不是广为人知。

三峡工程正式开工之前，1993年3月，应美国工程界之邀，潘家铮等三人赴美国考察，主要是向旅美华人工程师介绍三峡工程。

三峡工程的构想最初由萨凡奇博士在大洋彼岸的美国展开，当初，不仅国人兴奋，美国朝野也是掌声一片；如今，三峡工程首先在美国结下好大一个疙瘩，直接影响到三峡工程建设的国际环境，反倒需要潘家铮这个中国工程师前来解扣。

曾是上海设计院的同事、旅美华人工程师顾鹏飞先生，得悉潘家铮要来美国，特意为潘家铮一行搜集国外专家关于三峡工程的看法，顾鹏飞搜集到的文章有40多篇。只有哈扎水电咨询公司副总裁、高坝工程师叶昶华和萨凡奇的学生、高坝专家徐修惠两位先生是赞成三峡工程的，其余也有客观、中肯的意见，大部分文章都持反对意见。当然，反对的理由，除了一些技术上的质疑之外，还有生态、移民、泥沙的担忧，更多的则是政治理由。

潘家铮能不能解开这个扣？就要看他的理论、技术功力与演讲水平了。

当初，是美国人在说服中国人修三峡大坝，现而今反过来，需要中国人来说服美国人，我们为什么要修三峡大坝了。

历史常常充满着这样的吊诡。

在诸多回答三峡工程问题的演讲和文章中，潘家铮在美国旧金山的这篇演讲显得很特别，推心置腹，苦口婆心，有理有据。据顾鹏飞回忆，这一演讲收到了预期的效果。

这篇演讲并不长，谈了四个问题：中国人为什么要修建三峡工程？中国能修建三峡工程吗？修建三峡工程会有严重后果吗？以及几句题外话。前面三个问题，是论证时的老问题，不需要多说，需要多说的，倒是那几句题外话。题外话说得甚是恳切而推心置腹：

看到有人在文章中说，建三峡工程不是人民的意志，是少数领导好大喜功、为自己树碑立传，这是不确切的。

中国过去最有权威的人无疑是毛泽东主席，但正是毛泽东主席从20世纪50年代到他去世，一直不批准搞三峡工程，他要求的是搞清问题、积极准备，到条件成熟时再建。毛泽东主席以后，最有权威的是邓小平同志。1984年中国政府已基本上决定要建三峡工程了，但当时有很多人对工程提出各种建议和意见后，正是邓小平同志建议暂停施工，组织重新论证。这样才有412位全国一流专家来重新全面研究，这些专家包括搞泥沙的、通航的、环保的、移民的和财经的，各个领域的都有。经过三年多的反复深入研究，403位专家得出一致意见：三峡工程应上，而且应早上，只有9位专家有不同意见。这样，中国政府才把它提到全国人大，并以压倒多数表决通过。请问，这难道是少数领导的好大喜功吗？

女士们、先生们，我是个工程师，不是政治家、演说家。我无意把自己的见解强加给任何人，而只想把自己亲历的事实真相说一说。希望大家理解，中国和美国情况有很大不同，中国现在有百万人民生活在洪水威胁下，随时有倾家荡产和送命的危险。中国的电力非常不足，人均用电量只有美国的1/20。中国人民要不要活下去，要不要活得比现在好一点？如果是要的，那我相信各位对三峡工程的必要性会有个比较客观的了解。

同时，我也希望问各位一个简单的问题：各位作为献身事业的土木工程师，有几位在一生中能遇到像建三峡大坝这样的跨世纪工程？为什么不来取得这个机会呢？因为你们不可能在美国密西西比河上建这样一个坝，即使你们能找到这样一个工程，也有钱、有技术能建它，我仍怀疑你们能否在生态环境和不同社会组织所提出的无数问题前获得通过。所以，我呼吁美国和其他国家的土木工程师来与我们合作，表示出你们的兴趣，并助我们一臂之力。[1]

接着，潘家铮全身心投入到三峡工程紧锣密鼓的建设中，一直到2003

1　参见潘家铮撰《在旧金山三峡工程报告会上的发言》，收入《潘家铮院士文选》，潘家铮著，中国电力出版社，2003.8，第295-296页。

年，十年间很少接受媒体采访。仅在大坝合龙的 1997 年接受过一次简短采访，匆匆回答，匆匆离去。他不能多说，三峡一期工程才刚刚结束，大战在即，工程建设需要他这个工程技术总负责人总揽全局，根本无法分身。

2000 年，73 岁的潘家铮还有一篇影响更广的文章《世纪圆梦与终生遗憾》发表。这是他第一次全面总结三峡工程论证过程和开工建设全过程，文章最后的落脚点并不在三峡工程，而是建设西南水电群、使西南地区形成世界上最大的能源中心的构想。只是，他将之说成是“终生遗憾”。这篇文章与其说是针对某些质疑与责难，莫若视作一位为水电事业奋斗了整整 50 年的老工程师个人化的表达。

2003 年，三峡工程二期工程结束，156 米水位蓄水成功，潘家铮才能腾出精力来为三峡工程说话。也恰恰在这个时候，三峡工程发生“裂缝风波”，潘家铮站了出来。

业内许多人都将潘家铮此举称为“挺身而出”，包含了许多感慨在里头。如此大的问题，也只有潘家铮这样有说服力的专家站出来说话，才具有辩驳是非、答疑解惑的说服力，才可以消弭风波。

潘家铮在 2003 年前后发表关于三峡工程问题的文章和访谈出现了一个密集区间。不算电视台、报纸的短新闻，以及在清华大学等高校和学术机构的学术报告，产生很大影响的有如下四次：

2002 年 7 月，接受中央电视台《大家》栏目采访。

2003 年 6 月，接受中央电视台《面对面》栏目采访。

2003 年 6 月，近万字长文《十年回首话三峡》，此为一个报告稿，以此为题在多个场合介绍三峡工程。

2003 年 8 月，答《神州学人》采访录《三峡工程答疑录》。

2006 年，三峡三期工程大坝浇筑到顶；2008 年，175 米试验性蓄水和 175 米蓄水预验收开始。在此期间，潘家铮接受媒体的访谈再现一个小密集区间。

潘家铮答疑解惑，有理有据，有些问题不是说一遍、两遍，而是说了十年八年，达到苦口婆心的地步。从职业角度来讲，他这一个三峡工程的技术总负责人站出来，依稀可以看到新安江水电站工地上那位现场设计总工程师的影子。他站出来，难道不是为设计人员、建设人员创造一个良好的舆论环境和建设环境吗？从他个人修养的角度来看，则体现着一个科学家勇于担当的精神。

甚至“反对派”一方说起来，都说潘家铮这个人厉害。

潘家铮也有无奈的时候。三峡一期工程还未结束，一位据说是旅居德国的水利工程师发文章揭露：三峡工程的水面线计算有严重错误，实际水力坡度将达到 42 米，淹没移民的人数至少要 250 万人。按照此人的计算，175 米蓄水之后，假设坝前水位为零米，重庆的水位将达到 40 米。也就是说，三峡水库蓄水到 175 米，重庆人就成为鱼鳖。这样一个来自旅居德国的水利专家的计算，造成的恐慌就可想而知了。

潘家铮从专业的角度曾作过详细的解释。简言之，水库在蓄水之后，因为回水的原因，会产生一个回水曲线，这就是所谓的水力坡度。但这个坡度不会太大，从坝前到库尾，水力坡度会有，但不至于像那人说得那样玄，至于淹没重庆，那简直是谣言。

但是这个解释又太过专业，来自科学的从容与优雅，与谣言的凶恶和别有用心比起来，简直就是秀才遇到兵，就是卖刀的杨志遇到了“泼皮牛二”。在三峡工程首期蓄水之后，三峡库区将淹没重庆的谣言甚嚣尘上，一些专家学者不得不站出来，跟网络上只见其影、不见其形的“泼皮牛二”式人物论战。水电学会副秘书长张博庭写过数篇文章来驳斥这位旅居德国专家的谬论，但是网络和舆论已呈一边倒态势。

潘家铮打电话给张博庭：这是一个什么专家，怎么连水库的库容计算都不懂？

这样的谣言纠缠着三峡工程将近 10 年，但潘家铮每一次都要无奈地解释一番，也解释了 10 年。中间还断不了一些人的刁难与质问，他还必须作出解释。

直到2010年175米试验性蓄水成功，实测重庆寸滩水文站的水位为176米左右，也就是说，水力坡度不过1米，与初期论证的结论相差无几。蓄水之后，重庆的水位没有涨40米，谣言止于事实，自然缩头缩脑不再兴风作浪。

2008年1月2日，潘家铮应香港《财经文摘》记者齐介仑之请，就三峡工程问题做了一次访谈。这是潘家铮生前做的关于三峡工程问题比较全面的一个访谈。

齐介仑所提的问题，比内地记者提的问题要相对直接一些，都是关于三峡问题最敏感的一些话题。诸如蓄水之后的滑坡、支流水华污染、珍稀鱼类保护、投入与产出，等等。每一个问题在海外、在网络上、在公众中间都很热，也是三峡工程被污名化、被妖魔化的重要证据。事实到底如何？情况是不是像传说中的那样严重？潘家铮对公众的误解与传言一一解答和澄清。

这次访谈更像是一次促膝谈心。访谈在发表的时候，记者在文章前面有一段采访手记，记录下这位81岁老人接受采访时的情景：

这是一个宽大而明亮的办公室，身材不高且步履略显蹒跚的潘家铮头发也已斑白。他一身便装，操一口江南口音的普通话，一副明亮的方框眼镜，双手似乎有些颤抖。

近两个小时的交流，潘家铮滴水未进。记者几次将茶水送到他手中，都被婉拒。谈媒体，谈得失，谈三峡争议，谈中国水利，潘家铮言辞温婉，字斟句酌，言及利害之处谨慎而机敏。[1]

面对具体的技术问题，不管多么敏感多么棘手的问题，潘家铮总能坦然而心平气和地予以回答，让人想起1993年他在旧金山对美国工程界的那一

---

1 参见齐介仑撰《论争、隐患及三峡工程得失》，收入《财经文摘》，2008年第3期，第45–54页。

次报告，他说他是一个工程师，不是政治家，不是演说家，这话发自肺腑。

三峡工程问题真是太不单纯了，只是潘家铮的文字鲜少为自己辩解。因为“反对派”中的黄万里先生也好，陆钦侃先生也好，甚至包括潘家铮的第一个上级徐治时先生，他们的反对意见至少还在科学与技术讨论的范畴之内，潘家铮愿意坐下来一一探讨。而其他意见则早已经溢出了这个范畴，他不愿意说。

潘家铮以工程师自许，工程师职责范围之外的事情究竟太不擅长了。

第三章 最后岁月

大病与大震

从生理年龄来判断一个人由中年到老年，进而进入晚年的界限，就如同判断四季更替一样容易。科学家也一样，不会例外。例外的是这种界限来得有些猝不及防，一时回不过神来。

1987 年，潘家铮 60 岁，进入老年。他作为三峡工程论证领导小组副组长兼技术总负责人，正在主持三峡工程重新论证，才刚开始做“三峡梦”。

1997 年，潘家铮 70 岁，三峡工程一期工程结束，当时他在病榻上观看了大江合龙的全过程。这一年，他担任中国工程院副院长刚两年。

2007 年，潘家铮 80 岁，还没有完成三峡工程二期工程验收工作。

什么时候进入晚年？似乎遥遥无期。但很快就来了。

2008 年，公历进入新年，旧历却还在上一年的年底。1 月 6 日，星期天，还在家里休息的秘书李永立接到电话，说潘家铮被车撞了。秘书一听吓得不轻，马上与司机驱车到了家里。他们看到，潘家铮右手涂了不少红花油，手臂上还有挫伤。忙问：是什么车撞的？

原来，在周末中午，潘家铮带夫人和保姆到外边的小店吃点东西，过马路时保姆在后边搀着老伴，门前的马路并不宽，他一个人在前头要跨过马路。谁想，从侧面来了一辆电动车，一下子就把他给撞倒了，人整个摔了一跤。

秘书问：“撞人的人呢？”

潘家铮说：“让他走了。”

秘书说："怎么可以让人走了呢？撞成这样！"

潘家铮说："你不让他走怎么办？你拉住他无非让他出点医药费——他一个农民工哪来的钱？就让他走吧。"

秘书问他："骨折没有啊？拍片子了吗？"

潘家铮回答："看样子不像骨折，也没拍片子，小擦小伤，不碍事的。"

常年在工地上，这样的小摔小跌是常事，潘家铮以为还是一次小跌小伤。秘书知道此次深浅，坚持要到医院拍片检查。一拍片子，右手拇指下掌骨还真骨折了。

就医是在北京医院。医生看过片子之后，说得做手术复位。但是这样大的年纪，手术怕不好，最好让自己复位，反正将来也不提重物，这样也不影响写字看书，也就没有手术。一周之后，正好在医院碰到一位退休的老医生，跟潘家铮很熟，不同意这样保守治疗，重新将开始愈合的骨折处掰开，再行复位。这一次复位，没有任何止痛麻醉措施，潘家铮头上大滴汗珠滚落而下，硬是一声没吭。大家心疼不已，却又无能为力，只能暗自惊叹潘家铮的坚强。

这是1月15日的事情。

已经是81岁的人了，经历这样一次复位治疗，遭受的痛苦就可想而知了。

手上的伤还是其次，从此之后，潘家铮几个月连续腹泻，最多的时候一天要泻二十多次。刚开始看中医，吃中药调整，医生说是肠道的菌群失调，调理一下就会好起来。拖了两个多月，腹泻是减少了，但还没止住。腹泻导致脱水，原来还精神旺健的潘家铮日渐瘦弱，衰老的迹象特别明显。

从1月15日拉开骨折的右手再重新对接开始，再经中医调理，潘家铮共休养了一个多月，然后就马不停蹄出现在各种会议上。工作日志显示，从3月3日参加中国工程院三峡工程阶段性评估会议，到5月初，前前后后共参加了7次重大工程审查、验收、研讨会。其中两赴南水北调中线工程工地，参加京石段应急工程临时通水验收。

这样拖着到2008年4月，潘家铮还一直到国家电网公司来上班。李永立征询医务室大夫，医务室大夫建议让仔细检查一下，他也感到潘家铮这不到半年时间瘦得特别厉害。

2008 年，潘家铮在国家电网公司办公室

潘家铮年轻时长期在野外工作，身体透支太大。直到晚年，潘家铮才意识到自己平时不注意身体锻炼导致的后果，所以他总劝年轻人要注意平时锻炼。他的博士生因病休学，他专门带话到医院，给自己的学生说："你们年轻人担子重，多注意休息，不要为了干活儿拼了命，活儿是干不完的。"

偏偏他拼命，他偏偏对自己的身体变化显得粗疏。

潘家铮平时不愿意别人为自己的身体健康弄出太大动静，就像 1997 年那一次，一拖再拖，直到有了性命之虞才住进医院。这一次检查也一样，幸好联系的是北京电力医院，潘家铮答应彻底检查一下。

2008 年五一假期，在医院做检查，结果不容乐观，确诊是结肠癌。

确诊之后，马上联系北京医院。5 月 12 日那一天，潘家铮由北京电力医院转院前往北京医院途中，四川汶川发生 8.0 级大地震。

潘家铮一到医院病房，急急忙忙打开电视机，了解四川地震情况。他知道震中汶川映秀镇距离紫坪铺水坝不到 100 千米。震中的情况在震后几天之内都没有明确，在等待手术的几天之内，他焦急万分，根本不像一个身染沉疴的病人。

5月15日，他让秘书赶快从国家电网公司了解灾区水利枢纽大坝受损情况。

手术在5月19日那一天进行。

手术非常成功，然后需要几个周期的化疗。到正式出院已经是2008年的中秋节了。除去化疗需要住在医院里，潘家铮执意回家，这样满打满算在医院待的时间，前前后后有五个多月。

潘家铮觉得，自己病得太不是时候了。他牵挂着汶川地震中的几座大坝。沙牌碾压混凝土拱坝、紫坪铺水电站面板堆石坝等七八座大坝，都是他亲自审定并签过字的，怎么能不关心？他是要负责任的。

“恨铁不成钢”，偏偏在这个时候僵卧病床，他所能做的，也只是阅读资料，分析研究大坝和水电站的损坏情况，为以后修复与续建提出建议。

5月28日，潘家铮的学生、成都设计院副院长兼总工程师王仁坤从成都赴北京来到病房。他是受老师召唤而来。潘家铮通过秘书打电话说，如果方便，请王仁坤亲自来京一趟，他想知道灾区水电工程的情况。

这是震后的第17天，术后的第9天。眼前是消瘦、虚弱的老师，着一身病号服，跟病前的潘家铮判若两人，王仁坤一阵心酸。

潘家铮在病榻之上听取王仁坤从灾区一线带来的情况汇报，听得非常仔细，岷江、涪江、白龙江及其众多的支流在满目疮痍的大地上流过，30多座横卧江上的水坝可安否？

听罢王仁坤的汇报，潘家铮悬着的心渐渐放了下来。

震中涉及的30多座装机容量30万千瓦的水电站大坝主要集中在岷江流域。其中，都江堰以上为上游，都江堰至乐山为中游，乐山以下为下游。岷江上游河段已建大中型水电站有20座，总装机容量3000万千瓦。

超过百米大坝的电站只有2座，就是位于都江堰的紫坪铺水电站，坝高156米；还有装机容量36万千瓦、位于汶川的沙牌水电站，坝高130米。其余全是坝高仅二三十米的闸坝。

大震之下，水电站有不同程度的受损。输变电架构和送出线路倒塌，导致送电中断；机电设备、仪表、通信、备用电源损坏；有的电站边坡崩塌，交通中断；泄洪设施的闸门和启闭机或结构破坏，导致不能正常启闭泄洪；引水系统的露天部分，如进水口塔架、压水管道也有个别淹埋、损毁；厂房围墙和生活设施倒塌，等等。相反，紫坪铺和沙牌两座百米高坝，并未出现明显破坏，紫坪铺有沉陷、面板脱空损害，坝顶及坝后防护设施有所破坏，但这些破坏并不影响大坝整体安全。

有的水电站在地震中一直维持供电，有些受损严重的水电站也很快修复，恢复对灾区供电。难以修复的一些闸坝，因为泄洪启闭闸受损严重，曾一度危及下游，经解放军官兵日夜抢修，也已经恢复泄洪。

王仁坤汇报完毕，潘家铮让他把资料留下来，他要仔细看一看。王仁坤明显感到此时的老师比刚见到他时精神头要足得多，恢复了在办公室那股劲头。

其实，在王仁坤来之前，中国水电工程顾问集团、水电总院已经派人将灾区的资料送来不少。潘家铮一再嘱咐，一定要在第一时间收集第一手资料，抓紧时间到现场做充分的调研，分析水工建筑物，尤其是大坝的地震破坏特征和抗震能力，这样才能有针对性地进行应急处理和震后修复。

化疗中的潘家铮每天不是盯着电视看新闻，就是埋头阅读送来的资料。腕骨骨折还没有好利索，他就把笔记本架在一个小架子上，弄了一个手写板，一字一字写着输入文字，给即将开展的水电工程震损调查工作提出具体意见。

此时，水电总院根据国家能源局关于抗震复核工作的意见，成立“汶川地震灾区水电工程震损调查及工程抗震复核工作领导小组”和顾问组、专家组。潘家铮等14位院士和11位全国工程勘察设计大师、专家学者为顾问组成员，还有3个震损调查专家组，具体负责现场调查工作。同时，项目业主、水电总院、其他设计院、中国水利水电科学研究院、清华大学、河海大学、大连理工大学等单位也派专家参与现场调查工作。

这是有史以来中国最大规模的一次震损调查行动，震损调查专家组从2008年7月即分头进入现场，冒着余震、滑坡和滚石的威胁，深入汶川地震灾区，为期4个月，基本完成现场调查工作并提出中间报告，2008年12月完成调查报告。

所有的资料在第一时间要汇总到顾问组进行分析和总结。

2008年8月19日，也就是潘家铮接受手术后整整3个月，汶川地震过后整整100天，他完成了4个周期的化疗，坐在国家电网公司的办公室就地震中大坝安全问题接受记者采访。

其时，潘家铮的身体还很虚弱，并没有正式上班，每隔两天到单位的医务室打针。若有急事，他才到办公室来一下。

震后百日，公众对地震中大坝受损、水坝引发地震等问题甚是关心，甚至有舆论直接将汶川地震归罪于紫坪铺大坝，记者提的问题都非常尖锐而敏感，潘家铮一一作答。

“5·12”汶川地震，潘家铮将之表述为“国难”。

汶川大地震是历史上罕见的地震巨灾。伤亡之重、损失之大，震惊世界。非身历其境者很难想象人间竟会发生这样的灾难。在30多年时间内，中国连续遭受唐山和汶川两次特大震害，这是国家的不幸，是“国难”。[1]

这个表述，出现在国家组织的水电工程抗震复核工作报告的序言里。

1　参见韩健撰《汶川大地震与水电建设——地震百日潘家铮访谈录》，收入《中国水能及电气化》，2008年第10期，第17–22页。

接着，有一个当时在社会上炒作得非常厉害的敏感话题，那就是“5・12”汶川地震系位于震中的紫坪铺水库所诱发。潘家铮详细说明水库诱发地震的原理与事例，指出，水库诱发地震在国际地震界准确表述应当是“触发”地震，尽管水坝可以触发地震，但世界上由水库直接触发的6级到6.5级的地震实例极少，包括中国的新丰江水库触发地震在内，全球仅有4例。

记者直接将紫坪铺水库触发地震这一棘手的问题抛给了潘家铮，潘家铮不仅圆满回答了这一问题，让记者感到吃惊的是，潘家铮还有一番引申。

记者：但有人认为汶川大地震的发生“不能排除紫坪铺水库的诱发影响”，您是否同意？

潘家铮：汶川大地震是由于巨大的地壳活动，在断层带内产生极高的地应力和能量，经过千百年的积累，达到临界状态而最终瞬时爆发释放的一场特大天灾，是人力难以防止阻挡的，这应该是国际、国内地震界的一致看法。紫坪铺水库对它的影响（如果说有影响的话），实在是太微不足道了。世界上也从未发生过水库能触发8级构造地震的前例。即使是最想把紫坪铺水库和汶川大地震拉在一起的人，也只能含糊地讲一句“不能排除”而已。我们应该信任专业地震专家们的意见。我不认为紫坪铺水库与汶川大地震的发生有什么联系。

记者：但是也有“一根稻草压死一头骆驼”的说法啊。

潘家铮：任何比喻都有失当之处。“一根稻草压死一头骆驼”，这是把断层带比作骆驼，把断层带所受的应力和积累的能量比作骆驼所受的负重，而把水库的影响比作稻草。这个比喻认为，骆驼虽然很累，但还能扛住，加上根稻草就压垮了。大家应该知道，断层带内承受的应力和积累的能量是在不断增长的，而且增长的速度愈来愈快，不论加不加稻草，这只骆驼是必然要被压垮的。所谓“逃得了初一逃不过十五”，而且越到后来，压垮得越惨。

记者：也有人把大地震比作一枚定时炸弹，水库的修建起了触发作用。

潘家铮：这个比方尤其不妥，定时炸弹不仅所含炸药是一定的，不会不断增加，而且不触发其定时机构是不会爆炸的，这和构造地震的形成和爆发无任何相似之处，否则紫坪铺大坝要对几十万死伤同胞负责了。绝对不能接受这种荒谬的比喻。

如果一定要打个比方的话，我觉得不如把整个断层带视作一个巨大的高压锅炉，正在不断加热（地壳活动），炉内压力不断增高。锅炉壁上布满大小裂纹（断层）。炉内压力达极限时，最薄弱的一条大裂纹先开裂，高压蒸汽喷发而出（主震），然后其他裂纹也陆续裂开，释放能量（余震），直至炉内压力全部消除，复归于平静。

修建水库好比在炉壁外压一点水，如果说这也有影响的话，也只是起了个提前释放的作用。所以退一步讲，即使“不能排除紫坪铺水库对汶川大地震的影响”，从总体上看也是减少了主震释放的能量。否则，汶川大地震的震级就不是 8 级，而是 8.1 级，甚至 8.5 级了。释放的能量不是 1070 颗美国投向广岛的原子弹，而是 1500 颗到 6000 颗了。不仅灾区人民将蒙受更加惨烈的灾难，整个“成都市夷为平地”的可能性也“不能排除”了。[1]

客观地讲，潘家铮在震后百日的这个访谈，对决策层和公众科学地了解和理解水电工程与自然灾害起到了很好的作用，但是对于水利工程有利于减灾防灾，水坝具有超强抗震能力的解说，公众还一时难以理解。

当时一些专家提出，建议对西南地质不稳定地区大型水坝安全性进行重新评估，在评估完成之前暂停在西南不稳定地区批建大型水坝。

潘家铮回答，停建水坝解决不了问题。他以“5·12”汶川地震唐家山堰塞湖抢险为例，国家投入巨量的人力、物力抢救，动迁下游几十万人；而

1　参见韩健撰《汶川大地震与水电建设——地震百日潘家铮访谈录》，收入《中国水能及电气化》，2008 年第 10 期，第 17–22 页。

西南其他河流的情况并不比岷江上游更好。1967 年雅砻江唐古栋大滑坡，江岸瞬间崩塌，江水完全阻断，天然坝溃决之时，洪水以几十米高的水头和每秒几十米的高速横扫下游数百千米。如果这些流域发生汶川式的大地震，次生的地质灾害只会比唐古栋滑坡更甚。停建水坝不仅解决不了问题，而且会加重因地震而引发的地质灾害。

潘家铮指出，办法只有一个，抓紧大力开发水电，修建震不垮的能调控水资源和洪水的高坝大库，迅速发展流域经济，动迁必要的移民，全面改变流域面貌，全面提高人民素质，这才能为应对突发性灾难提供条件和基础。采取回避政策，停止发展，绝对不是出路。

这些话不能说石破天惊，至少是振聋发聩。

潘家铮对震后灾区水电工程的复核工作倾注了大量心血。2009 年 5 月，在汶川大地震一周年之际，水电总院完成《汶川地震灾区大中型水电工程（装机容量 30 兆瓦以上）震损调查与初步分析报告》，上报国家发展和改革委员会和国家能源局。

2009 年 10 月，为让公众更多了解汶川大地震中水电工程震损和恢复建设的真实情况，消除社会上对汶川大地震中水电工程震损的谬传，在此报告的基础上作进一步整理，编辑出版《汶川地震灾区大中型水电工程震损调查与分析》，潘家铮为该书作序。

个人与国家，就这样度过了不平静的两个年头。

5000 米高程

难以想象，2010 年 7 月 22 日到 28 日，83 岁的潘家铮竟然收拾行装开启一趟西藏之行，行期一周。

对水电工程师潘家铮而言，这是一个极富寓意的旅行。

这趟旅行说来相当偶然，缘起于一次玩笑。

大约是2000年的事情。那一次潘家铮到水电总院参加一个项目审查会，往常审查会间隙，他喜欢跟人家聊天，人家也喜欢听他谈古论今。那次聊天中，从水电工程的海拔高程就扯开了，有位同志对潘家铮讲：“潘总啊，您已经是水电泰斗一级的人物了，去过很多地方，但是您没有去过海拔5000米的地方。”

跟他开玩笑的同志的意思是说，你哪里都去过，就是没有去过西藏。

潘家铮当然听出话里的意思，他辩道：“你这个话不准确，你们不知道，我去过一个地方，海拔很高的。回来查地图看那个地方的标高，是4999多米，我站的那个地方肯定没有5000米，但是我的头已经伸到5000米之上喽。”

没有去过西藏，的确是潘家铮的一个遗憾，也是一个水电工程师的遗憾。因为20世纪初中国第一批水电工程除了云南之外，还有的建在西藏，而且西藏的雅鲁藏布江也是水能富集的一条大江，屡屡出现在潘家铮西南水电群的大构思里。

有时候，每当谈及这个话题，潘家铮会不由自主说起来，我这辈子祖国的地方哪儿都去了，台湾也去了，只没有去过西藏。

那一次开玩笑，当年担任过他秘书的陈东平也在场。陈东平虽然不知道潘家铮把“脑袋已经伸到5000米”的地方具体所在，但他知道老人上到海拔4000米甚至5000米应该是没有问题的。他心里默默地记住了潘家铮想到西藏去的这个心愿。

2008年潘家铮做了结肠癌手术之后，陈东平感到这个事情更加紧迫了。毕竟已经是80多岁的人，而且看情况身体恢复得很好，如果再不行动，怕以后就更难了。

这样，就有了潘家铮的西藏之行。

此时的陈东平担任中国华能集团西藏分公司董事长兼总经理，主持建设雅鲁藏布江上第一座大型水电站——藏木水电站。

陈东平还有一个私心，是想让潘家铮看看即将开发的雅鲁藏布江大峡谷。这条大江的开发，虽然在整个西南地区水电开发中具有战略意义，但毕竟还不在已经规划的中国12大水电基地之列。潘家铮会怎么看？潘家铮有什么意见？

陈东平前去鼓动潘家铮的时候，就说："这样一个水资源最富集的地区，您如果不去一下，您一生的水电生涯是不完整的。"

毕竟是大病初愈，而且年事已高，潘家铮还有些犹豫。

陈东平为他安排的行程倒还放心。陈东平将早年随潘家铮出差的地点的海拔过了一遍，觉得潘家铮上到三四千米不会有问题。所以他跟潘家铮说："咱们先去林芝，那个地方的海拔在2900米到3000米的样子，现在您从家里步行去一趟西单，虽然不容易但也没问题，到林芝也不过如此。如果问题不大，感觉身体还行，咱们再去拉萨。"

潘家铮说可以呀。

终于成行。

从踏出校门的第一天起，出差、下工地，一年中几乎有一多半的时间在外边，江河湖海，山南水北，那里仿佛是潘家铮另外一个家园。在孩子们看来，不外出的父亲倒显得很陌生。这还不是一年，是整整60年。

由北京飞成都，中国华能集团西藏分公司专门组织了一个简短的座谈会。年轻一点的工程师好多都是第一次见到潘家铮，都感到惊喜，中国水电事业创新的领军人物就坐在眼前，年轻人眼睛里的惊喜神情并不令人意外。

雅鲁藏布江流域的整体规划还在进行中，开发雅鲁藏布江大拐弯富集的水资源才刚刚起步，潘家铮仔细听相关汇报，然后说："你们现在启动这个事情，是对人类的一大贡献。"

再由成都飞林芝。成都设计院派了一位副总工程师，一路走、一路给潘家铮介绍雅鲁藏布江下游规划，潘家铮下车在江岸公路上边走边看，虽然走得明显慢了，但看得出他的兴致很高。

走到雅鲁藏布江大拐弯，车子停下，特地安排潘家铮在岸边平台上看一看。这个观光平台在距离江面百米高的地方，是观望大峡谷的最佳地点。

2010 年 7 月，潘家铮在雅鲁藏布江畔

哪里想到，潘家铮在平台上看了一会儿，执意要下到江边看一看，他要在江边看看大峡谷，谁都劝不住。

从 100 多米高的平台下去，平台又窄，女儿搀扶他都没有可能，一行人只能前前后后将他夹在中间。也是在工地上跑了 60 年的腿，还真是长脸，没有看出他有什么艰难，居然不费劲下到了江边。

大江汹涌，巨河奔流，潘家铮在江边回过头来，露出灿烂的笑容。

潘家铮没有多说话，也没有弯腰掬水一试凉热。巨流激起白浪，仍然带着喜马拉雅山雪山上的寒意，完完整整流过来，又完完整整流过去。所有的话，都包含在回首一笑中。

从江边回来，陈东平又鼓动潘家铮："潘总，我看您身体还好，要不咱们再冲一下，到拉萨怎么样？"

潘家铮说可以啊！

从林芝到拉萨，是乘车上去。拉萨的海拔也就 3600 多米，陈东平估计潘家铮没有问题。另外，由林芝前往西藏，要过米拉山口，那里的海拔要超过 5000 米，可以圆了潘家铮上到 5000 米之上的那个心愿。

过米拉山口，陈东平把潘家铮扶下车来，让他照个相作为留念。潘家铮下车，站好，毕竟有多年在外奔波的老底子，身体还真没有什么反应。照完相，陈东平对他讲：“潘总，这下子，您的脚已经踩在海拔 5000 米以上了，不再是只有头上到过 5000 米。”

潘家铮微笑。

这趟高原的旅行，倒不像平常出差那样日程安排得很密集，所到之处，水电行业领导、地方政府主管电力的官员，还是要向潘家铮讨教相关问题的，在拉萨待了有三四天时间，一周之后才回到北京。

回到家里之后，潘家铮打电话给陈东平，对他的这趟安排非常感谢，也非常满意，如果没有陈东平的安排，此生怕难有此次西藏之行。

陈东平因为工作关系，没有陪他回京。他在电话里对潘家铮讲：“这一次圆了您两个梦想，一是去西藏，祖国的每一个地方都走到了；二是完成您登上 5000 米海拔的愿望。”更重要的是对我们水电事业的支持，雅鲁藏布江畔留下了潘家铮的足迹。

“千年万年”之哂

2010 年 12 月下旬，一个“两院院士：三峡工程是长江上的钢铁长城，万年不垮”的帖子在网上好多家门户网站热传，跟帖不断，恶评如潮，漫骂满屏，一旦有辩护的声音出现，马上招致一片“板砖”，马上被来势汹汹的口水淹没。

接着，某省电视台早间读报栏目，主持人讲：某两院院士称，三峡工程是长江上千年万年不倒的钢铁长城——现在的专家，真是“砖家”呀。

矛头所指，正是83岁的两院院士潘家铮。

两院院士、大坝专家说的关于大坝的话题似乎比网民更不靠谱。

网民在那里计算、推理水泥的寿命、钢筋的寿命，进而推算大坝最后崩塌的时间，精确到十年左右。三峡大坝哪里是横在长江上一座两千米长的混凝土水工建筑物，分明与垒在院角的一个鸡窝没有什么质的区别。

显然，这已经不是平静地谈论科学问题。大坝话题之外，仍然有许多其他看不见的东西。

“三峡工程是长江上的钢铁长城”，潘家铮说过这个话吗？说过。

在网络信息碎片化的时代，断章取义的只言片语，公众依据自己的好恶与情绪将信息重新组合，事物会在很短的时间之内发酵、膨胀，进而脱离开具体语境，成为与事实本身并不相干的一个怪物，这是自媒体时代的一个信息传播特点。

2010年12月17日，《三峡工程阶段性评估报告·综合卷》首发式在中国工程院举行。《三峡工程阶段性评估报告》是中国工程院重大科研咨询项目的成果。其缘起是2008年2月4日，国务院三峡建委根据国务院领导的指示精神，委托中国工程院实施“三峡工程论证及可行性研究结论的阶段性评估”工作。

在这个首发式上，沈国舫、陆佑楣、潘家铮、高安泽、郑守仁等专家，以及三峡集团公司[1]总经理陈飞就评估内容从不同角度回答了记者提问。潘家铮谈的是三峡工程重新论证和工程建设质量。

新华社12月当天连发四条消息报道首发式。

随后，各大门户网站转载的也基本上是来自新华社的通稿。这些通稿根据专家、院士从不同角度对三峡工程的评述，结合《三峡工程阶段性评估报告·综合卷》结果，简要、客观报道对三峡工程的阶段性评估意见。

---

1 1993年9月27日，中国长江三峡工程开发总公司成立；2009年9月27日，更名为中国长江三峡集团公司，简称三峡集团公司。

新华社的通稿对《三峡工程阶段性评估报告·综合卷》内容的概括基本是准确的、客观的。

在新华社通稿之外，中国新闻社独家报道了潘家铮的答记者问。全文如下：

中新社北京12月17日电（郭金超）中国工程院原副院长、两院院士潘家铮17日在《三峡工程阶段性评估报告·综合卷》首发式上称，对三峡工程贡献最大的是那些提出反对意见的人。

“如果三峡工程需要有人献身，我将毫不犹豫地率先报名……”，作为一名毕生从事水电建设和科研工作的老专家，潘家铮曾做过上述表态。由此可见，这位83岁的老人对三峡工程的感情之深。而今天在面对媒体提问如何看待三峡工程提出批评意见的人时，他的回答多少有些令人意外。

潘家铮也承认他并不是一开始就这样认为。他说：“相反，在三峡工程开始之初，我是最听不进反对意见的，一听到有人说反对意见我就感到恼火”。之所以有了今天的感触，他表示，是“通过实践慢慢体会出来的”。

他举例说，三峡工程在1985年就已基本决定，那时总方案是蓄水到150米，并已基本定案，工程要搞了，但许多人对此提出了反对意见，有些人认为150米的水位太低应该提高，有些人甚至认为工程根本就不该上马，所以中央决定把工作停下来，重新进行论证。

“幸亏有这些反对意见，不然三峡工程如果150米就建起来，现在该怎么办呢？防洪起不了什么作用，发电效益也很差，航运也不行，所以说反对意见就很重要”，潘家铮说。

潘家铮同时对社会上一些人有关三峡工程的误解给予澄清，他特别反对称三峡工程为“豆腐渣”工程的说法，并斥之为“谣言”。潘家铮称，三峡工程是“长江上的钢铁长城，千年万年不会垮，质量上非常好”，这说明相关管理非常到位。通过三峡工程，中国科技水平尤其是管理水平有了很大提高。

这就是“万年不会垮”的来龙去脉。只是，网络上的帖子故意将“千年”隐去，其用意十分明显，无非是吸引点击率。如果不是为了吸引点击率，那就是别有用心的造谣了。

进入2000年之后，世界上又掀起一股“拆坝”风潮，三峡工程成为活靶子。拆坝论者不仅仅反对已建的大坝，而且反对建所有的水坝。而且以美国这样的文明国家拆坝为例，对发展中国家，尤其是中国大规模开发水能资源提出质疑。

潘家铮早在2004年为联合国北京水电与可持续发展国际研讨会写的文章里，专门就国际上的“拆坝”风潮与水电开发之间的关系展开论述。[1]他讲，2004年9月，随着黄河公伯峡水电站首台机组投产，全国水电装机容量突破1亿千瓦，成为世界上拥有水电装机容量最多的国家，但开发的水平仍然很低，在全国总发电量和装机容量中，大约只占18%和24%的比例。

尽管有人说，水电的比例总是有限，反正要靠烧煤。然而大家要看到20%并不是一个小的比例，而且不应忽视水电的可再生性质。潘家铮算了一笔账，如果每年2.48万亿千瓦时的水电真能全部利用，相当于每年可替代12.4亿吨原煤或6.2亿吨原油，利用200年就是2480亿吨原煤或1240亿吨原油，远远超过我国目前已精确查明的剩余可开采矿藏。何况水电还有提高电能质量、保障电网安全和大量综合利用效益。

但应该看到，开发水电也面临许多制约因素。首先是淹没损失和移民问题，其次是对一些生态环境的负面影响，而这些又都是筑坝建库引起的。所以一段时间之内，关于反坝、拆坝的论点在中国知识界、民众中影响甚巨。

潘家铮一口气列举几篇文章和论著：《水坝惹是非》《反水坝运动在世界》《大坝时代已经结束》《水坝热的冷思考》《修建水坝带来的困惑》，还有一册《沉默的河流》，在介绍到中国的时候，被翻译为《大坝经济学》，

1　参见《老生常谈集》，潘家铮著，黄河水利出版社，2005.7，第108页。

该书罗列水坝的种种罪行，水坝、水电被描绘为万恶渊薮，举凡侵犯人权、环境污染、腐败、贫困、浪费等罪行都归罪于水坝建设。

潘家铮指出，客观一点看问题，就应该既看到建坝和开发水电的贡献，也看到其负面影响。对于后者，具体工程完全不同。总的讲，最大的问题是移民，其次是对一些生态环境的影响。在考虑问题时，还应密切结合中国国情。应该看到，中国今后的能源供应和环境污染问题是十分严峻的，而要开发的主要水电资源集中在西南高山峡谷中，淹没损失及移民数量相对较少，而且当地经济落后、人民贫困，正要借水电开发改变面貌，所以地方政府和人民迫切争取开发。对生态环境的影响也相对不严重，只要认真面对，也是可以解决的。

反观美国拆坝，潘家铮列举三峡集团公司林初学的调查结果：美国建国以来一直在建坝，如果不论高低大小统统算数，可能超过 200 万座，对坝高、库容等做些限制，也有七八万座。200 年来建了这么多坝，每年一定会有相当数量的坝因各种原因不再使用或干脆废弃。已经拆除的五百多座坝是些什么坝呢？它们的坝高（均方值）不到 5 米，坝长数十米，都是修在支流、小溪上的年代已久、丧失功能的废坝、弃坝，99% 以上不是为水电修造的，都是业主因经济、安全原因主动拆除的，根本写不进反坝主义者的功劳簿中。有影响的大坝一座也没有被人为拆除。[1]

对于环境保护者的“拆坝”理论，潘家铮并不一概而论，他讲，反对建坝者的观点并不是全无借鉴之处，相反，许多地方值得我们深思。

必须做好统筹规划和认真审查，建那些应该建、必须建、可以建的坝，弊大于利或者重大问题未落实前就不建或缓建，不是越多越好、越高越大越好，不要“大干快上”、草率上马，不要使子孙为我们作出的错误抉择而感到遗憾。

---

1 参见林初学撰《美国反坝运动及拆坝情况的考察和思考》，收入《中国三峡建设》，2005 年第 C1 期，第 44–57 页。

必须认真研究弄清建坝的利弊得失，要特别重视保护自然和生态环境的影响，关心利益受损的弱势群众，解决好移民问题，要真正使移民从建坝中脱贫受益。移民工作虽然难度大，只要有妥善规划和充足资金，只要不把资金移作他用，真正用到移民工作上，是可以做好的。我国二滩水电站和水口水电站的移民工作就得到世界银行的肯定,对建坝的负面影响要千方百计减到最低程度。

对于已失去功能、接近废弃或因经济、安全原因不宜再运行的小坝、老坝，要有计划地废止、拆除或加固、改建和新建。至于像三峡工程一类的大坝，属于千年大计，实际上是无法拆、不能拆的。

潘家铮关于建坝与拆坝的这些观点，与其早期的“中国人民不允许江河自由奔流”“水电是清洁能源”诸多的思考一脉相承。这些观点曾在刊物发表，并被许多网站转载。[1]

三峡大坝的寿命远不是一个简单的物理结构功能的衰减过程，而是一个很复杂的问题。所以说，潘家铮将之总结为“千年大计”。重点不在时间，而在“大计”。

实在要问到具体的寿命，或者使用年限，潘家铮在最初的表达中，要直接得多，他讲：

古人修建水利工程可以利用2000年至今，为什么按现代技术修建的工程不能用上2000年呢？要做好维护工作，使它真正“利垂千秋”，直到它的功能可能被其他措施代替。例如，人们已能呼风唤雨，控制气象，用不到三峡水库调洪了；人们已能从核聚变等措施中获得无限廉价的能量，用不到水力发电这种“落后的能源”；万吨巨轮也已能从水上悬浮行驶和飞过大坝……甚至轮船这种落后交通工具已经淘汰了，三峡的船闸和升船机当然也结束使命。那时，三峡大坝就可以光荣退役。退役后怎么办？或者将它改造为一个

1　参见潘家铮撰《建坝还是拆坝》，收入《中国水利》，2004年第23期，第26页。

超过尼亚加拉的人工大瀑布？这些前景不如让科幻小说家去想象吧。[1]

回答完这个问题的20多年之后，在三峡工程具体建设过程中，情况已经发生了很大变化，比方实测的入库泥沙低于论证时的数据；金沙江上的溪洛渡、向家坝等大型水电工程开工，大量泥沙滞留于上游，诸多情况促使泥沙情况已经与论证初期大不相同。所以关于三峡工程的寿命问题，潘家铮信心更足。

再回到20年后的"千年万年"之争，"千年万年不会垮"，后面还有一句"质量非常好"。脱离开具体语境，这句修辞性的表达，被人曲解为物理结构性衰减的描述，进而哂笑不止，有的文章已经咬牙切齿，浑如泼妇骂街，显然是"项庄舞剑"。

这是潘家铮在世时最后一次被推到三峡工程争论的风口浪尖上。

潘家铮没有辩解。没有一句辩解。

这，就是三峡工程！！！

在争论、怀疑、质疑、反对声中建设了17年，各种争论、怀疑、质疑、反对还将继续下去。继续多少年还是一个未知数，时间无疑会很长，五十年，还是一百年？

一切问题的答案在大自然的考官面前，都会水落石出。

行走江河60年

60年前，潘家铮误打误撞进入水电行业，从许身于水电事业那一天起，他的脚步就没有停下来，莫非这是一个工程师的宿命。

1 参见《老生常谈集》，潘家铮著，黄河水利出版社，2005.7，第114页。

2008年11月26日，潘家铮术后化疗结束，正式出院。大病之后，他居然还像以前一样出差，真让人不可思议。“工作日志”中显示，2009年到2010年，潘家铮出差20余次。

长江、黄河、金沙江、澜沧江、曹娥江、雅鲁藏布江，80多岁的老工程师，双脚沿江河行走，壮心随浪涛飞扬。

2008年8月化疗之后，潘家铮身体恢复得还算好，2008年底开始上班，在办公室里忙公务之外，每一个月的日程安排像往常一样排得很紧密，频繁出席各种会议。会议大都在北京或者近郊，体力能胜任。在会场上，大家都知道潘家铮刚刚做了大手术，大家看到老人除了脸上有大病初愈的痕迹之外，思维、讲话和以前的区别并不大。

2008年12月13日，潘家铮刚出院半个月，他的身影就出现在黄河小浪底的大坝上，这时候小浪底水利枢纽工程要进行竣工技术预验收，潘家铮主持其事。术后第一次出差，为期整整一周。

2008年12月，潘家铮（右一）在小浪底水利枢纽工程工地

接着，2009年2月23日，潘家铮由北京前往四川宜宾，再由宜宾沿金沙江而上，与谭靖夷、陆佑楣、张超然、马洪琪、郑守仁5位院士和20多

名专家组成的质量检查专家组，参加向家坝和溪洛渡两大工程第三次质量检查，为期两周。

2009 年，潘家铮（右三）在溪洛渡工程工地进行第三次质量检查

2009 年到 2010 年，潘家铮出差赴工程工地检查、研讨、验收、考察计 16 次，每一年不多不少，各 8 次，每一次大致一周左右时间。这个频度较之往年当然是稀落了，若将潘家铮 60 年水电技术生涯出差次数求得一个平均数，这两年的出差频度可能略低于这个数值。要知道他已经是 80 多岁的老人，拖着大病初愈的老迈之躯。

潘家铮的秘书受他熏陶，也是一个非常细致的人。好记性不如烂笔头，他手边有一个“工作日历”，哪一天到哪里开什么会，到哪里有一个什么活动，或者出差，提前在日期下画一条横杠——开会、活动或者来访，时间、地点、会议名称、出差地点、来访人名等都标注出来，一年下来就是一部工作日志。此种工作日志做法，正是潘家铮在年轻时候的“发明”。

进入 2011 年，这一年的新年过后，北京的天气似乎也出奇得好，都是晴天、好天，好多天里天空澄明透彻，隔着林立的楼群，能远远望见西山的山影。潘家铮的身体在这个冬天恢复得更好了，脸上看不见一点病容，大病之后的两腮下陷，现在似乎又饱满了起来。

“工作日志”的记录显示潘家铮很忙，日期下面的“横杠”一个接一个，记录得满满当当。这个月，除了1日到3日放假，从4日到31日，仅有9天显现出空档，其他18天里都有会议和活动安排。新年第一个月，也是旧历的年底，2月3日便是传统春节，所以各种活动和会议排得满一些也在情理之中。

秘书感觉到潘家铮的心情很好，精神足，看不出一点疲惫。

27日，腊月廿四，这是中国南方的传统小年，这一天要进行例行体检。忙完一上午的事情，下午潘家铮到北京医院。

检查之前，秘书特地跟医生提及潘家铮的癌症病史，建议医生可不可以格外注意一下。检查的时候，医生听见潘家铮的肺部有“啰音”，就建议他再做一个胸部CT。按部就班做好各项检查，跟医院约好，年后的2月9日再来做一个空腹项目检查。这个时候，一切还挺正常，谁也没有感到有什么异常。

那几天，潘家铮仅仅是有些轻微的咳嗽，李永立随口问他是不是感冒了，潘家铮回答说没有。大家都没有放在心上，心里想也许是气管偶尔不适，毕竟是冬天嘛。

30日，潘家铮参加200米级面板堆石坝筑坝关键技术成果鉴定。

就在这一天，会议室外面的秘书接到北京医院打来电话：胸部CT结果出来了，在肺部发现三个小结节，根据潘家铮有过结肠癌病史的情况，怀疑是癌症转移。医院让他尽快通知单位和家属，春节之后入院治疗。

鉴定会还在有条不紊地进行，消息被关在门外。这个突如其来的消息，让秘书作难死了，如果通知单位，单位领导一定会去看望。潘家铮是很敏感的，他能察觉不出来？再过两天就是春节，这个春节怎么过？

秘书与潘敏商量，潘敏也很吃惊，但也很作难，商定春节之后再让老人入院检查确诊，也只能这样。

2月8日，小儿子潘自来由上海赴北京，按事先约定，2月9日陪父亲做空腹项目检查。空腹检查第二天，潘家铮就被送入北京医院，11日赴海军总医院做PET/CT。12日确诊，癌细胞转移到了肺部。

墨菲定律，怕什么来什么。

潘家铮显然已经意识到什么异常，尽管子女和秘书轻描淡写，说只是肺部有3个小结节，年纪大了必须仔细检查一下，排除一下其他可能。潘家铮说话明显少了，常常坐在狭小的病床上不说话。

也不是没有经过生死离别，也不是没有住过医院。人老是自然规律，他怎么能不清楚？与其说突如其来的病变对他心理上有什么冲击，倒莫如说他像退役那一天的运动健将，昔日展现飒爽英姿的绿茵场将变成自己人生的背景。

然而谁都没有说。子女和秘书没有对潘家铮说，潘家铮其实已经明白，也没有对他们说。接着化疗开始，事情再明白不过了。

潘家铮（左）与秘书李永立在一起

有一次，潘家铮偷偷把护士落下的药品说明书藏了一份，文字全是英文，秘书并不熟识。潘家铮跟他聊，说这药是美国进口的，人家美国的药要经过很多试验，有什么副作用、用过之后有什么不良反应、对身体哪一部分会有影响和伤害，就是比咱们中药说得清楚。

秘书也松了一口气，潘家铮已经开始面对现实了。

化疗开始之前，潘家铮吩咐秘书，把办公室里的笔记本电脑拿到病房来，他要写东西。

2011年3月2日，潘家铮的办公室搬进了北京医院的病房里，病房从此就变成了一间办公室。潘家铮正式开始办公了，只不过办公桌要简陋一些了，是病房里配的吃饭小桌。秘书拿来笔记本电脑，还带来无线上网卡，手写输入板。

“工作日志”还在继续，潘家铮的工作有条不紊，那些关于治疗的记录，与被记录者之间的所作所为，好像是完全不相干的两个人。

在医院“办公室”，关于工作、关于工程，潘家铮的思考不曾停歇半步。特高压技术、三峡工程、向家坝水电站的重大技术，还有南水北调“穿黄衬砌方案”“湍河渡槽”“中线输水能力与冰害防治”“高填方渠段防渗”，等等，无不在他的视野之内。

写信，写建议报告，手不释卷阅读相关资料，读书，老迈之躯更兼病患，但他的脑子没有问题。或者说，他是不想让自己的脑子停下思考。

他对自己的病不能说不在意，但总的还算达观。

2011 年 7 月，潘家铮（右）和学生王仁坤在北京医院病房工作

2011 年 9 月，历时十多年，新版《水工设计手册》终于与读者见面，潘家铮担任此套丛书编辑委员会主任。水电总院总工程师周建平他们带着刚出齐的 1 卷到 5 卷来看望。潘家铮听说他们刚从西藏回来有些醉氧，便摆手:“要

休息，我去过西藏，不过没有这么强烈，打个比方，就好像炭炉上的蜂窝煤，你们年轻火力旺，需要的氧气多，我老了有一点点氧气就能将就着起来，所以就没什么反应。”

在座的人都哈哈大笑。

第二次住院之后不久，好像是对自己的病习以为常，见怪不怪，有领导来探望，潘家铮会一五一十跟他们介绍自己的病情，显得很平静，接下来就对工作在一线的后辈们说，活儿是干不完的，一定不要过于劳累、透支身体。

不说住院，潘家铮即便在平常也没有什么架子，就是普普通通的一个老人家。到老，满头银发，越显慈祥。与主治医师和护士们朝夕相处，感情非常好，护工都叫他爷爷。护理人员和护工看他工作时间长了，就爷爷长爷爷短督促他下床，到楼道里活动锻炼。潘家铮每天一看到护士上班，就笑眯眯收拾起工作的写字板，到楼道里走路。刚开始每天大致能走上 8000 步到 10000 步，后来体力甚弱，几十步也要走的。这样一直坚持到去世前一个月。

即使在这样的时刻，还有很多重大活动他必须亲自参加。此时，他还担任着国务院三峡工程质量检查专家组组长之职。7 月 6 日，国务院三峡建委办公室和三峡集团公司在北京召开会议，听取三峡工程质量检查专家组对三年来三峡工程 175 米试验性蓄水评估报告的汇报。这个会议作为组长的他必须参加，从开始的预验收、验收，到全面评估，他都全程参加。

北京医院的住院制度十分严格，病人外出必须向主治医师请假，医师允准才可以出门。在召开会议之前，他像往常一样精心准备好发言稿，6 日那天，按规定向医生请假，脱下病号服，换上平日出席会议和出差穿的那件浅灰色西装。

潘家铮在会上的发言让许多人动容。他说：“我认为报告质量优良，符合客观实际情况。我病废在医院，未尽到应负责任，深感内疚，趁此机会向所有专家表示敬意和歉意。”

除了参加三峡工程 175 米试验性蓄水评估汇报，2011 年，潘家铮在化疗间隙，7 月 27 日，参加南水北调专家委员会对穿黄隧洞衬砌设计变更咨询；8 月 10 日，赴清华大学，参加高混凝土坝静力动力破坏机理与安全评价成果鉴定。

从 2 月入院治疗，身体还没有出现大的异常，潘家铮经常跟前来探望的人讲，放心，脑子还很清楚。不间断地工作与思考显然有助于减少病患发展带来的苦痛。到年底，他还为第三届潘家铮水电科技基金颁奖写了热情洋溢的讲话稿。

设立该奖项的动议始于 2007 年水电学会第六届理事会换届履新之初，水电学会和挂靠单位中国水电工程顾问集团公司酝酿设立该基金，旨在激励在水利水电工程科技创新中取得突出成绩的单位和个人，加快培养水利水电工程创新人才，宣传中国水电的卓越成就和创新成果，助推中国水电科学有序发展。

2008 年 5 月 18 日，水电行业第一个以科学家命名的行业基金——“潘家铮水电科技基金”经民政部批准正式设立。

潘家铮水电科技基金开设的第一个奖项即“潘家铮水电奖学金”。自 2009 年起实行一年一届，用于奖励和激励各高等院校和科研院有关水利水电学科专业品学兼优、勇于创新的本科生和研究生。

检视潘家铮的水电技术生涯，他无疑是一位杰出的工程师，尽管有后来担任兼职教授的经历，他一生中倾注了大量心血，给基层技术人员传授水电技术，年轻时编著的《水工结构应力分析丛书》，就是当年辗转在各水电工地现场为技术人员开设讲座的讲稿。他在不同场合和不同文章里，表达过对大学水利水电专业招生情况的忧虑，写科普著作则意在唤起青少年对水利水电事业的兴趣。

除了称他为一位杰出的工程师，称他为一位水利水电事业的教育家也毫不为过。也因此，他对这个奖项的热情就不言而喻了。

2012年春节之后，潘家铮的病情开始恶化。他将秘书叫到身边，让他跟水电学会秘书长、“潘家铮水电科技基金”理事长李菊根联系，个人认捐20万元，请他尽快办理。此前，潘家铮接到水电学会一个关于“潘家铮水电科技基金”增加募集额度的通知，其中个人捐款募集50万元。潘家铮获悉，陆佑楣院士和李菊根秘书长各捐了10万元。这让潘家铮心里很不安，他决定捐20万元，剩下10万元由他的十位博士生捐齐。他嘱咐秘书，一定给李菊根说，希望尽快完成个人捐款，不要给会员个人增加负担。

传统的中国人，在过完春节之后才会给一年画上一个句号。2012年的春节，潘家铮在病床上度过，病情开始变得不稳定，时好时坏。

梦里家山

2011年2月，潘家铮查实癌细胞转移，入院即开始化疗，再也没有回过家。他担心一个人待在家里的妻子。

青年时期的潘家铮夫妇

潘家铮晚年与妻子许以民在一起

妻子许以民的情况并不比潘家铮好多少。

2008年1月6日，潘家铮右手被撞受伤，4月中旬妻子在家里摔了一跤，右臂骨折，老两口一前一后病卧医院。

这一对患难老夫妻，让许多人感慨。他的学生沈凤生说到自己的师娘，连说不容易，潘家铮常年在外头出差，几乎是妻子一个人把五个子女抚养大。潘家铮既承担繁重的工程技术任务，又要做科学研究，一生中唯一感到不富裕的，大概就是时间。家里没有一个贤内助，真不可想象。

在潘家铮 1978 年正式调京之前，他与妻子一直过着分居两地的生活。直到 20 世纪 80 年代初期，妻子提前退休，最小的两个儿子分别考上大学，才由上海来北京与丈夫团聚。

“萍踪莫问几时还，巨任加肩岂等闲。壮士耻谈儿女事，英雄定破利名关。”这是潘家铮一生中唯一写给妻子的诗。

那是 1965 年潘家铮随上海 400 多名勘测设计大军开赴锦屏大山时给妻子的赠言，38 岁的潘家铮壮心烈烈，预作“十年内不作归计”，要把自己的全部智慧献给奔腾咆哮的雅砻江。此刻，他想起这首写给妻子的诗了吗？此时，潘家铮对妻子的情感哪里是能够用言语表达的！但是，他一定明白妻子对他的一生事业的意义。

从 2011 年的下半年开始，潘家铮的身体没有什么反复，精神显得要更好一些。这些体现在他的思维特别清晰，还体现出一种特别的东西，秘书跟随他将近 20 年，潘家铮忽然现出的那种说不清的精神头是他陌生的。

有一天秘书从单位骑车来给潘家铮送资料，进了病房，看到潘家铮悠然坐在椅子上，嘴里哼着曲子。虽然不知道他在哼什么，但是从曲子的味道来判断，他嘴里哼的是江南小调无疑。

秘书知道潘家铮平时没有什么爱好，抽烟、饮酒无缘，就是跟文娱、体育沾边的东西也一概不感兴趣。当然，秘书知道潘家铮爱看杂书、闲书。在潘家铮的书柜里，汗牛充栋的专业书籍不必说，更有许多文史方面的书籍。有些书就是他这个学中文出身的都闻所未闻。

但潘家铮能哼出这样的小调，秘书怎么也不敢想，潘家铮会有这一手。

得病之后的潘家铮还在做着一件非常大的事情，他在写自己的回忆录。

只是，一个“病废在床”的人，完成如此庞大的构思，精力、时间都已经不允许，毕竟是84岁的人了。闲暇之时，他一次次手捧着电子输入面板，将自己的思绪一回回送到古老的绍兴城，一点一点回忆自己从祖母、父亲那里听来的先祖故事，回忆祖母教会他的那些流行于越城地区的歌谣，回忆祖父和父亲，回忆母亲的辛劳。手写笔在电子输入板上挪动，过往如电影镜头一样一帧一帧在脑海中浮现。

哼着江南小调的潘家铮，这时候进入了一种情境，复又唤回青春的诗情。

当妹妹潘家英来探视，兄妹俩不说别的，就说过去家里的一些琐琐细细的事情，说的是绍兴话，他也听不完整。有一次，他跟妹妹讲起曾祖父被太平军掳去的事情，妹妹告诉他说外甥女程力真曾见到过曾祖父寄回家里的那封信。他马上让外甥女前来问问究竟，一老一少在那里说个不停，少的说得确凿无疑，老的却想不起究竟。

乡关入梦，落纸成文。

秘书感到非常陌生，眼前的潘家铮与他心中的潘家铮完全是大相径庭的两个人。

潘家铮在医院里陆陆续续写，他将完成的文稿辑为《积木山房丛稿》，到2012年5月19日，将《积木山房丛稿》最后一卷第六卷交给秘书打印装订。大家才知道潘家铮强支病体，完成了多么浩大的一个工程。此时，癌细胞已经转移至脑部，距离潘家铮去世不到两个月。

也许是力不从心，潘家铮的家史和自传性文字都用文言文写成，约得6万字。这些文字恰恰是了解科学家和工程师潘家铮成长与生平的重要资料，《积木山房丛稿》最终作为《潘家铮全集》第十八卷于2016年在中国电力出版社出版。

2011年12月25日，潘家铮首度病情恶化，医院发送病危通知。

发病前两天，潘家铮还给中国华能集团领导写信，并写了在专家委员会年会上的发言稿。两天之后，突然高烧不退。发烧的原因很快查清，是因为胆管中结石阻塞，胆汁不能顺畅排出，毒素随之进入血液所致。

12月28日，医院为潘家铮施行取胆结石手术，摘除胆囊。

手术成功，但体能消耗过大，化疗只能停止。直到2012年2月16日，医院专家决定实施放射疗法，抑制癌细胞扩散。

手术之后，潘家铮托秘书帮他完成两件事：一件，就是为水电学会“潘家铮水电科技基金”个人捐款20万元；另一件，跟绍兴一中联系，想捐一笔钱，以父亲潘之赓的名义设立一个奖学金，奖励那些学习好、家庭困难的孩子，为他们减轻一点经济负担。

以父亲的名义设立奖学金，早在20世纪90年代初即有动议，只是诸多事情杂七杂八，最终没有落实下来，这成为潘家铮多年来一块心病。

事情办得很顺利，3月2日，潘家铮以自己和妹妹潘家英的名义向绍兴一中捐款40万元。4月，绍兴市中学举办设立“潘之赓奖学金”仪式，潘家铮这一夙愿得以完成。

也是在胆囊摘除手术后不久，全国两会召开，潘家铮读到政府工作报告中关于能源战略的部分，就电力和能源问题，想给中央领导写封信。2012年3月20日，潘家铮给秘书发了一封关于能源问题致国务院副总理的信，并嘱咐将此信转送国家电网公司和中国工程院领导，征求意见。

这封信洋洋洒洒有4000多字，都是术后的潘家铮在写字板上一字一字录入的。

征求意见稿发出，潘家铮反复修改，十易其稿，4月9日，将信打印出来，通过机要交换寄往国务院。

4月18日，潘家铮忽现昏睡、血压升高、头晕症状。

按照工作日志标示，此日水电总院召开关于怒江流域规划的会议，邀请潘家铮参会。关于怒江流域开发，社会上炒得很热，潘家铮对怒江流域开发的参与并不多，他很想去听一听。这一天正是放疗的最后一天，所以才会让秘书代他参加会议，把专家们的意见带回来。

正在会上的秘书接到护工的电话，护工告诉他：“爷爷总是睡觉，叫都叫不醒，小李叔叔你快来看看吧。”

天色已晚，秘书赶忙收拾东西离开会场赶到医院，他赶到的时候，潘家铮已经醒了过来，头疼减轻。潘家铮还安慰他：“没事儿，也许是因为血压高引起的头痛。”催他早点回去休息。

谁知道第二天情况更糟，潘家铮昏睡依旧，且伴有呕吐。CT 检查结果，癌症已经由肺转至脑。肿瘤压破小血管，导致暂时昏迷。

治疗方案再做调整，肺部放疗再加脑部放疗。放疗之后，潘家铮的身体大受损伤，能够说话，但是手却不能随心而动去写东西了。但是，只要治疗结束，躺着的潘家铮的手里总是抱着写字板不放，总是在那里写东西。护工怕他过于劳累，常常找各种理由拉着他走路，不停跟他说话。潘家铮这个时候对锻炼身体已经采取了应付的态度，让护工拉着在楼道里走路、溜达，溜达完之后，马上又故态如初，抱起写字板再写。

到最后虽然天天捧着写字板，但什么也干不成，手不听使唤。护工看了也觉得可怜，她红着眼圈告诉潘敏：“现在爷爷总是这样，看着电脑却写不了字，有时连电脑都打不开，手不听使唤，笔也总点不准。”

就是在这样的情况下，潘家铮仍然完成了《积木山房丛稿》第六卷，也就是最后一卷的整理。5 月 19 日夜，秘书收到潘家铮发来的邮件。这一封邮件一反常态，没有任何留言，只有一个整理好的附件孤零零地挂在那里。

他想象不出，老人是在什么样的情况下完成这一动作的。整理、存档、挂在邮件上面，然后点击、发出。对已经病入膏肓的人而言，简直如同远涉千山万水。

这是潘家铮一生中发出的最后一封邮件。

5 月 19 日之后，潘家铮就丢开写字板，不再看电脑，偶尔看看电视，通常是什么都不看。放疗之后，过去梳得一丝不苟的头发全部落光了，但脸色还好。跟女儿和儿子说话，大多数时间是微笑着听他们讲。秘书李永立来了坐在床边的小凳子上，老少两个相处二十多年，情同父子。潘家铮会拉住李永立的手，面带笑容，就那么拉着，偶尔有一两句对话。

6月13日上午，中国工程界最高奖项——光华工程科技奖颁奖大会在北京举行，授予潘家铮光华工程科技奖成就奖。因病住院的潘家铮未能出席颁奖仪式。

6月13日下午，国务委员刘延东专程来医院为潘家铮颁发光华工程科技奖成就奖证书和奖金。潘家铮脱下病号服，换上西服，戴好领带，庄重端坐。刘延东在病房里宣读授奖词，潘家铮郑重接过证书，致谢。然后，合影。此时的潘家铮还戴着氧气罩。

翌日，潘家铮决定将光华工程科技奖成就奖奖金40万元捐赠“潘家铮水电科技基金”。征询女儿潘敏、潘净意见，全部同意。

6月29日，水电学会秘书长李菊根前来探望，同时带来潘家铮向“潘家铮水电科技基金”捐赠40万元协议书。潘家铮颤颤巍巍在协议书上写下自己的名字。

7月2日，40万元从潘家铮工资卡划入浙江大学“潘家铮水电科技基金”账号。

7月10日，潘家铮陷入昏迷。

2012年7月13日12时01分，中国共产党优秀党员，著名的水工结构和水电建设专家，中国科学学院、中国工程院资深院士潘家铮心脏停止跳动。

85岁的潘家铮去了。秘书立即编发短信，告知生前的单位、领导、同事、朋友。

所有收到短信的人都很吃惊。大家知道这个消息之后，几乎所有的人都想到远在千里之外的三峡工程。

天下有巧合的事情，但没有事情会巧合到这样天衣无缝的程度。

潘家铮的心脏停止跳动前的15个小时，2012年7月12日，随着长江2号洪峰的到来，三峡入库流量增至56000立方米每秒，大坝上、下游水位落差增至85米左右，具备了全部32台机组满负荷发电的条件。当天晚9时，三峡大坝左、右岸电站厂房 26 台机组，地下电站 6 台机组全部满负荷运行，巨大的水轮机飞速运转，首次成功实现 2250 万千瓦满负荷运行发电，全部机组日均发电量 5.4 亿千瓦时。

32 台机组运行情况良好。15 个小时之后，潘家铮转身走了，留给这个世界一个巨大的背影。

潘家铮晚年用心和用力最多、备受责难和赞扬、备受质疑与肯定的这座三峡大坝，以这样一种方式送别他的技术总负责人。

三峡大坝 32 台水轮机高速旋转，发出巨大的轰鸣声，北京老城六街灯火一盏一盏亮起。那个潘家铮，要像平时质量检查一样，倾听、查看 15 个小时，然后默默离开。

如果三峡工程需要有人献身，我将毫不犹豫地率先报名，我愿意将自己的身躯永远铸在大坝之中，让我的灵魂在晨曦暮霭之中，听那水轮发电机的歌唱，迎接那万吨船队的来往，直到千秋万载。[1]

20 多年前，潘家铮就说过这样的话！

延伸阅读

永远的潘家铮

1 参见《春梦秋云录——浮生散记》（第二版），潘家铮著，中国水利水电出版社，2000.12，第 368 页。

潘家铮大事年表

1927 年　10 月 19 日，农历丁卯年九月廿四，出生于浙江绍兴，肖兔，名“家铨”。

1932 年　举家由绍兴迁往杭州。

8 月，入天长小学。

1937 年　8 月，日军进侵浙江，杭州告急，举家迁回绍兴，入绍兴县第二小学。

1938 年　至 1940 年——因战乱四次失学，完成小学学业。

再就读于绍兴承天中学，读初一年级。

1941 年　至 1942 年——随父亲赴嵊县就读临时中学一部，读初二年级。

1943 年　与人合作开旧书店，广搜旧籍，开始文学创作练笔。

1944 年　9 月，随父亲潘之赓赴上虞县舜阳中学，担任书记员。

1945 年　赴绍兴汤浦镇中心小学任小学教员。

后转任漓渚镇中心小学教员。

1946 年　年初，顶替兄长名字参加“收复区中等学校学生资格甄别审查”，高中毕业文凭，从此名“家铮”。

7 月，赴绍兴双山小学任教员。

11 月，被浙江大学航空工程系录取。

11 月，父亲潘之赓突然去世。

1947 年　在浙江大学由航空工程系转入土木系。

1949 年　从事宁波至奉化公路康岭大桥修复工作，写成第一篇学术论文《桁架变位的几何解法》。

1950 年　春，赴嘉兴承担修复机场工作，担任测量组组长。

8 月，于浙江大学毕业，由钱令希推荐，担任燃料工业部钱塘江水电勘测处技术员。

9 月，从事金华县湖海塘水电站设计和施工工作。

9 月，从事灵山港、分水江水电站勘测设计工作。

1951 年　至 1953 年——从事黄坛口水电站勘测设计工作。

1954 年　1 月，调任燃料工业部水力发电建设总局设计处工作，从事黄坛口水电站补充设计工作，担任进水口及厂房组组长。

12 月，调至上海水电勘测设计局（后更名为上海水力发电勘测设计院）。

1955 年　5 月，随电力工业部水力发电建设总局考察流溪河水电站坝址。

1956 年　从事流溪河水电站设计工作，担任工程大组组长。

从事东方水电站修复工程设计工作，任组长。

1957 年　8 月，担任新安江水电站设计副总工程师。

12 月，开始长驻新安江水电站工地，兼任现场设计组组长，后任设计总工程师。

1958 年　荣获“上海市先进工作者”称号。

《水工结构计算》《重力坝的弹性理论计算》及《水工结构应力分析丛书》陆续正式出版。

1960 年　5 月，从事黄浦江大闸设计工作。

1961 年　至 1962 年——从事湖南镇水电站、富春江水电站、长江口北支潮汐电站等工程设计工作，担任工程负责人。

1963 年　参与混凝土重力坝、水工混凝土及钢筋混凝土设计规范的制订和审定工作。

1964 年　返回新安江水电站做“填平补齐”设计与施工工作。

1965 年　5 月，参加“大三线”建设，担任锦屏水电工程指挥部勘测设计办公室副主任，负责锦屏水电站及磨房沟水电站的规划、设计、科研工作。

1966 年　2 月，担任电力工业部水力发电建设总局工作组成员，协助成都设计院进行龚嘴水电站的设计工作。

专著《重力坝的设计与计算》出版。

从事永安水电站设计与研究工作。

1968 年　至 1969 年——小女儿潘定被确诊患白血病，后去世。

1970 年　至 1971 年——恢复工作，返回磨房沟水电站从事设计、施工工作。

1972 年　参与查勘瓯江、飞云江水力资源，提出开发规划。

12 月，参加水利电力部乌江渡水电站工作组。

1973 年　3 月，借调至水利电力部对外司，主要负责审查援外工程设计［阿尔巴尼亚菲尔泽水电站、喀麦隆拉格都水电站、刚果（布）布昂札水电站等］。

3 月，协助水利电力部基建司审查国内各水电工程。

4 月，出席安康水电站复审会议，担任水工组组长。

1974 年　4 月，参与河南故县水库设计审查工作。

10 月，参与白山水电站设计审查工作。

1975 年　赴阿尔巴尼亚审查菲尔泽水电站设计。

提出滑坡问题的“潘家铮极大极小原理”。

与孙君实合作，开发计算机软件、采用寻优原理分析任意滑坡稳定问题，最后形成“潘家铮—孙君实算法”。

1978 年　3 月，正式调任水利电力部规划设计院副总工程师，后升任总工程师。

3 月，被授予“水利电力部科技先进工作者”称号。

1980 年　4 月，主持彭水水电站设计审查会。

6 月，主持龙羊峡水电站枢纽设计审查会。

当选为中国科学院学部委员。

1981 年 5 月，出席中国科学院第四次院士大会。

9 月，赴龙羊峡水电站参加抗洪抢险。

专著《水工结构分析文集》出版。

1982 年 3 月，主持铜街子水电站技术研讨会、碧口水电站尾工研究工作。

6 月，主持龙羊峡水电站基础处理工程审定会。

1983 年 1 月，审定天生桥一级水电站坝型（确定土石坝型）。

1984 年 被国家科学技术委员会授予“有突出贡献专家”称号。

1985 年 9 月，担任河海大学博士生导师。

10 月，担任水利电力部总工程师，任此职至 1988 年 4 月。

当选为中国水力发电工程学会副理事长、中国水利学会副理事长、中国大坝委员会副主席。

被任命为国务院学位委员会委员，提出加快实现在职研究生制度。

参与三峡工程论证工作，担任三峡工程论证领导小组副组长兼技术总负责人。

加入中国共产党。

1986 年 3 月，出席“七五”国家科技攻关计划会议。

7 月，作为中方代表和指导委员会主席赴加拿大出席世界银行三峡工程指导委员会会议，确定工作进行计划。

11 月，赴加拿大主持世界银行三峡工程指导委员会会议，审查加拿大提出的概念设计。

1987 年 1 月，再次被任命为国务院学位委员会委员。

7 月，出席世界银行二滩工程特别咨询组会议，担任咨询组专家。

9 月，主持世界银行三峡工程指导委员会会议。

专著《重力坝设计》出版。

1988 年 1 月，赴加拿大主持世界银行三峡工程指导委员会会议。

6 月，赴美国旧金山出席第 16 届国际大坝会议。

6 月，赴加拿大主持世界银行三峡工程指导委员会会议。

1989 年　1 月，获中国科学院荣誉奖章。

1990 年　1 月，被授予“国家设计大师”称号。

7 月，代表三峡工程论证领导小组向中央汇报三峡论证结论。

12 月，出席“八五”国家科技攻关计划机电攻关研究会议。

1991 年　2 月，从事“八五”国家科技攻关计划项目研究工作。

3 月，参与“七五”国家科技攻关计划验收。

7 月，出席国务院三峡工程审查委员会工作会议。

10 月，自传体散文集《春梦秋云录》出版。

12 月，当选为中国岩石力学与工程学会理事长。

1992 年　1 月，出席三峡工程论证领导小组会议。

2 月，向全国人大代表解释三峡工程。

10 月，当选为中国大坝委员会主席。

11 月，出席国务院学位委员会会议。

1993 年　1 月，担任清华大学双聘教授。

3 月，被推荐为政协第八届全国委员会委员。

4 月，担任电力工业部技术顾问。

10 月，担任电力工业部科学技术委员会副主任。

10 月，赴美国达拉斯出席美国土木工程师协会（ASCE）年会，在会上作三峡工程报告。

第一部科幻小说《偷脑的贼》出版。

1994 年　5 月，辞去中国岩石力学与工程学会理事长职务，改任名誉理事长。

6 月，中国工程院成立，当选首批院士，担任中国工程院副院长。

11 月，参与制订攀登计划。

1995 年　4 月，担任第三届国务院学位委员会委员，并出席会议。

10 月，获“何梁何利基金科学与技术进步奖”。

10 月，主持“八五”国家科技攻关计划鉴定会。

11 月，出席国务院三峡工程建设委员会会议，汇报三峡工程技术设计审查情况。

参与中国工程院首个咨询项目“中国可持续发展能源战略研究”，任总负责。

1996 年 6 月，获电力工业部“全国先进科普工作者”称号。

1997 年 3 月，出席全国政协八届五次会议。

4 月，出席清华大学水利水电工程系建系 45 周年仪式并讲话，第一次提出开设“水害学”课程。

8 月，担任中国工程院科学道德建设委员会主任委员，在主席团会议上作《设立科学道德建设委员会有关文件的说明》的报告。

9 月，获中国老教授协会“科教兴国贡献奖”。

11 月，起草《中国工程院院士行为守则》。

1998 年 2 月，主持“九五”国家科技攻关计划水电专题组长工作会议。

3 月，出席全国政协九届一次会议。

5 月，出席国务院学位委员会学科评议组第七次会议。

6 月，出席国务院学位委员会第十六次会议。

11 月，参与中国工程院“中国水资源可持续利用战略研究”课题，担任课题组副组长。

1999 年 2 月，出席国务院基础设施建设工程质量工作会议。

6 月，向全国政协汇报三峡工程质量问题。

2000 年 3 月，担任国务院学位委员会第四届学科评议组成员。

6 月，出席中国工程院工程管理学部成立表决大会。

10 月，出席“九五”国家重点科技攻关计划“高坝工程技术研究”项目所属子课题成果验收会议。

11 月，出席中国反邪教协会成立大会，担任副理事长。

12 月，参与“九五”国家科技攻关计划（高坝）课题成果评审。

2001 年　1 月，《千秋功罪话水坝》获首届《Newton 科学世界》杯“十大科普好书奖”。

5 月，出席宜兴抽水蓄能电站世界银行特别咨询团会议，担任团长。

5 月，《偷脑的贼》获第四届“全国优秀科普作品奖”一等奖。

7 月，出席国务院组织的全国外资工作会议。

12 月，主持中国工程院重大工程项目管理模式研究座谈会。

12 月，主持桐柏抽水蓄能电站世界银行特别咨询团会议。

2002 年　5 月，主持的课题“高拱坝应力控制标准研究”获国家电力公司“中国电力科学技术奖”一等奖。

6 月，小湾水电工程专家委员会成立，担任专家委员会主任。

2003 年　4 月，出席《中国大百科全书》第二版编委会全体会议，担任编委会委员。

5 月，担任三峡工程枢纽工程验收组副组长、验收专家组组长。

6 月，出席国务院新闻办公室中外记者见面会，就三峡工程有关问题答记者问。

7 月，《世纪圆梦——中国三峡工程》一文获“第三届江苏省优秀科普作品一等奖”。

9 月，出席第五届“全国优秀科普作品奖”颁奖大会，《千秋功罪话水坝》获得一等奖。

2004 年　2 月，被聘为国务院南水北调工程建设委员会专家委员会主任委员。

2 月，出席三峡二期与三期工程质量检查专家组交接会，担任三峡三期工程质量检查专家组组长。

4 月，主持引江济渭工程方案研讨会，担任专家组组长。

5 月，出席国际大坝委员会第 72 届年会，获“国际大坝委员会荣誉奖”。

6 月，获“第五届光华工程科技奖”。

11 月，出席中国工程院“东北地区有关水土资源配置、生态环境保护可持续发展战略研究”专题会，主持其中“重大工程布局”子课题研究。

2005 年　担任小湾水电站工程设计顾问组组长。

2006 年　9 月，参与三峡三期工程枢纽工程蓄水（156 米水位）验收。

2007 年　3 月，中国水力发电工程学会、中国水电工程顾问集团公司联合发布倡议，设立“潘家铮水电科技基金”。

5 月，出席丰满大坝全面治理方案可行性研究专家咨询会，担任专家组组长。

2008 年　5 月，确诊患结肠癌，入院治疗。

5月，“潘家铮水电科技基金”设立仪式在北京举行。

2009 年　7 月，向国务院作三峡论证后评估结论汇报。

7 月，出席丰满水电站大坝全面治理方案专家论证会，担任专家组组长。

8 月，参与三峡三期工程正常蓄水（175 米水位）正式验收。

2010 年　4 月，水力发电科学技术奖励委员会设立“水力发电科学技术奖”，同时设立“潘家铮奖（个人奖）”。

5 月，被评为“全国科普先进工作者”。

2011 年　2 月，发现癌症转移，入院治疗。

5 月，交通运输部召开“长江口深水航道治理工程建设”总结表彰大会，被授予“杰出人物”奖。

2012 年　3 月，捐款 40 万元给绍兴一中，设立“潘之赓奖学金”。

4 月，向“潘家铮水电科技基金”捐款 20 万元。

4 月，确诊癌症转到脑部。

5 月，整理好《积木山房丛稿》最后一卷文稿（第六卷）。

6 月，获“第九届光华工程科技奖成就奖”。

7 月，向“潘家铮水电科技基金”再次捐款 40 万元。

13 日 12 时 01 分与世长辞，享年 85 岁。

参考文献

[1] 《当代中国》丛书编辑委员会 . 中国科学院 [M]. 北京 : 当代中国出版社 , 1994.

[2] 《紧水滩水力发电厂志》编纂委员会 . 紧水滩水力发电厂志 (1956—2005) [M]. 北京 : 中国电力出版社 , 2008.

[3] 《黎明前的求是儿女》编辑组 . 黎明前的求是儿女——解放战争时期浙江大学的学生运动和进步社团 [M]. 北京 : 中国青年出版社 , 2008.

[4] 《李鹗鼎纪念文集》编辑委员会 . 李鹗鼎纪念文集 [M]. 北京 : 中国电力出版社 , 2004.

[5] 《龙羊峡志》编纂委员会 . 龙羊峡志 [M]. 北京 : 方志出版社 , 1999.

[6] 《攀枝花市志》编纂委员会 . 攀枝花市志 [M]. 成都 : 四川科学技术出版社 , 1994.

[7] 《新安江水电站志》编辑委员会 . 新安江水电站志 (1989—2005)[M]. 杭州 : 浙江人民出版社 , 1993.

[8] 《中国大坝技术发展水平与工程实例》编委会 . 中国大坝技术发展水平与工程实例 [M]. 北京 : 中国水利水电出版社 , 2007.

[9] 《中国水力发电史》编辑委员会 . 中国水力发电史 (1904—2000). 第一册 . 第一稿 [M]. 北京 : 中国电力出版社 , 2007.

[10]《中国水力发电史》编辑委员会 . 中国水力发电史 (1904—2000). 第三册 . 第一稿 [M]. 北京 : 中国电力出版社 , 2007.

[11]《中国水力发电史》编辑委员会 . 中国水力发电史 (1904—2000). 第四册 . 第一稿 [M]. 北京 : 中国电力出版社 , 2007.

[12]《中国水利年鉴》编辑委员会 . 中国水利年鉴（1991）[M]. 北京：水利电力出版社，1992.

[13] 曹泽生，徐锦华 . 氧化镁混凝土筑坝技术 [M]. 北京：中国电力出版社，2003.

[14] 长江水利委员会宣传出版中心《长江志》总编室 . 长江志·大事记 [M]. 北京：中国大百科全书出版社，2006.

[15] 陈祖煜 . 土质边坡稳定分析——原理·方法·程序 [M]. 北京：中国水利水电出版社，2003.

[16] 当代浙江研究所，浙江省当代史学会 . 当代浙江研究（第 3 辑）[M]. 北京：中共党史出版社，2006.

[17] 高艳华，施杰锋 . 红水河传 [M]. 桂林：漓江出版社，2002.

[18] 国务院三峡工程建设委员会 . 百年三峡——三峡工程 1919—1992 年新闻选集 [M]. 武汉：长江出版社，2005.

[19] 韩健 . 汶川大地震与水电建设——地震百日潘家铮访谈录 [J]. 中国水能及电气化，2008(10):17–22.

[20] 郝思德，郑瑶新 . 走进感恩福地：东方市文物概述 [M]. 广州：暨南大学出版社，2012.

[21] 黄润秋，许强 . 中国典型灾难性滑坡 [M]. 北京：科学出版社，2008.

[22] 蒋锁红，夏忠，谢小平 . 水电站坝后背管工程技术 [M]. 北京：科学出版社，2007.

[23] 金小明 . 风雨三峡梦——三峡工程七十年大纪实 [M]. 成都：四川人民出版社，1992.

[24] 金延锋 . 历史新篇——中国共产党在浙江 (1949—1978)[M]. 杭州：浙江人民出版社，2011.

[25] 李辉 . 纸上苍凉 [M]. 上海：复旦大学出版社，2010.

[26] 李鹏 . 众志绘宏图：李鹏三峡日记 [M]. 北京：中国三峡出版社，2003.

[27] 李锐 . 李锐往事杂忆 [M]. 南京 : 江苏人民出版社 , 1995.

[28] 李锐 . 中国水电为何不能优先发展 ?［J］. 社会科学论坛 , 2002(8): 77–74.

[29] 林初学 . 美国反坝运动及拆坝情况的考察和思考［J］. 中国三峡建设 , 2005(C1): 44–57.

[30] 林家浩 . 力学与工程应用 : 庆贺钱令希院士九十寿辰 [M]. 大连 : 大连理工大学出版社 , 2006.

[31] 林秀山 , 沈凤生 . 多级孔板消能泄洪洞的研究与工程实践 [M]. 北京 : 中国水利水电出版社 , 2003.

[32] 林一山 . 林一山回忆录 [M]. 北京 : 方志出版社 , 2004.

[33] 刘国新 , 贺耀敏 , 刘晓 , 武力 . 中华人民共和国史长编 . 第二卷 . 1956—1966[M]. 天津 : 天津人民出版社 , 2010.

[34] 刘国新 , 贺耀敏 , 刘晓 , 武力 . 中华人民共和国史长编 . 第四卷 . 1978—1991[M]. 天津 : 天津人民出版社 , 2010.

[35] 卢跃刚 . 长江三峡 : 半个世纪的论证 [M]. 北京 : 中国社会科学出版社 , 1993.

[36] 卢跃刚 . 长江三峡 : 中国的史诗［J］. 中国作家 , 1992(6): 10–44.

[37] 路振刚 , 王永潭 . 丰满水电站重建工程智慧管控技术探索与实践 [M]. 北京 : 中国水利水电出版社 , 2019.

[38] 马君寿 , 吴锦安 , 张汝舫 , 潘家铮 . 谈第一颗夜明珠的诞生 [M]// 衢州市水利局 , 衢州市政协文史委 . 衢州文史丛书 • 衢州水利 . 北京 : 中国戏剧出版社 , 1999.

[39] 莫扬 . 千呼万唤　应运而生——中国工程院建院史话 [M]// 杜澄 , 李伯聪 . 工程研究 . 第一卷 . 跨学科视野中的工程 . 北京 : 北京理工大学出版社 , 2004.

[40] 潘家铮 . 春梦秋云录——浮生散记 . 第二版 [M]. 北京 : 中国水利水电出

版社，2000.
[41] 潘家铮．工程地质计算和基础处理 [M]. 北京：水利电力出版社，1985.
[42] 潘家铮．古曰：天不变道亦不变？今曰：学可变人亦可变！［J］．东方养生，1997 (5): 24–26.
[43] 潘家铮．科学家和领导层要为维护科学尊严而斗争 [J]. 世界科技与发展，1995(10):4–5.
[44] 潘家铮．中国人民不允许江河自由奔流 [J]. 世界科技与发展，1998(3): 1–3.
[45] 潘家铮．建坝还是拆坝 [J]. 中国水利，2004(23):26.
[46] 潘家铮．建筑物的抗滑稳定和滑坡分析 [M]. 北京：水利出版社，1980.
[47] 潘家铮．老生常谈集 [M]. 郑州：黄河水利出版社，2005.
[48] 潘家铮．潘家铮院士文选 [M]. 北京：中国电力出版社，2003.
[49] 潘家铮．千秋功罪话水坝 [M]. 北京：清华大学出版社，2000.
[50] 潘家铮．三峡工程小丛书•发电 [M]. 北京：水利电力出版社，1992.
[51] 潘家铮．水工结构计算 [M]. 北京：电力工业出版社，1958.
[52] 潘家铮．中国水电建设史上的新篇章：写在二滩水电站开工之时［J］．水电站设计，1991(3): 5.
[53] 潘家铮．自力更生之花：新安江水电站［J］．科学大众，1964(11): 415–417.
[54] 潘家铮．潘家铮同志在龙滩大坝编标咨询会议上的讲话摘录[J]. 红水河，1994(2): 4–7.
[55] 庞秀杰．往事如烟话丰满 [J]. 中国电网，2014(11): 116–120.
[56] 齐介仑．论争、隐患及三峡工程得失［J］. 财经文摘，2008(3): 45–54.
[57] 师昌绪．在人生道路上——师昌绪自传 [M]. 北京：科学出版社，2011.
[58] 宋翠华．刘广润院士文集 [M]. 北京：中国地质大学出版社，2010.
[59] 宋晓梦．李锐其人 [M]. 郑州：河南人民出版社，1999.

[60] 苏南 . 丰满水电站 :“水电之母”焕发新机 [N]. 中国能源报 , 2021-6-28(4).

[61] 赵立 . 小小出席证　浓浓故乡情——潘家铮院士个人档案征集记 [J]. 浙江档案 , 2009(7):36.

[62] 孙志禹 , 陈先明 . 三峡大坝工程 [M]// 贾金生 . 中国大坝建设 60 年 . 北京 : 中国水利水电出版社 , 2013.

[63] 谈英武 . 南水北调西线工程 [M]// 潘家铮 , 张泽祯 . 中国北方地区水资源的合理配置和南水北调问题 . 北京 : 中国水利水电出版社 , 2001.

[64] 田方 , 林发棠 . 再论三峡工程的宏观决策 [M]. 长沙 : 湖南科技出版社 , 1989.

[65] 童禅福 . 国家特别行动——新安江大移民 [M]. 北京 : 人民文学出版社 , 2009.

[66] 王玮 . 梦断长江 : 三峡工程的决策与论争 [M]. 南宁 : 广西人民出版社 , 1993.

[67] 徐中玉 , 等 . 我的大学时代——献给一亿大中学生 [M]. 福州 : 福建教育出版社 , 2010.

[68] 薛继军 . 大家 • 10 [M]. 北京 : 商务印书馆 , 2010.

[69] 薛毅 . 国民政府资源委员会研究 [M]. 北京 : 社会科学文献出版社 , 2005.

[70] 晏志勇 , 王斌 , 周建平 . 汶川地震灾区大中型水电工程震损调查与分析 [M]. 北京 : 中国水利水电出版社 , 2009.

[71] 杨永年 . 江河纪事——中国水电建设百年实录 [M]. 成都 : 四川科学技术出版社 , 2013.

[72] 杨源时 . 解放初期金华统战工作一些情况 [M]// 中国人民政治协商会议浙江省金华市委员会文史资料工作委员会 . 金华文史资料 . 杭州 : 浙江人民出版社 , 1990.

[73] 余起声 . 浙江省教育志 [M]. 杭州 : 浙江大学出版社 , 2004.

[74] 张博庭 . 水电站的地质灾害问题分析 [M]// 冯建昆 , 何耀华 . “三江”水能开发与环境保护 . 北京 : 社会科学文献出版社 , 2006.

[75] 张基尧 . 南水北调工程决策经过 [M]// 欧阳淞 , 高永中 . 改革开放口述史 . 北京 : 中国人民大学出版社 , 2014.

[76] 大西线调水专题组 . 对“朔天运河大西线调水工程”的初步分析 [M]// 潘家铮，张泽祯 . 中国北方地区水资源的合理配置和南水北调问题 . 北京 : 中国水利水电出版社 , 2011.

[77] 张立先 . 石壁立西江 : 中国三峡工程决策建设实录 [M]. 武汉 : 长江出版社 , 2004.

[78] 张社人 . 不可遏止的上升 [M]. 南宁 : 广西民族出版社 , 1993.

[79] 张忠民 . 经济历史成长 [M]. 上海 : 上海社会科学院出版社 , 1999.

[80] 赵诚 . 追寻黄万里 [M]. 太原 : 书海出版社 , 2004.

[81] 浙江省政协文史资料委员会 . 浙江文史集粹 . 第 5 辑 . 教育科技卷 [M]. 杭州 : 浙江人民出版社 , 1996.

[82] 治理黄河研究组 . 小浪底工程——黄河治理开发的重大决策 [M]. 郑州 : 河南人民出版社 , 1991.

[83] 中共中央文献研究室 , 中央档案馆 . 建国以来刘少奇文稿 . 第一册 [M]. 北京 : 中央文献出版社 , 2005.

[84] 中国科学院成都图书馆 . 长江三峡工程争鸣集 : 总论 [M]. 成都 : 成都科技出版社 , 1987.

[85] 中国水电顾问集团成都勘测设计研究院政治工作部 . 奔流的大河——中国水电顾问集团成都勘测设计研究院建院五十周年纪念文集 [M]. 成都 : 四川文艺出版社 , 2005.

[86] 中国水力发电工程学会 , 中国水利水电出版社 . 永远的潘家铮 [M]. 北京 : 中国水利水电出版社 , 2013.

[87] 中国水利水电技术发展与成就编委会 . 中国水利水电技术发展与成

就——潘家铮院士从事科学技术工作 47 周年纪念文集 [M]. 北京 : 中国电力出版社 , 1997.
[88] 中国水利学会 . 三峡工程的论证 [M]. 北京 : 中国社会科学出版社 , 1990.
[89] 中央电视台《面对面》节目组 . 面对面 • 精彩版 [M]. 吉林 : 吉林人民出版社 , 2004.
[90] 上海发展战略研究会 . 三峡工程的论证与决策 [M]. 上海 : 上海科技文献出版社 , 1988.
[91] 周建平 , 魏志远 , 杜效鹄 . 丰满水电站大坝全面治理设计研究的思考 [M]// 现代水工结构技术进展编委会 . 现代水工结构技术进展 . 北京 : 中国水利水电出版社 , 2008.
[92] 周建新 . 大音希声 : 记中国科学院院士、著名力学家钱令希 [M]// 中国科学技术协会调研宣传部 . 科技工作者纪事 (上). 北京 : 中国科学技术出版社 , 2011.